岩波現代文庫

企業中心社会を超えて

現代日本を〈ジェンダー〉で読む

大沢真理
Mari Osawa

学術 422

岩波書店

変化の兆しは見えてきているのだろうか――。現在までのところ、この日本の社会がなんとも息苦しい、せわしない社会であって、国際的にもさまざまなマイナスの影響をおよぼしているという実感。この社会を超え、両性・老若のすべての人々が、個人としてたがいを尊重し、のびやかに生きていくことのできる新しい社会を創りたいという希望。

これらは、年来の私の価値判断と未来への願いであって、本書でも基調となっている。あたかも一九九二年六月末、「個人の尊重」、「生活大国への変革」などを日本政府の中長期の社会経済政策の基本方針とする『生活大国五か年計画――地球社会との共存をめざして』が、閣議決定された。日本国の一二番目の経済計画として、経済成長よりも生活を優先するという姿勢を第二次世界大戦の敗戦以来はじめて掲げるこの政策文書は、果たして私の人間的価値判断と願いを託すにたるものだろうか。この点を、あたうかぎり客観的なデータや根拠を示して公に述べることは、同時代を生き、かつ生きることを許されている社会科学者としての私の、この社会にたいする責任のとり方の一つではないか――。

日本から九〇〇〇キロ離れたベルリンに半年暮らしながら、私はそんな想いを強めていった。東京大学社会科学研究所とベルリン自由大学東アジア研究所（OAS）との交流協定にもとづく客員教授として、一九九二年度の冬学期、ベルリン自由大学の学生たちに日本についての講義をおこなうことが私の任務だった。ゼミナール形式の二つの講義のテーマは、「経済発展と女性――比較研究」（英語）、「日本における福祉国家形成」（日本語）とした。日本について外国人相手に系統的に話すことが初体験なのはもちろん、「国際化」のめざましいいまどきの大学人には珍しく、三九歳で初めて経験する長期の外国滞在でもあった。しかも私はドイツ語をほぼまったく理解しない。

幸い、驚くべき真面目さで私の話に耳を傾け、要所では鋭い質問を欠かさない学生たちに恵まれ、教室外の生活でもじつに多くの人々の厚意に支えられて、半年間を大過なくというよりは、至福の心地ですごした。

とりわけ心やすまったのは、華美でも贅沢《ぜいたく》でもない、手作りの豊かな住環境・都市環境でゆったりとした自由時間を静かにすごすドイツのライフスタイルである。半年だけの滞在が、人々がより内省的な時間《とき》を送る冬だったことも――すくなからぬ人々に気の毒がられたのだが――私には幸運だったと思う。ほとんどすべての商店と飲食店、ホテルまでも休業してしまうクリスマスや歳末の風景を、日本で想像できるだろうか。

こうしたコントラストとともに、日本の影、日本からの風圧も、ドイツでもいたるところで感じられた。滞在初期に一マルク＝八二円程度であった為替レートは、帰国まぢかには七〇円を切らんばかりになり、マルク建てでベルリン自由大学から給与を受けていた私を愕然《がくぜん》とさせた。一九九二年秋以降の不況の深まりが輸入の減少を通じて貿易黒字幅を急増させ、この激しい円高を招いたことは周知だろう。そうしたことにも象徴される日本経済の輸出体質、企業の国際競争力の強さは、たとえばフォルクスワーゲンやメルセデス・ベンツといったドイツの巨大企業、超優良企業の労使をも容赦なく揺さぶっていた。ドイツ産業の一種の「日本化」が、「リーン〔ぜい肉のない〕生産方式」の導入というかけ声のもとに、現在いっせいに進められようとしているのである。

極東の不思議の国で、気の遠くなるほど長い通勤時間、にもかかわらず狭小な住環境や雑駁《ざっぱく》な都市環境に甘んじ、年次有給休暇の半分を返上して、ドイツよりも年間五〇〇時間以上、労働月にして三、四カ月も長く「働く」ばかりか、統計には表れない「サービス残業」とやらのあげく「過労死」に臨んでまでも、「会社は永遠」と信じて仕える、素顔の見えない労働者たち――。それがいまや他人事ではないのだ。日本の労働者はいったいなにを考え、感じているのか、彼／彼女らは果たして変わろうとしているのか。教室の内外で機会あるごとに、私が質問ぜめにあったのも無理はない。

とくに女性について質問が集中した。じつは、日本女性の状況はほとんどまったくといっていいほど、いわゆる「海外」には伝えられていない。一九八〇年代後半以来、歴史上に類例を見ないほどの貿易黒字大国の座にのしあがった日本は、情報や文化の面ではいぜんとして極端な入超社会である。その輸入相手が、幕末の「開港」以来、ほぼ(西側)欧米諸国に限られることはいうまでもない。欧米の言語を日本語に翻訳するためのハード、ソフトの資源の豊富さにくらべて、逆に日本語を欧米語に翻訳するための資源の希少さ、したがってまたその際にかかる桁違いのコストを考えてほしい。情報発信が今後の日本の最大の課題の一つであることは疑いない。なかでも女性にかんする情報発信は最も遅れた分野といえる。

なぜか。だれしも認めるように、発信のための希少な資源は、最も貴重な情報に優先的に配分されなければならない。女性についての情報発信の乏しさは、この希少資源の配分をコントロールできる立場にある人々、つまり文化、メディア界で大小の決定権をもつ人々が、女性関連情報の価値を低く評価していることの反映にほかなるまい。そして、これまたいうまでもなく、それら要職にある人々のほとんどは男性なのである。

だが、需要と供給にギャップがあるのが商品の常である。日本の女性関連情報は、あまりに乏しいこともあって、諸外国、とくに西側先進諸国で渇望されているといっても過言ではない。労働者としての女性、企業戦士の「銃後の妻」としての女性、世代による女性のあり方の移り変わり――。それらを知ることなくして、日本男性も日本の経済社会も文化も理解できはしないというのは、いまや国際社会の常識なのだ。ここ日本の知識社会でそれをとなえれば、いまだに「非常識」扱いされてしまうのだが。

そのような情報の需給ギャップを埋める一助とするためにも、日本の職場で、家庭で、あるいは地域で、女性と男性がおかれている状況の特徴、両性の利害とニーズや意識の共通点と相違点、老若の両性がとりむすんでいる公私の諸関係――それらと現代日本の経済社会の独特のあり方との関連を、私なりに描いてみよう。そうした分析を生活大国五か年計画の検証にむすびつけよう。

本書が生活大国五か年計画をおもな検討対象としてとりあげ、また「現代日本を〈ジェンダー〉で読む」という、いささか読者になじみの薄いはずの副題を掲げるのは、右のような私の意図にもとづくものである。男性の諸問題を視野の外に残しがちな「女性史」研究や「女子労働」論ではなく、「両性の」それぞれの文化的・社会的状況と、両性が社会的にとりむすぶ諸関係――「ジェンダー関係」こそが、本書のテーマである。「ジェンダー」とは、歴史的経緯や文化的特性を含めて社会的に形成された「性別」をさす語であり、たんに生物学的な性別(セックス)には還元しきれないあらゆる問題を扱う概念として、女性学によって展開され、今日では日常語のレベルにもとりいれられつつある。

本書の出版計画は一九九二年の七月に決まっていたとはいえ、執筆への気持ちが十分に固まったのは冬学期が終了し、ベルリン滞在予定もあますところ一カ月半ほどとなった一九九三年二月初めだった。それから三月中旬までのあいだに、本書の原稿分量の九割以上が執筆された。内容的にも、本書はOASでの私の二つのゼミナールの経過報告にほかならない。つまり、本書はなによりもベルリン生活の賜物である。その生活では、まさに数えきれないほどの方々のご厚情に支えられた。

とくに時事通信社出版局図書編集部の神川亜矢さんからは、日本の新聞各紙の関連記事の見事な切り抜き帳を毎月ベルリンに届けていただいたほか、絶妙のタイミングで新刊書や雑誌、ワンポイント情報などを送っていただいた。そもそも一九九二年四月以来の彼女のたくみにして執拗なリードなしには、本書の構想そのものもありえなかった。ことばの正確な意味で、本書は著者である私と編集者である神川さんとの合作である。また長年の畏友である高橋玲子さんは、公私にわたる郵便物を縦横にさばき、ベルリンでは入手のむずかしい文献資料をすばやく検索し郵送するなど、私の研究者としての基本的機能を維持してくださったばかりでなく、これまた心憎いまでのタイミングで乾物をはじめ各種の日本食品を選んで送ってくださった。おかげで、日本食を中心として九〇パーセント以上自炊をおこなうことができたのが、至福のベルリン生活の基盤だった(念のため。嗜好よりも健康面から日本食となる。愛用の包丁は日本から持参した)。

さらに、OASの教授陣の一人である山田ボヒネック頼子博士は、一貫してじつに積極的に、私の前述のゼミ「経済発展と女性――比較研究」に参加してくださり、文字どおり舌足らずな私の英語のカバーをはじめとして、とかくひとり合点になりがちなゼミ運営をたえず正し豊かにしてくださった。大沢ゼミはじつは山田ゼミであった。このことを銘じるためにも、今回、本書の解説(岩波現代文庫版では「ベルリンで出会う――大沢式魚哲学と発想法」と改題)の執筆という面倒を、お忙しいなか、まげておひきうけいただいたわけである。

そして、ベルリン自由大学の学生ビュッシャー、シルビアさんは、やはりこのゼミを大いに活性化した一人であったが、冬学期終了後も、本書の執筆のための資料の入手、フォルクスワーゲン工場を訪問したおりの通訳と、懇切なお世話をいただいた。そればかりではない。私の浅薄なドイツ理解を危ぶんだのだろう。ドイツ滞在の最後の一〇日間、シルビアはみずからハンドルを握り、国内にちらばる彼女の親類・友人宅をたずね走る二九〇〇キロの旅に、出不精な私をつれだしてくれた。大学教授でも有名企業の要職にある人々でもない普通のドイツ人の素顔を、一瞬なりともかいま見られたのは、ドイツ語を解さない私にとってまことにえがたい経験だった。彼女は現在、「日本企業におけるトップマネージャーの役割」というテーマで修士論文を作成中である。日本に暮らし働くことが少女のころからの夢、と語る。

そんな素敵なベルリンの学生たちが、将来しかるべき活躍の場をえて真の国際交流の担い手とならんことを願いつつ、本書をＯＡＳのゼミ参加者にささげる。

一九九三年五月五日　鰊《にしん》のこうじ漬の下ごしらえをしながら

大沢真理

凡　例

1　引用文中の傍点は原典に当初からつけられていたもの、圏点は著者が強調のため付したものである。

2　表・図版の作成にあたって参照した資料のうち、巻末の主要参考・引用文献一覧に明示してあるものについては、表・図版中では「著者(発表年)」の形で示した。ただし参考文献中に明示してある資料からそのまま引用したものについては、表・図版中の注で「〈著者／作成者名、引用著作名、発行者、刊行年、ページ〉より引用」の形で明示してある。

3　本書に引用した書名、論文名、計画名、章名および文章のなかにはアラビア数字が使われているものがあるが、本書の本文中では、これらの表記を漢数字で統一した(「生活大国5か年計画」を「生活大国五か年計画」など)。ただし巻末の主要参考・引用文献一覧では、原典通りの表記とした。

目　次

第一章　企業中心社会の変革のために——いま必要な視角

現代日本の大企業中心の社会、「会社本位」の社会のあり方は、いまや変革されなければならない——。このような問題意識は、変革の方向として「ゆとり、豊かさ」、「個人の尊重」、「生活重視」などのシンボルをともないつつ、一九九〇年代にはいって急速に共有されるようになってきた。一九九一年末以降は、企業中心の社会のあり方を批判あるいは反省する議論が、政府の審議会や大企業経営者からも提出されるようになった。

まず、一九九一年末に国民生活審議会総合政策部会の基本政策委員会が提出した中間報告『個人生活優先社会をめざして』があげられる。ここでは、官庁の審議会の文書としてはかなり大胆な「企業中心社会」批判が展開され、そのうえで、①個人を中心とした価値観を形成する、②会社は「ノルマ」を廃止する、③労働時間短縮のため残業割増賃金率をひきあげる、④会社も個人も社会貢献活動にとりくむ、⑤「会社人間化」を助長する社宅建設を見直す、などが提言された(経済企画庁、一九九一)。

また一九九二年はじめには、盛田昭夫・ソニー会長が、日本の企業体質の転換を唱える論文「「日本型経営」が危い」を発表し、日本経営者団体連盟(日経連)の永野健《たけし》会長からの反発をはじめ、各界に波紋を投げかけた。春闘を目前にしたこの時期に、電機・電子産業のトップリーダーの一人が、労働時間の短縮や給与の上昇に通ずる労働分配率(国民所得にしめる労働者所得の比率。よく用いられる算式は雇用者所得÷(国民所得－個人企業所得))のひきあげのほか、欧米なみの高い配当、系列・下請関係の改善など、すくなくとも短期的には企業の競争力を弱めるであろう方策を呼びかけたからである(盛田、一九九二)。

そして同年六月末、「生活大国への変革」、「個人の尊重」などを今後の社会経済政策の基本方針として掲げる経済審議会答申『生活大国五か年計画――地球社会との共存をめざして』が閣議決定された。生活大国五か年計画は一九九三(平成五)年度予算編成によって実質的にスタートをきった。こうしたことを見ると、一九九二年は企業中心社会にたいする問題意識が日本政府の具体的な行動計画にまで煮つまった年といえそうである。

だが、ことはそう単純ではない。以下に見るように生活大国五か年計画は、「変革」のための政策体系としてははなはだ不十分なものでしかない。その原因は、つぎの二点にあると考えられる。

①この計画が、日本の企業中心社会の構造を的確にとらえていないこと。
②企業中心社会の形成において、政府自身の果たした役割を無視していること。

この場合、企業中心社会の構造を「的確にとらえる」とは、さまざまな特徴や現象の深層にたちいり、**独特の「ジェンダー関係」こそが日本の企業中心社会の基軸にある**ことを把握する、という意味である。

「ジェンダー関係」とは、簡単には、女性と男性の両性がとりむすぶ公私のさまざまな関係をさす。家庭内の、最もプライベートとみなされる両性関係ですら、多くの場合、その社会の歴史的経緯や文化的特性、経済のあり方や政府の政策などの産物として形成された「性別《ジェンダー》」役割に、個人がはめこまれているにすぎない。つまりジェンダー関係とは社会構造の一環そのものである。職場、学校、家庭、地域などで人々がおかれている状況は、従来とかく世帯単位や夫婦単位でとらえられてきたが、あくまで個人単位に、その性別による特徴に着目し、両性の利害やニーズ、意識の共通点と相違点をふまえることが、社会構造の一環としてジェンダー関係を把握していくステップとなる。

一九九〇年代の初頭という時代に、「個人」に焦点をあわせて日本社会の変革を展望しようとするなら、ジェンダー関係への視角はどうしても不可欠であると私は考える。にもかかわらず、企業中心社会をめぐる最近のやかましいほどの議論のほとんどは、ジエンダーの視角を欠いている。本書の基本的な執筆動機はここにある。
ともあれ、まず生活大国五か年計画の内容から見ていこう。

1　生活大国五か年計画の不人気をさぐる

生活大国五か年計画が〝ブーム〟をおこせなかったのは

『生活大国五か年計画――地球社会との共存をめざして』は、「個人の尊重」、「生活者・消費者の重視」などを一九九六年度までの経済運営の「基本方向」として掲げている。いわく、「単なる効率の優先から社会的公正にも十分配慮した視点へ」転換し、個々人に「自己実現の機会が十分与えられたより自由度の高い社会を実現すべきである」(経済企画庁、一九九二、二―三ページ)。しかもその際に、「地球環境との調和」、「地球社会への貢献」という視点をもたなければならないというのが、計画書の副題の意味である。計画の第Ⅱ編「地球社会と共存する生活大国のための施策」の目次を、表1-1として掲げるので、参照していただきたい。

具体的に九六年度までに達成されるべき目標としては、つぎのようなものがすでに再三報道されてきた。

表1-1　生活大国五か年計画・第Ⅱ編の構成

第1部　生活大国への変革
第4章　個人の尊重
　第1節　ゆとりのための労働時間の短縮
　　1．労働時間短縮のための制度の拡充
　　2．労働時間短縮に向けた条件整備
　第2節　充実した自由時間のための環境の整備
　　1．豊かな学習・文化環境の形成
　　2．余暇環境の整備
　第3節　誰もが社会参加できる環境の整備
　　1．女性が能力を発揮しやすい環境の整備
　　2．高齢者の社会参加の促進
　　3．障害者の社会参加の促進
　　4．外国人にも住みやすい環境の整備
　第4節　安全で安心できる生活の確保
　　1．不安のない老後生活の確立
　　2．健康な生活と医療の確保
　　3．生活の安全の確保
第5章　生活者・消費者の重視
　第1節　家庭・地域における生活の充実
　　1．家庭生活の充実
　　2．コミュニティ活動・ボランティア活動の充実
　第2節　環境と調和した簡素なライフスタイルの実現
　第3節　内外価格差の是正と透明な市場ルールの確立
　　1．自立した消費者のための条件整備
　　2．利用者の立場に立った公的サービスの確立
第6章　特色ある質の高い生活空間の実現
　第1節　住生活の充実
　　1．土地対策の推進
　　2．良質な住宅と住環境の形成
　第2節　特色ある生活圏域の形成
　第3節　生活に関連した社会資本整備
　　1．快適な生活環境の形成
　　2．圏域内の交通と交流の充実

第2部　地域社会との共存
第7章　地域社会との調和
　第1節　調和ある対外経済関係の構築
　　1．国際的に調和のとれた対外均衡の達成
　　2．制度・仕組みの国際的調和の推進
　　3．国際経済交流の促進
　第2節　受容力の高い社会の構築
　　1．人と文化の交流の促進
　　2．労働力の国際化への対応
第8章　地球社会への貢献
　第1節　地球環境問題への貢献
　　1．地球環境保全へのODAの活用
　　2．我が国の経験と能力の活用
　第2節　国際貢献の新たな展開
　　1．国際平和・安定への貢献
　　2．知的な面での貢献
　　3．科学技術・エネルギー・保険医療面での貢献
　第3節　経済協力の多様な展開
　　1．ODAの充実
　　2．広範な経済協力の推進
　　3．市場経済への移行に対する支援
　第4節　国際貢献のための新たな基盤の整備
　　1．国民の理解と参加の促進
　　2．資金面での基盤の整備

第3部　発展基盤の整備
第9章　環境と調和した活力ある経済社会の構築
　第1節　21世紀に向けた企業行動への変革
　第2節　活力ある産業社会の構築
　　1．産業の高度化の推進
　　2．将来性を備えた農林水産業の構築
　第3節　環境と調和した経済社会の構築
　　1．環境調和型生産・消費構造の形成
　　2．環境調和型の地域構造の形成
第10章　発展への基礎的条件の整備
　第1節　科学技術の振興
　第2節　個性的・創造的な人材の育成
　第3節　エネルギー政策の総合的推進
第11章　国土の特色ある発展
　第1節　多様性をいかした地域の発展
　　1．広域経済圏発展の促進
　　2．地域間の相互交流の促進
　第2節　東京一極集中是正への対応
　　1．東京圏からの多様な機能の分散
　　2．東京圏の秩序ある整備
　第3節　21世紀にふさわしい国土形成

経済企画庁『生活大国五か年計画』大蔵省印刷局，1992年，目次より引用．

①年間総労働時間を一八〇〇時間に短縮する(一九九一年度は二〇〇八時間)。
②大都市圏において勤労者世帯の平均年収の五倍程度で良質な住宅を確保できるようにする(一九九一年はマンションで七・一倍、一戸建てで八・二倍)。
③老人福祉施設をはじめ、公園、下水道、交通網など社会資本を整備する。
④国際貢献として、環境分野の政府開発援助(ODA)に九〇〇〇億円から一兆円をあてる(一九九〇年度は一六五四億円)。

こうして鳴り物入りで導入された政策ではあるが、しかし、生活大国五か年計画は国民のあいだにブームをまきおこしたとはとてもいえない。すくなくとも、宮沢政権の支持率の浮揚にはむすびつかなかった。政権発足以来低迷を続けた宮沢内閣の支持率は、一九九二年一二月一一日の内閣改造の直後には二〇パーセントで、政権発足以来の最低、逆に不支持率は六三パーセントで最高をしるした(朝日新聞社全国世論調査)。この不人気ぶりには、根本的な政治不信とともに夏以降の不況感の深まりもあずかっているだろう。それでも、読売新聞の年末恒例の「日本十大ニュース」では、生活大国五か年計画は五〇位にもはいらないありさまだった。その原因を、同紙の一二月三〇日付社説はこう推測した。年収の五倍程度で良質な住宅の確保、年間労働時間一八〇〇時間などという「現状では夢のような数字」が、「無理な話と受け取られたのか」、と。

だが考えてもみよう。年収の五倍程度の価格の住宅は、一九八七年までの東京圏でも「夢」などではなく「現実」だった。年間労働時間一八〇〇時間にしても、元来、一九八八年に決定された経済運営五カ年計画「世界とともに生きる日本」が、一九九二年度中に実現しようとした目標である。ましてサミット参加諸国の労働時間は、すでに八〇年代後半に一六〇〇時間から一九〇〇時間程度に短縮されている。「経済大国」日本が一九九〇年代の前半に一八〇〇時間を達成しようというのが、「夢」扱いされるとは情けないではないか。その他の施策にしても八〇年代の政策の延長にすぎないということは、本書を通じて確認されるだろう。つまり話は逆で、生活大国五か年計画の施策には夢がなさすぎるのだ。

ぼかされた焦点＝企業中心社会

問題は、五年前に現実ないし手の届く目標であったものを、現時点で「夢のよう」にしてしまった責任の所在である。これについて生活大国五か年計画は、計画書という制約はあるにしても、語るところが乏しい。住宅貧乏にかんして「土地神話」が、働きすぎについて企業意識、消費者意識などが、原因のようにひきあいにだされるのみである。

しかし、そのような「意識」が問題であるとしても、それはどのように生じたのか。たとえば、従業員個々人の会社にたいする過度の忠誠心や仕事中毒といった「意識」も、真空状態のなかで生まれ、作用するわけではない。政府が政策主体として転換を求めるのであれば、すくなくとも企業経営や労使関係の構造、地域や家族を含めた社会全体の編成、そしてなによりも政府自身の従来の政策との関連で、「意識」を位置づける必要があるだろう。生活大国五か年計画には、そのような反省が致命的に欠けている。

反省のないところに、新規まきなおしもありはしない。「新たな視点」、「変革」、「転換」といったことばが目をひくわりには、この計画には、いまの日本社会のあり方を本当に変えようとする構えがない。ブームをよべなかったのはむしろ当然というべきだろう。

そればかりでなく、生活大国五か年計画は企業中心社会という肝心な問題のとらえ方、焦点をぼかしてしまっている。なによりも計画書の構成自体がそのことを象徴的に示している。つまり、計画書に「参考資料」として収録された経済審議会の部会報告には、「いわゆる企業中心社会」の「見直し」、「脱却」といったことばが含まれていた。それが、答申＝閣議決定からは消えているのである。経済審議会の事務局サイドで作成した概念図（図1-1）には、依然として「企業中心社会の見直し」ということばが含まれているが。

なるほど計画は、施策の第三部「発展基盤の整備」の冒頭で、「二一世紀に向けた企業行動への変革」をとりあげてはいる。しかし、なにをどう変革すべきかが奇妙に明確

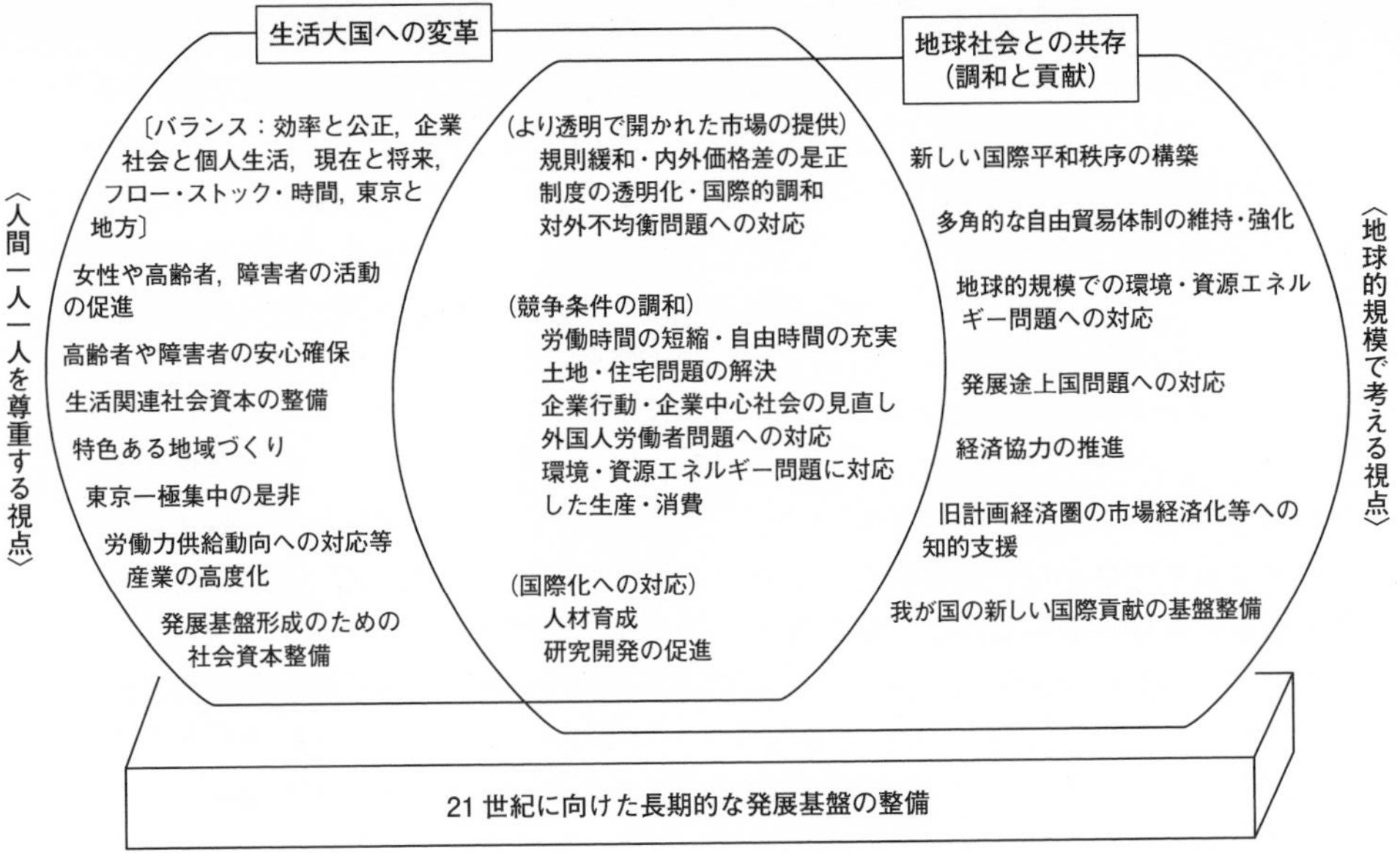
生活大国への変革
地球社会との共存
(調和と貢献)
〈人間一人一人を尊重する視点〉
〔バランス：効率と公正，企業社会と個人生活，現在と将来，フロー・ストック・時間，東京と地方〕
女性や高齢者，障害者の活動の促進
高齢者や障害者の安心確保
生活関連社会資本の整備
特色ある地域づくり
東京一極集中の是非
労働力供給動向への対応等
産業の高度化
発展基盤形成のための社会資本整備
(より透明で開かれた市場の提供)
規則緩和・内外価格差の是正
制度の透明化・国際的調和
対外不均衡問題への対応
(競争条件の調和)
労働時間の短縮・自由時間の充実
土地・住宅問題の解決
企業行動・企業中心社会の見直し
外国人労働者問題への対応
環境・資源エネルギー問題に対応した生産・消費
(国際化への対応)
人材育成
研究開発の促進
新しい国際平和秩序の構築
多角的な自由貿易体制の維持・強化
地球的規模での環境・資源エネルギー問題への対応
発展途上国問題への対応
経済協力の推進
旧計画経済圏の市場経済化等への知的支援
我が国の新しい国際貢献の基盤整備
〈地球的規模で考える視点〉
21 世紀に向けた長期的な発展基盤の整備

経済企画庁(1993)，p. 9 より引用.

図 1-1　生活大国五か年計画の概念図

でない。たとえば、「企業と企業の関係の見直し」という小項目で「日本的経営」がとりあげられる。その株式持ち合いや「系列」などの慣行、市場シェア重視・横並び体質などは、「企業それぞれについては合理的な行動の反映と見ることもできるが、近年、その国際的な調和が課題となっていることを踏まえ」、あるべき姿について自主的な行動指針の作成、遵守を奨励する、という(経済企画庁、一九九二、三六ページ。圏点は大沢による。以下同じ)。しかし、日本的な企業行動には国内的な不調和の問題はないのだろうか。また、「国際的に」出る杭を目立たなくするにも、「横並び」でいこうというのか。

また「企業と個人の関係の見直し」としては、「企業活動の成果を個人に適切に還元する」との観点から、企業の外部チェック機能の強化、交際費、社宅等の付加給付(フリンジ・ベネフィット)の問いなおしが「期待され」ている。「社宅等」は、「個人の利便性の向上に貢献してきたとみられる反面」、「個人の会社への依存」や企業間・個人間の不平等を強める面もあるので、「居住に対する個人の選択肢を広げていくことが期待される」(経済企画庁、一九九二、三六―三七ページ)。だが具体的になにをすべきか、ここから読みとるのは容易ではあるまい。じつは経済審議会の発展基盤部会報告のほうでは、「企業と個人の関係の見直し」の第一点に労働時間の短縮があげられ、その目的として、「個人が企業に埋没するいわゆる「企業中心社会」から脱却し」、と明記されていたのである(経済企画庁、一九九二、一九六ページ)。

他方で、施策の第一部第五章「生活者・消費者の重視」では、勤労者にたいしても、労働時間の短縮にともなって「ライフスタイルは従来の職場を中心としたものから、職場、家庭、地域社会などの間でバランスのとれたものに変化することが期待される」、という（経済企画庁、一九九二、一四ページ）。この箇所でも、経済審議会生活大国部会報告のほうは、転換の「基本的視点」として、「いわゆる企業中心社会を見直すこと等を通じて」、と述べていた（経済企画庁、一九九二、九六ページ）。その「企業中心社会」が、答申＝閣議決定では、右に引用したように「職場を中心とした」「ライフスタイル」といいかえられたわけである。問題がレベルダウンされていることは明らかだろう。

ライフスタイルの「変化」の中身はどうか。家庭については、家族の安らぎと育児・教育、病人や老親の介護といった機能が、「今後も適切に維持」されるよう、「育児相談や保育サービスの充実、子育てに対する経済的支援、基礎的な介護技術の普及等家庭を支援する施策を推進する」という（経済企画庁、一九九二、一五ページ）。変化よりも現状の延長が「期待」されたことになるだろう。そのうえで、コミュニティ活動やボランティア活動の充実、「環境と調和した簡素な」消費生活などが提唱された。

ようするにこの計画からは、会社にそくしても家庭にそくしても「変革」が見えてこない。企業中心社会から「個人尊重」社会への転換という問題意識は、生活大国五か年計画へと煮つめられたというより、エキスを抜かれてしまったのだ。冒頭にあげた国民生活審議会総合政策部会の基本政策委員会中間報告『個人生活優先社会をめざして』を参照すれば、それはいっそう明らかになる。

2　いま必要な視角はなにか

企業中心社会の構造と弊害

国民生活審議会総合政策部会の基本政策委員会中間報告『個人生活優先社会をめざして』――以下『中間報告』と略称する――にとって、問題の所在はまぎれもない。その第一ページは、「はじめに――なぜ企業中心社会を問題にするのか」と書きおこされている。『中間報告』によれば、「企業中心社会」とは、「企業をはじめとする組織の存在が拡大しすぎ、その目的や行動原理が、個人や社会のそれに優先し、個人生活の自由度が制約された社会」である。それは一四―一五ページの図1-2のような構造をもつとされる。

図1-2によれば、伝統社会の原理であった「集団主義」に、効率性重視・利益追求という「産業社会の論理」と「労使協調原理」とが積み重ねられたものが、企業中心社会の基盤としてとらえられている。「集団主義」とは「組織への高い忠誠心と強い帰属意識に代表され」、そのルーツは、前近代の「ムラや藩」にまでさかのぼって求められ

る(経済企画庁、一九九一、五〇ページ)。こうした基盤から、合理化、シェア・成長重視の体質、「日本的雇用慣行」などの企業社会のもろもろの特徴が生じたというわけである。

ちなみに、「年功序列賃金・企業内労働組合・終身雇用」を柱とする日本的雇用慣行は、図が明示するように、戦後の高度経済成長過程で成立したと理解されている。この点には注意しておきたい。というのは、いまだに、「過労死」にまでいたる働きすぎ・「会社人間」ぶりの原因として、日本人の「本性」や前近代以来の「勤勉の哲学」などをもちだし、しかもそれを「日本社会の活力」の源泉として肯定的に評価するような言説が、影響力を失っていないからである。一九九二年末成立の宮沢改造内閣の労働大臣・村上正邦が、就任後初の記者会見で「働く価値観というものがある。私は二宮尊徳の考えをもっている」と述べ、政府の労働時間短縮目標への違和感を表明したのは、まさに語るに落ちたというべきだろう(『朝日新聞』一九九二年一二月一五日付)。このたぐいの俗説にたいして、『中間報告』の認識は均整のとれたものといえる。

さらに、図において太線でかこまれた点は、日本の企業活動の成果ないしメリットとされる。経済成長、良好な雇用関係といったそのメリットは、しかし、二重線でかこまれた諸問題を生みだしてきたという。それが、『中間報告』が「企業中心社会の弊害」と見なす問題点である。その内容を見よう。

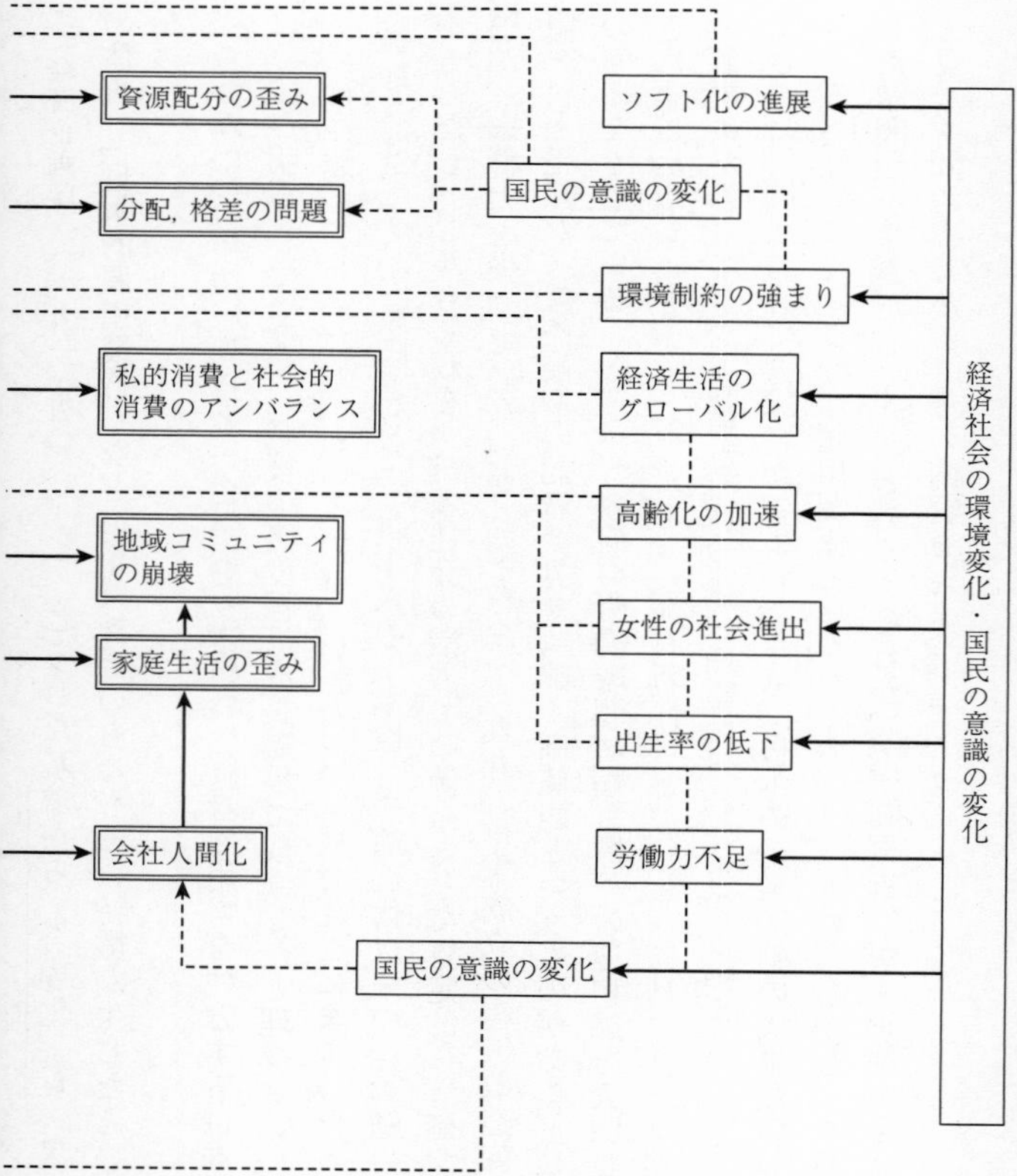
資源配分の歪み
分配，格差の問題
私的消費と社会的
消費のアンバランス
地域コミュニティ
の崩壊
家庭生活の歪み
会社人間化
国民の意識の変化
ソフト化の進展
国民の意識の変化
環境制約の強まり
経済生活の
グローバル化
高齢化の加速
女性の社会進出
出生率の低下
労働力不足
経済社会の環境変化・国民の意識の変化

の構造

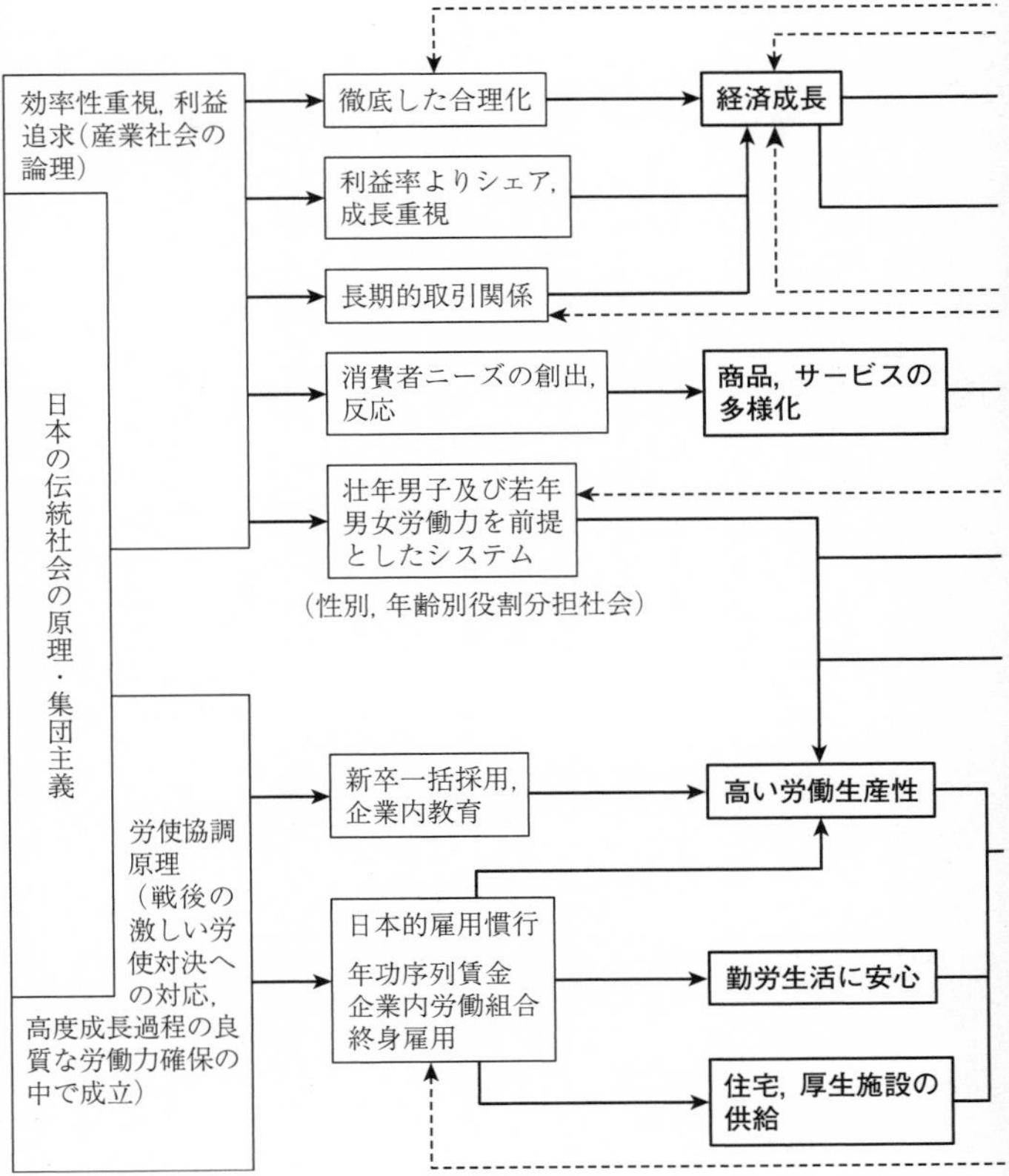

経済企画庁(1991), p. 78 より引用.

図 1-2　企業中心社会

図1-2の「会社人間化」とは、①「昇進など組織内での成功だけを重視する一元的な価値観」、その反面生じた法や正義の軽視、国際問題・社会問題への無関心、②企業への長時間かつ広範な拘束と「組織的な無駄、非効率」、したがってまた、③夫＝父の家庭不在に代表される「家庭生活の歪み」、④さらに住宅・教育を含めた生活全般の企業への依存、などをさしている。そのたくみな記述を、同報告の第一章からややくわしく引用しておこう。

「会社人間化」の①について。「出世競争への参加を自己実現だと信じ、身を粉にして働き、さらには自分がいなければ組織が動かないと思い込んでいるような「会社人間」が、少なからず存在している。高度成長期の一部の企業に見られた「公害隠し」や、最近の銀行・証券会社による一連の不祥事など、組織のためなら非合法すれすれの行動をとり、それが組織から評価されるようなことがある」。

つぎに②と③については、労働時間の長さもさることながら、それ以外にも「自らの意志に反した拘束がかなりある。たとえば、行き過ぎた仲間主義による不必要なつき合い、職場主催の休日の運動会などの行事への参加などである」。それで家庭不在となった夫＝父が「家庭に居場所を失って仕事場の方が居心地がよくなり、ますます会社人間化していくという悪循環もみられる」。「真に自らの意志で好きな仕事に打ち込むならばともかく、……仕事が効率的になされていないために不必要に労働時間が延びているのならば問題であろう」(経済企画庁、一九九一、七—八ページ)。

また、やはり**図1-2**に示された「地域コミュニティの崩壊」、「分配、格差の問題」などについては、とくに解説をかさねる必要もあるまい。「私的消費と社会的消費のアンバランス」については明文で解説されていないが、後段の「充実した社会的消費」の項目の記述から考えると、生活関連の社会資本の整備が遅れたために、社会的資本からのサービスや福祉サービスなどの享受が私的消費にくらべて乏しいこと、を意味するようである(経済企画庁、一九九一、二一ページ)。

「資源配分の歪み」もやや聞き慣れない指摘かもしれない。これらはたんなる配分の歪みというよりも、「効率的な資源配分」の失敗を意味していることが注意されなければならない。生活大国五か年計画との比較でいえば、『中間報告』は、日本的な企業行動が国内でも生みだす「不調和」を、非効率、資源の浪費としてとらえているのである。近年の「会社(本位)主義」論、「企業社会」論では、「日本的経営」は「過剰効率」によって摩擦をひきおこすと考えられがちであった。しかし、狭い視野では過剰効率と見えるものが、社会全体ではつぎのような資源配分の非効率＝むだを招くことを、『中間報告』は見逃さない。

第一に、排他的取引慣行や「内部補助」が自由で公正な競争を歪めること。「内部補助」とは大企業が非競争部門から生じた超過利潤を他の部門に振りむけることであり、それがたんに事業多角化をめざしておこなわれる場合には、ベンチャービジネスなどの中小企業の発展を阻害するというのである。第二に、土地取得に典型的に見られるような企業による個人需要の排除。そして第三に「外部不経済」の発生、つまり環境汚染のように市場の直接取引者以外に不利益をおよぼすこと。たとえば「ジャスト・イン・タイム制」(下請や納入業者が、「親企業」の指定の時間どおりに少量多頻度で部品を納めることで、親企業の側の在庫を極小とするシステム)が、下請の負担を増し交通渋滞を招く、頻繁で瑣末なモデルチェンジが社会全体としては労働・資源のむだづかいになる、といったことがらである(経済企画庁、一九九一、一〇―一一ページ)。

最後に、**図1-2**の右側は「企業中心社会の変革の背景」を示している。「国民の意識の変化」、高齢化や「女性の社会進出」、「労働力不足」等々といった社会変動は、破線の矢印のような連関で、企業中心社会の特徴や弊害を顕在化させるとともに、その変革を迫っているというのである。

やはり迫力不足の提言

こうして『中間報告』の企業中心社会批判を参照すれば、生活大国五か年計画では焦点がぼかされているという、さきほどの評価もうなずけるだろう。もちろん国民生活審議会の一部会の中間報告と、閣議決定の経済運営五か年計画という、両文書の性格の違いは無視すべきでない。政府の中長期経済運営計画が、いたずらに歴史分析や自己批判にふけったり、非現実的な提案をすることは許されないからである。それでも、生活大国五か年計画ほどに焦点から目をそらしてしまっては、問題の転換を展望できるはずもないのは明らかである。

では、問題の構造を的確にとらえたように見える『中間報告』は、そこからの転換をどう展望しているか。提言のおもなものを再度紹介すると、①個人を中心とした価値観を形成する、②会社は「ノルマ」を廃止する、③労働時間短縮のため残業割増賃金率をひきあげる、④会社も個人も社会貢献活動にとりくむ、⑤「会社人間化」を助長する社宅建設を見直す、などであった。

残念ながらこれらもまた、意外に迫力に欠けるといわざるをえない。日本社会の「豊かさ」が問いなおされるようになって何年もが経過した今日、もはや企業や個人に価値観の転換を説いていればすむ段階ではあるまい。政府がおこなうべき施策について『中間報告』が率直に語らないのは、官庁の縄張りのためなのだろうか。

むしろ私たちがここで注意すべきは、**図1-2**のような企業中心社会の構造のとらえ方が、なお重大な弱点をもつことである。第一に、日本の戦後史を企業中心社会の形成史として見る場合に、一九七三年秋の第一次石油危機のもつ意味が、これではいかにも過小評価されている。第二に、図にいう「性別、年齢別役割分担社会」の位置づけが浅く、石油危機以降のその再編も見落とされている。いいかえると、企業中心社会の構造がその「ジェンダー関係」にたちいって把握されていない。第三に、政府の社会政策が、企業中心社会を形成するうえで――とくに石油危機以後に「日本型福祉社会」政策として――果たした役割が、やはりひどく過小評価されてしまう。

これらの弱点はいずれもかさなりあい絡みあいながら、『中間報告』の提言が存外に迫力のないものにとどまったこととむすびついていると思われる。積極的なアクション・プログラムを構想するうえで、近過去におこった事態を率直にかえりみることは避けてとおれない。そこで本書では、性別・年齢別役割分担を基盤とする企業中心社会を総仕上げし、「会社人間」を全般化したのは、ほかでもない一九八〇年代の「日本型福祉社会」政策であったことを明らかにしていくつもりである。それは同時に、そうした社会政策の根本的な転換なしには「個人尊重」社会の実現もおぼつかないことを示すだろう。

企業中心社会の確立は石油危機以降

さて『中間報告』の弱点の第一、時期区分の問題を簡単に見よう。企業中心社会の形成を虚心にふりかえってみれば、いやおうなく第一次石油危機が大きな転機として浮かびあがってくる。転換点としての石油危機という位置づけは、私のオリジナルでも新しいものでもなく、多くの論者が一致して認めるところである。むしろ、『中間報告』がこの点を明確に位置づけないことのほうが不思議に感じられる。意図的に無視したといえば、うがった解釈になるだろうか。ともあれ石油危機前後の転換は以下のように素描される。

渡辺治の一連の「企業社会」論によれば、石油危機以前の高度成長期は企業社会が形成された時期であるとはいえ、それはいまだ民間大企業の正社員を覆うにとどまっていた。企業主義は、大企業の職場でも臨時工や社外工には浸透していなかったし、中小企業や公共部門の労働者はもとよりその圏外にあった(渡辺、一九九〇、八八―八九ページ。渡辺、一九九二、五〇ページ)。中小企業や公共部門というとなにやらマイナーな部分と感じられるかもしれないが、一貫して日本の雇用者の七〇―八〇パーセントは中小企業に働く人々である。そこでは日本的雇用慣行の柱となる終身雇用も年功制も確立していないし、労働組合はそもそも存在しないことが多い。

もっとも、日本的雇用慣行を確立していた大企業ですら、当時は従業員の質的な掌握に限界があった。一九六〇年代後半から七〇年代初頭には、重化学産業大企業の若年労働者を中心として、定着率の減少や労働規律の弛緩《しかん》が問題になっていたのである。たとえば、日本を代表するある自動車企業では、一九七一年に高卒労働者は採用後一年目で二五パーセントが退社し、三年目ともなれば半数が退社していた(野村、一九九二b、一

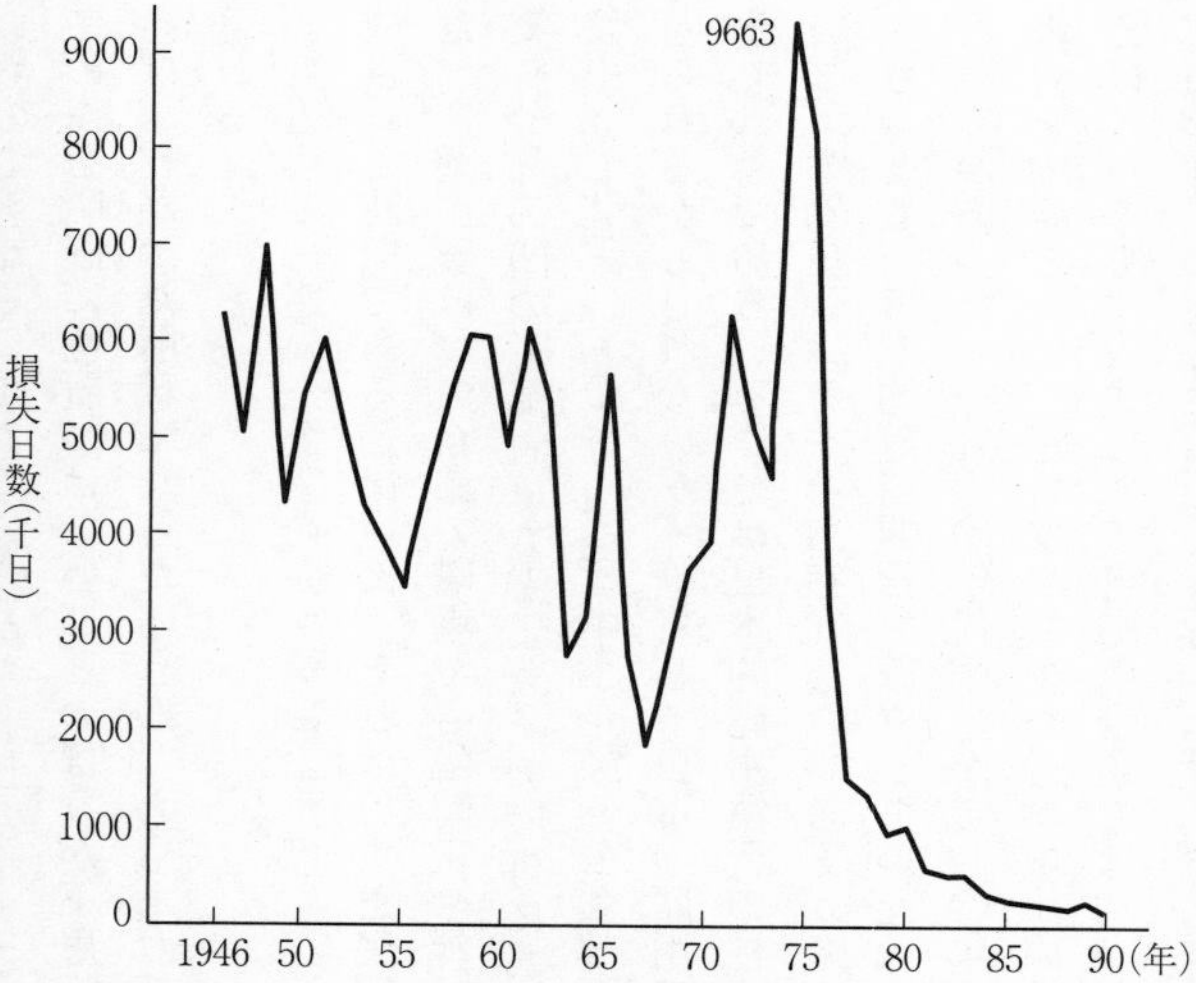

半日以上のストライキがあった日数．資料：田端(1991)，第1表．

図 1-3　労働争議による労働損失日数の推移

ーページ）。

田端博邦が指摘するように、企業内労働組合もひたすら協調的だったのではない。**図1-3**が示すように、高度成長期の労働争議による労働損失日数は、石油危機以後にくらべれば一桁多く、『中間報告』がいう「戦後の激しい労使対決」の時期にも匹敵する。戦後期と高度成長期の差は、後者の時期の労使紛争が「春闘」として制度化、ルーティン化されていたことである。高い水準での争議は労使のノーマルな関係の一要素であって、労使関係は「紛争的安定構造」とでもいうべきものをもっていた(田端、一九九一、二三一ページ)。

こうした事情のもとで、とくに中小企業や公共部門の労働組合は使用者にたいして戦闘的であり、政治面では社会党の支持基盤でありえた。高度成長期後半に急速にもりあがったベトナム反戦、反公害などの市民運動が、強く反企業の傾向をもっていたことも思いだされるだろう。

これも田端が跡づけていることであるが、高度成長期には政府も、社会経済政策の理念として欧米をモデルとする「近代化」と「福祉国家」を掲げ、労使関係においても福祉・社会保障水準でも西欧先進福祉国家に追いつくことをめざしていた。今日からは信じがたいかもしれないが、当時には、日本的雇用慣行を、「遅れた」、克服されるべきものとする考え方が、労働問題研究者のあいだばかりでなく、政府サイドでも一般的だった(田端、一九八八、九一―一一ページ。田端、一九九一、二三一ページ)。高度成長末期には、「成長よりも福祉を」、「生産よりも生活を」といった世論が高まり、一九七三年の田中角栄内閣による「福祉元年」を生み落とした。この時期、民間大企業の正社員たちは、「公害隠し」をひきおこしたようなみずからの会社人間的なあり方を、修正するよう迫られていたといってよい。すくなくとも企業主義が全社会を制圧したなどとは、とてもいえない状況であった。

だが、事態はここでドンデン返しとなる。石油危機による不況と低成長のもとで、

「成長よりも福祉を」の世論はあっけなくしぼんだ。賃上げ自粛、「我慢」、「減量合理化」、「福祉見直し」などのあいことばが広く受容されていった。「日本的経営」は、日本経済が諸外国にくらべていち早く危機を克服したことの原動力として称賛を集めていく。合理化の渦中での生き残りをかけて競争と効率への一辺倒、会社優先が、社会のすみずみまで及んでいったのはこの時期だった。実際、高度成長期には減少し続けていた労働時間が一転してやや増加、そして横ばいのパターンに転じるのは一九七五年である。

このように、今日欧米諸国との対比で問題になる日本の長時間労働、「過労死」問題そのものが、すぐれて石油危機以降のものであることに注意しなければならない。極力人員を抑えつつ、残業増加・休日出勤・年休返上、はてはサービス残業でノルマをこなす「会社人間化」が、民間大企業でいっそう強まるとともに、下請化・系列化を通じて中小企業の労働者に過酷なまでに押しつけられた。そして一九七四年なかばから、所定外労働の削減、新規採用の停止、一時帰休などの「雇用調整」が進行して、労働条件は低下するにもかかわらず、離職率は顕著に減少する。

田端はこれを、労働者が企業への固着を強めた指標と見る。大量採用と大量退社が通例であった自動車企業でも、これ以後退社は低下する。労働者が特定の企業の従業員であることにすがりつくという意味で「従業員化」し、争議のまれな労使関係の「協調的安定構造」が確立したのだ(田端、一九九一、二五九―二六〇ページ)。労働研究の世界では一九七七年に、日本とアメリカの比較にもとづいて、「わが国の労資関係は、現代ではむしろ最も「先進的」といわねばなるまい」と結論する小池和男の著作『職場の労働組合と参加』が登場した(小池、一九七七)。以後、小池の一連の研究は経済学者や経営学者にも大きな影響を与える。一九八〇年代の日本の社会科学では日本の労働関係や人事管理を高い生産力を支えるものとして肯定的に評価する言説がさかんであったが、そのような潮流のなかで小池はオピニオン・リーダーとなった(野村、一九九二b)。

ついで企業主義の矛先は、巨額の財政赤字をかかえながら「ぬるま湯」の労使関係にひたり続ける公共部門に向かった。つまり、福祉国家の減量合理化である。この過程で政府は受け身だったのではない。狂乱インフレを背景として一九七四年の国民春闘が三二パーセントの大幅賃上げを獲得したことにたいして、政府はただちにコストプッシュ・インフレへの懸念を表明し、翌年以降の賃金を抑制するうえで主導的な役割を果たした。また雇用調整「給付」(一九八一年より「助成」)金制度、雇用安定事業など、一時帰休や解雇による減量経営を支える労働政策が展開される。そして、かつては追いつくべき模範であった先進福祉国家が、いまや避けるべき「前車の轍《てつ》」とされるというように、一八〇度のシンボル転換がなされた。この「福祉見直し」の文脈で社会保障制度の全分野にわたっておこなわれた改革と、国鉄、電電など公共企業体の民営化・労働組合潰しが、一九八〇年代の「行政改革」の両輪をなす。それは企業中心社会の総仕上げにほかならなかった。

このように見てくると、「労使協調原理」や「会社人間化」を戦後日本社会の一貫したトレンド、いわば「慣性」であるかのように描く『中間報告』の認識は、きわめて不十分であることが明らかだろう。高度成長期に「労働者支配の限界」(渡辺)をもっていた企業社会は、その末期に弛緩の兆しを見せたのち、低成長期に力ずくで確立されたのである。しかも、『中間報告』の弱点の第三としてあげたように、その際に政府が大きな役割を果たしたという事情が見落とされてはならない。こうした事情を軽視するかぎり、今日にいたって企業中心社会の転換が求められる理由も転換の方法も、的確にはとらえがたい。

『中間報告』によれば、かつては経済成長をはじめとするメリットを生んだシステム=企業中心社会が、今日では「国民の意識の変化」や「企業を取り巻く環境変化」によって転換を迫られている、ということになる。やや乱暴に要約してしまえば、「慣性」の時代遅れ、陳腐化が転換の理由とされるのである。そうであればこそ、転換方法としても、個人や企業が慣性的な価値観を捨てるよう説教するにとどまっていると考えられる。

問題の核心としてのジェンダー

『中間報告』の弱点の第二は、「ジェンダー関係」である。とはいえ、女と男の両性の社会的状況の異同と両性の社会的関係への考慮を、『中間報告』にしても生活大国五か年計画にしても、まったく欠いているといっては不当だろう。『中間報告』では、すくなくとも企業中心社会の構造図に「性別、年齢別役割分担社会」ということばが、丸カッコ入りながらも記入されている。企業中心社会の変革の背景として「女性の社会進出」もあげられた。

しかし、企業中心社会の形成と弊害をかなり包括的に述べた本文中には、なぜか「性別、年齢別役割分担社会」の解説は見あたらない。ただ、「女性の社会進出」が企業中心社会に転換を迫っていると述べる箇所で、唐突に、「男女の固定的な役割分担意識」、「男性中心の雇用システム」、「従来の男性中心の企業中心社会」などという語句が登場するのみである(経済企画庁、一九九一、一六―一七ページ)。性別役割分担や「男性中心」は、あたりまえすぎて説明も分析も不要だとでもいうのだろうか。ともかく「男性中心」の構造が分析されずいわば自明の前提とされてしまう以上、その「男性中心の企業中心社会」を形成するうえで政府の社会政策が果たした役割などは、問題意識にものぼらないことになる。そこで展望としても、『中間報告』では、漠然と意識の転換、システムづくりなどが「求められる」にとどまっている。

生活大国五か年計画の場合には、そもそも企業中心社会への問題意識が薄いのだが、ジェンダー関係についてはどうか。さきに表1-1で示したように、施策の冒頭「個人の尊重」の章に、「誰もが社会参加できる環境の整備」として、女性、高齢者、障害者、外国人がとりあげられる(第三節)。この節はつぎのように書きだされている。

国民の誰もが自らの能力に応じて社会参加し、社会に貢献できるようにするための環境整備が重要である。特に、女性が十分に社会で活躍できるよう、これまでの男女の固定的な役割分担意識を始め社会の制度、慣行、慣習等を見直し、男女共同参画型の社会を実現することが必要である。(経済企画庁、一九九二、一〇ページ)

ここで、健常な青壮年の日本人男性の「会社」以外の「社会参加」、「社会貢献」は保障されなくてよいのかといぶかるのは、余計な心配であるらしい。彼らこそは、ことさらに「環境の整備」をしてもらわなくても、十二分に参加し貢献している日本社会の本来のメンバーであるということが、生活大国五か年計画の大枠となっているのだろうか。ともあれ、「女性が能力を発揮しやすい環境の整備」として同計画があげる施策を具体的に見ると、①男女雇用機会均等法の「趣旨を更に徹底」する、②労働基準法の母性保護以外の女子保護規定を「解消する」、③育児休業の普及や介護休業制度の促進、保育サービスの充実をはかる、④「女子再雇用制度の普及」などにより「育児終了後の女子の労働市場への再参入を促進」し、「パートタイム労働対策の充実」をはかる、などである。

だが、ごく素直に考えてみよう。なぜこれらが「特に、女性が」「社会参画」するための施策なのか。雇用機会が均等となることは、男性にとっても「能力を発揮しやすい環境」ではないのか。労働基準法の残業・深夜業などにかんする「女子保護規定」を、「解消」するのでなく、「男子」にも適用することが、男性の「会社」以外の「社会参画」を保障するうえで必要なのではないか。同様に、育児休業、介護休業、保育サービス、育児終了後の労働市場再参入の促進、パート労働対策などのいずれも、女性にとってばかりでなく、家庭責任とともに地域社会への責任をもつ女と男の両性が、「社会に貢献」し「能力を発揮」するうえで重要な問題であろう。

これらの疑問は、論理的には当然に生じてくるものである。それが意識もされないのは、やはり生活大国五か年計画が、前述のような大枠、つまり青壮年の男性中心の性別・年齢別役割分担、ジェンダー関係を、深く前提としているためと考えざるをえない。

他方、社会保障にかんしては以下の施策が掲げられた（経済企画庁、一九九二、一二一―一四ページ）。

①デイサービスセンター、老人ホームの整備など老人保健福祉施策を推進するとと

もに、「各施設で在宅との間の均衡に配慮して、費用負担の適正化を図る」。
②公的年金については、「世代間の負担の公平」のための保険料のひきあげと、雇用者年金の老齢年金支給開始年齢の段階的ひきあげを実施する。
③企業年金の育成普及、個人年金などによる「自助努力を支援」する。
④医療では、「生涯を通じた健康づくり」と「医療費の適正化対策を推進」する。

これらの施策において、じつは男性中心のジェンダー関係はいっそう深く暗黙のうちに埋めこまれている。本書で検討していくように、これらの施策は基本的に一九八〇年代の「日本型福祉社会」政策の延長線上にある。一九八〇年代の社会政策こそは、男性中心の企業中心社会の確立を支え、会社人間化を促進したものにほかならない。そうした政策を延長するのでは、「個人尊重」社会の実現は遠のくばかりである。

まず明確にされなければならないのは、『中間報告』の議論や生活大国五か年計画の女性政策、社会保障政策が深く暗黙の前提とする、現代日本の企業中心社会におけるジェンダー関係である。そこで第二章では、広い意味での労働の性別分担を検討することをつうじて、ほぼ一九八〇年代末の時点での断面図として、企業中心社会がいかに広くかつ深く、男性中心のジェンダー関係を基軸とするかを描いてみたい。広義の「労働」とは、雇用労働など収入をもたらす労働と、家事労働のように直接収入につながらない無収入労働とをあわせたものである。

つづいて第三章では、一九七三年秋の第一次石油危機以来の日本経済の構造再編とジェンダーとの関連を明らかにしたい。そこでは「労働」のなかでも雇用構造に焦点をしぼって、その変動過程への性別・年齢別のかかわりを追跡する。無収入労働の諸関係の変動についても同様の分析がおこなわれるべきことはいうまでもないが、十分なデータにめぐまれない。これは労働関連の統計が圧倒的に雇用労働にかたよって収集されてきたためで、本書で構造変動の記述の焦点が雇用にしぼられる理由も、もっぱらそこにある。無収入労働が検討に値しないからではないことを、あらかじめことわっておきたい。

最後に第四章では、日本の社会保障制度の基本構造と一九八〇年代におけるその再編――「日本型福祉社会」政策を、やはりジェンダーという概念を軸に分析する。青壮年の男性中心の性別・年齢別役割分担、ジェンダー関係が、いかに戦後日本の社会政策において大前提とされ利用されてきたか、とりわけ一九八〇年代の「日本型福祉社会」政策をつうじて意識的に維持強化され、企業中心社会を総仕上げしたかを示す。つまり日本政府自身の政策がいかに企業中心社会の構造の支柱であるか。この点を把握することこそが、企業中心社会を超えるために、諸個人ばかりでなく政府自体のとりうる、またとるべき方向をさし示し、両性・老若のあらゆる個人を尊重する社会を創っていく第一歩と考えるからである。

第二章　企業中心社会の労働とジェンダー

従来「労働」であるとみなされてきた活動が、社会の全体としての「労働」の一半でしかないことは、すでに常識になりつつある。

たとえば一九七六年に開始され、五年ごとに四回おこなわれてきた総務庁（総理府）の「社会生活基本調査」は、「有業者」の「仕事」とともに「通勤」、主婦などの「家事・育児」、「買い物」、学生の「学業」、「通学」などを、すべて「二次活動」、すなわち「社会を維持するために必要な義務的活動」に含めている。

同調査は一五歳以上の国民の生活時間を、睡眠、食事など生理的に必要な行動である「一次活動」、そしてこの「二次活動」、およびそれ以外の自由時間、余暇である「三次活動」に分類する。従来は有業者の「仕事」、とりわけ雇用者の賃金労働が「労働」であると考えられ、いまだに各種の労働統計はこの立場をとる。しかし、このような「労働」の定義では、「社会を維持するために必要な義務的活動」、つまり社会的労働の一半を表したことにしかならない。社会的労働は、大別して「仕事」と呼ばれる収入労働と、

「家事」をはじめとする無収入労働からなりたつわけである。

一九八六年の調査によれば、現代日本社会の一五歳以上の両性の国民の「二次活動」時間の総計、つまり社会的総労働時間のうち、いわゆる仕事＝収入労働は五七・一パーセントをしめるにすぎず、二八・五パーセントは家事・育児・買い物の時間についやされ、残り一四・四パーセントが通勤・通学・学業にあてられていた。また収入労働の総時間のうち、六五パーセントは男性、三五パーセントは女性がおこなっているのにたいし、無収入労働のうち家事・育児・買い物については、九三パーセントを女性が担い、男性はわずか六パーセントをおこなうにすぎない。

このような労働の性別分担は、かりに一時間あたりの収入に性別格差がないとしても、労働を通じてえられる収入に大きな性別格差を生むだろう。そしてこれから見るように、女性の時間あたり収入は男性の半分からせいぜいでも六割にすぎないので、女性は社会の労働の半分以上を担いながら、労働を通ずる収入の社会的総額の五分の一ないし四分の一しかえていないことになる。

1　性別賃金格差と性別分離の指標

日本の「パラドクス」？

一九九二年九月初旬に国際労働機関（ＩＬＯ）が発表した「男女平等賃金」にかんする調査結果によれば、いくつかの国での近年の性別賃金格差はつぎのとおりであった。

男性の賃金水準を一〇〇とした場合の女性の賃金の比率を一九八〇年と一九八八年でくらべると、フランスでは七九・二から八一・八、西ドイツ（当時）が七二・四から七三・六、オーストラリアが八六・〇から八七・九などといくらか上昇したのにたいして、日本では五三・八から五〇・七へと格差が拡大した。このほかにも格差を若干拡大させたのが、デンマーク（八四・五から八二・二）、オランダ（七八・二から七六・八）などである（ILO, 1992b;『朝日新聞』一九九二年九月七日夕刊）。

じつは同じ系列の統計で、日本の女性賃金比率が最高をしるしたのは、一九七八年の五六・二だった。比率はそののち一貫して低下し、一九九〇年には四九・六と五割を切った。これだけ一貫していちじるしい低下を示したのは、各国と比較して注目に値する。日本において一九八〇年代が「女性の職場進出」の時代とさかんにいわれてきたことにてらせば、驚くべき調査結果といえるだろう。もちろん、性別賃金格差を算出する基礎になる統計のとり方は各国で異なっているので、これらの数値を直接に比較することはできない。それでもこれから紹介するような理由で、日本の性別賃金格差は工業化した諸国のなかで最大級であると考えることができる。

性別賃金格差の基本的な原因が両性のあいだの職種や職務の違いにあるということは、

ほぼ一般に認められている。ＩＬＯの同じ調査結果は、日本について、独特の年功賃金体系にも責任があるとはいえ「女性が低賃金の職場に集中しており、男性と均等の機会を与えられていない」と批判的にコメントした。やや専門的な用語でいえば「性別職務分離（セグリゲーション）」の問題である。

そこで産業別、職業別の性別分離にかんする指標である性別分離指数（後述）を参照すると、一九七〇年代のはじめから一貫して、日本の数値は他の先進国よりも一〇ポイントから二〇ポイントも小さいことが判明する。分離指数が低ければ、産業別・職業別の労働者の分布に、両性のあいだでさほど大きな差がないということになる。

図2－1は経済協力開発機構（ＯＥＣＤ）の一九八五年の報告書『経済への女性の統合』をもとに作成したものである。縦軸に性別分離指数、横軸に女性の労働力率（〔就業者数＋失業者数〕÷人口）をとって各国を配置している。各国の労働のあり方を二つのジェンダー視角から透視して、その特徴を平面に焼きつけた結果、とでもいえるだろうか。日本の労働が特異な位相をもつことがみごとにとらえられている。

こうして私たちはパラドクス（逆説）にいきあたる。他の国々より大きな性別賃金格差、にもかかわらずより小さな性別分離。これはいったいなにを意味するのか。

日本の性別賃金格差は最大級

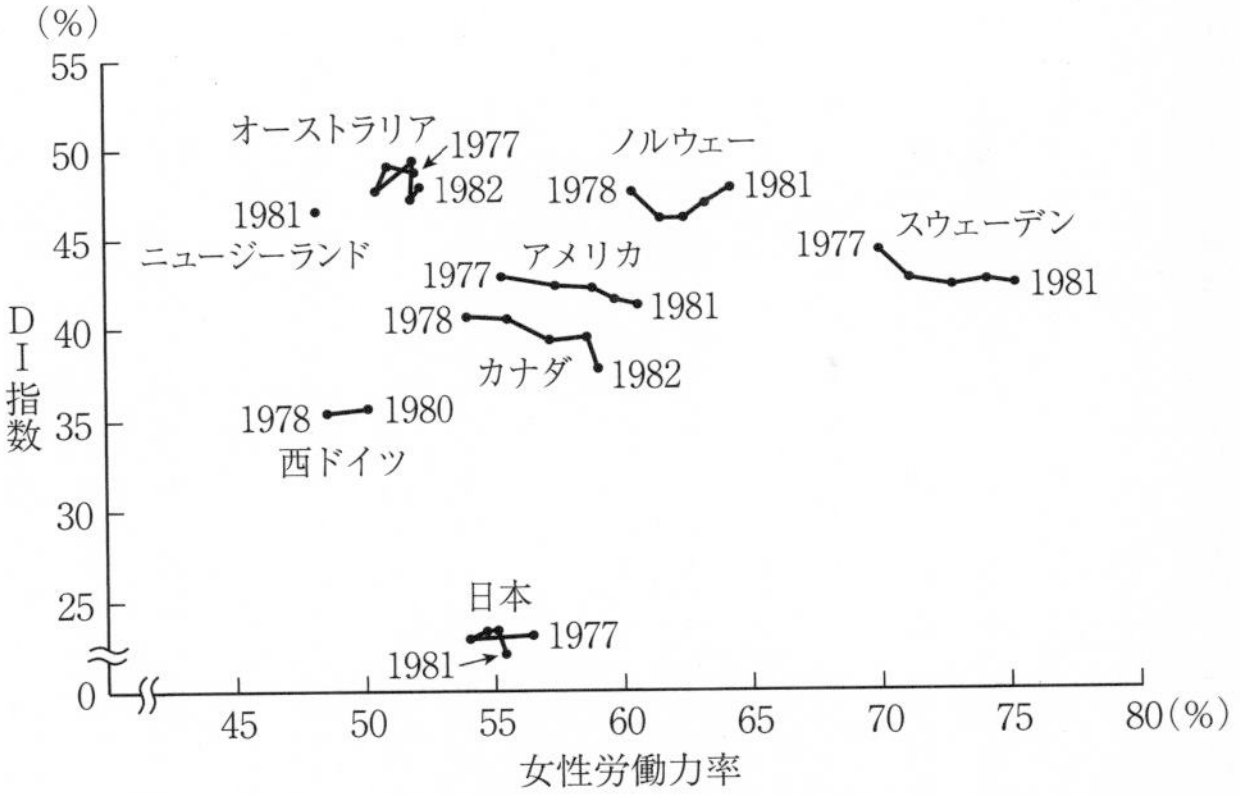

男女で職域が分離しているほどDI指数は大きくなる．女性労働力率は15歳から64歳までの女性人口にしめる労働力人口(就業者プラス失業者)の割合．日本では職域が性によって分離している割合が他国と比べて非常に低いことがわかる．資料：OECD(1985)．

図 2-1 性別分離と女性労働力率の国際比較

小池和男の研究によれば、日本の性別賃金格差は一九七〇年代前半の段階で、西欧諸国よりも相当に大きかった。小池は製造業の労働者をまずホワイトカラーとブルーカラーに分け、それぞれについて年齢階層別に、男性の賃金を一〇〇とした場合の女性の賃金比率を示している。そこから判明するのはつぎのようなことである。ブルーカラーでは二〇歳代のなかばまで、ホワイトカラーでは三〇歳まで、日本の性別賃金格差も他の諸国と変わりないが、三〇歳以降で格差が大きくひろがり、三〇歳代後半ともなると他国とかけ離れた水準に落ち着く。とくにブルーカラーで他国の賃金格差が二〇歳なかば以降横ばいに推移するのにたいして、日本での三〇歳代なかばまでの格差の急激な拡大は目立つ。

小池は、これらの原因の大半が女性賃金よりも男性賃金にあること、すなわち日本ではホワイトカラーはもちろんブルーカラー＝生産労働者でも、男性の年齢別賃金カーブが五〇歳くらいまで急上昇することにある、と指摘する。女性の賃金は年齢につれてほとんど上昇しないか、あがっても三〇歳代なかばくらいまでがせいぜいである。西欧諸国のブルーカラーの賃金は年齢につれて上昇する程度が小さく、この点で男性も女性も大きな差がないから、日本ほどの性別格差にならない。つまりＩＬＯ風にいえば独特の年功賃金体系にこそ責任があるというわけである。

性別賃金格差にかんするこれらの論点は、日本の大企業の男子生産労働者の「知的熟練」にもとづく「ホワイトカラー化」という小池の年来の主張と接続する（私たちは「知的熟練」の問題にあとでたちかえる）。性別賃金格差をめぐる仮説はいくつか存在することが知られているが、本章は小池説に焦点をあわせる。第一章でもふれたように、日本の労働関係や人事管理を高い生産力の支柱として肯定的に評価する一九八〇年代の社会科学の潮流において、小池和男がリーダー的な存在だったからである。

さて、一九七〇年代の前半にすでに西欧諸国より相当に大きかった性別賃金格差は、その後どう変化してきたのか。これについては二種類の基本的な統計がある。まず労働省の「毎月勤労統計調査」によれば、事業所規模三〇人以上の「常用労働者」の平均月間現金給与総額において、一九六〇年には男子の平均を一〇〇とした場合の女子の比率は四二・八であったものが、高度成長期を通じて格差が縮小し、一九七〇年には五〇・九、七八年には五六・二となった。その後は格差が年々拡大して、一九九〇年にはついに四九・六まで下がったのである。

数値が一致していることから分かるように、この統計がＩＬＯの『労働統計年報』に報告されているものである。西欧諸国やオーストラリアが一時間あたりの賃金を報告し、日本のなかには成人のフルタイム労働者に調査対象を限る場合もあることにくらべれば、日本のこの統計が格差を大きく見せていることはまちがいない。もっとも、韓国が家族手当と現物支給を含む月間賃金を報告しているが、その女性賃金の男性にたいする比率は、一九八〇年に四四・四であったものが九〇年には五三・五と、着実に格差を縮小してきた。この数値だけを単純に比較すれば、一九八八年ごろを境に日本の性別賃金格差は韓国よりも大きくなっていると考えられるわけである。

他方、労働省の「賃金構造基本統計調査」によって、規模一〇人以上の事業所の「パートタイム労働者」をのぞく「一般労働者」について見ると、男性を一〇〇とする女性賃金の比率は一九七〇年代前半に上昇したのち、一九八五年まで停滞ないし微減の一〇年をへて、この数年で微増また停滞という状況である。ちなみに小池が西欧諸国との比較に用いたのは、こちらの統計である。一九九〇年の女性賃金の男性にたいする比率は所定内給与(所定労働時間にたいする賃金。基本給、業績給、諸手当を含む)では六〇・二、所定内給与に超過労働給与をくわえた定期給与では五七・一となった。フルタイム労働者の所定内給与にかぎっても女性賃金比率が六〇パーセントそこそこというのは、やはり国際的に見て最大級の格差といわなければならない。なお以上の二種類の統計はまた、前者の毎月勤労統計調査で性別賃金格差が拡大してきた有力な原因がパートタイマーにあることも示唆している。

ところで、一九九一年夏に刊行された『労働白書』平成三年版は、当時の労働力不足感を背景に第Ⅱ部を「女子労働者、若年労働者の現状と課題」にあてた。白書は女性と青年の労働力活用のための課題を探ったわけだが、性別賃金格差の把握と分析に際してはもっぱら賃金構造基本統計を用いている。パートタイマーをのぞいて「一般労働者」での格差を見るため、というのが理由である(労働省、一九九一a、一三二ページ)。そして、年齢、学歴、規模、勤続、職階などの要因に格差を分解し、これらの「属性」を「男子にそろえれば」、性別賃金格差は「かなり縮小」するという(労働省、一九九一b、六六ページ)。

このような分析はもちろん必要である。格差の構成要素を知ることなくして、その解消をめざすことがむずかしいのはいうまでもない。しかし、労働者の「属性」として、パートタイムという雇用形態が今日ますます重要性をましていることもまた疑いない。そして、以下の検討が浮き彫りにしていくように、女性労働の種々の属性を「男子にそろえる」ことを頑強に妨げるなにかが、日本の労働関係、ジェンダー関係には存在する。すくなくとも、パートにかんする追跡と分析もおこなったうえでさまざまな要因を総合していくという手続きを欠いているのでは、格差の把握としてリアルとはいえないと私は考える。

他方で、毎月勤労統計にもとづくパートタイマーを含む性別賃金格差については、労働省の婦人局が編集する年々の『婦人労働の実情』で、両性の給与額と男性にたいする女性の比率の二〇年以上にわたる推移が、昭和六二年版までは抜粋ではあれ一覧表として掲載されていた。それが昭和六三年版になって比率がはぶかれて給与額のみの推移の表となり、さらに平成元年版からは前年の給与額のみが掲げられるようになった。その結果、性別賃金格差の推移の一覧表は賃金構造基本統計にもとづくものだけになっている。また、『婦人労働の実情』にはＩＬＯの労働統計年報にもとづいて各国の性別賃金格差を一覧する表がときに掲げられるが、なぜかその表には日本が含まれない（たとえば同書の平成元年版、三年版、四年版）。

これらの意味するものを、ここで憶測してもしかたがあるまい。たしかなのは、性別賃金格差の問題に関心をもつ者にとってパートタイマーを含む数値の推移も見落とせな

職域分離指数

①WE 指数の定義

$$\sum_{i=1}^{k}\left(\frac{\text{グループ}\,i\,\text{の就業者の女性比率}}{\text{就業者総数の女性比率}}-1\right)\times\frac{\text{グループ}\,i\,\text{の就業者数}}{\text{就業者総数}}\times 100\%$$

②WE 指数は各分類の就業者シェアと女性就業者シェアからも出せる

$$\sum_{i=1}^{k}\left(\frac{\text{グループ}\,i\,\text{の女性就業者数}}{\text{女性就業者総数}}-\frac{\text{グループ}\,i\,\text{の就業者数}}{\text{就業者総数}}\right)\times 100\%$$

③DI 指数

$$\frac{1}{2}\times\sum_{i=1}^{k}\left(\frac{\text{グループ}\,i\,\text{の女性就業者数}}{\text{女性就業者総数}}-\frac{\text{グループ}\,i\,\text{の男性就業者数}}{\text{男性就業者総数}}\right)\times 100\%$$

いこと、毎月勤労統計にもとづく比率の推移の表が掲載されないとかなりの不便を強いられること、である。この場を借りて同表の復活を要望する次第である。

分離指数とはなにか

つぎに職域分離指数の問題である。ＯＥＣＤの一九八五年の報告書『経済への女性の統合』は、さきに**図２‐１**として引用した図のほか、各国の産業別、職業別などの分離指数の推移を表という形で示しているが、日本の指数の低さ、その特異な位相などについてなんの解説も分析も与えていない。そこで私たちも指数の定義から検討していかなければならない。

ＯＥＣＤの一九八一年の報告書『女性と雇用（Women and Employment）』ではじめて用いられたことからＷＥ指数と略称される指数は、産業分類ないし職業分類ごとの女性就業者の「出現度」(各分類の女性比率を就業者総数の女性比率で割った数値)から1を引いた絶対値の加重平均であり、ウェイトは産業ないし職業分類ごとの就業者シェアである。参考までに、WE指数の算式を四二ページに掲げる(①式)。これは通約すれば②式のように、各分類の就業者シェアと女性就業者シェアからも算出できる。

また**図2-1**の縦軸に表示されるDI(Dissimilarity Index)指数は、両性の産業別ないし職業別の分布をまったく同じにするために、産業(職業)分野を変更しなければならない女性(男性)の割合を示す。その算式が③であり、DI指数を二倍して就業者総数の男性比率(Nm÷N)をかけた値がWE指数に等しい(WE＝2×DI×Nm÷N)。

以上の定義と算式の「就業者」を「雇用者」におきかえれば、雇用者ベースの分離指数がえられることになる。産業ないし職業の分類としては大きな分類を用いることもできるし、より細かい分類を用いることもできる。当然ながら同一の国の同一の年についても、分類の細かさによって分離指数の値は大きく違ってくる。本書では指数の構成因を図示する便宜から、WE指数を利用している。

分離指数を分解すると

一九八五年について(西ドイツは一九八四年)、算式を逆にたどって各国の職業別分離指

国別比較・就業者ベース(1985年)

西ドイツ			日　本			韓　国		
出現度	構成比	指　数構成因	出現度	構成比	指　数構成因	出現度	構成比	指　数構成因
	%	%		%	%		%	%
1.07	15.0	1.1	1.15	9.3	1.3	0.91	5.8	0.5
0.55	3.8	1.7	0.17	3.6	3.0	0.09	1.5	1.4
1.57	18.8	10.7	1.40	17.6	7.1	0.88	11.5	1.3
1.46	9.2	4.3	0.95	14.8	0.7	1.19	15.5	2.8
1.46	11.7	5.4	1.37	8.6	3.2	1.57	10.8	6.2
1.24	5.4	1.3	1.21	8.6	1.9	1.12	24.6	3.0
0.38	34.5	21.4	0.74	37.1	9.7	0.71	30.3	9.0
1.18	1.6	0.3	0.76	0.4	0.1	—	—	—
	100.0			100.0			100.0	
38.2%			39.7%			39.0%		
46.2%			27.0%			24.2%		

1984年の数値．資料：ILO(1987)．

数を国際標準職業分類(ＩＳＯＣ)の大分類の職業ごとに分解してみると、**表2-1**のようになる。まず各分野の女性出現度を求め、そこから1を引いた絶対値に、各分野の就業者シェア、つまり就業者の職業別の構成比率をかけたものを、**表2-1**では指数構成因と呼んでいる。これをたしあわせた数値が分離指数となる。就業者にしめる女性の比率が平均(就業者総数の女性比率)より高い職業では、出現度が1より高くなり、平均より女性比率が低い職業では出現度が1より低くなる。日

表 2-1　職業別分離指数の

区　分（ISOC 大分類）		アメリカ 出現度	アメリカ 構成比	アメリカ 指数構成因	カナダ 出現度	カナダ 構成比	カナダ 指数構成因
			%	%		%	%
1	専門職・技術的職業従事者	1.11	15.8	1.6	1.24	16.6	4.0
2	管理的職業従事者	0.81	11.4	2.2	0.76	11.4	2.7
3	事務従事者	1.82	16.2	13.2	1.87	16.9	14.8
4	販売従事者	1.09	11.8	1.1	1.02	9.4	0.2
5	サービス業従事者	1.37	13.5	5.0	1.32	13.8	4.5
6	農・畜林業従事者，漁夫・猟師	0.36	3.2	2.0	0.66	5.2	2.5
7-9	生産・関連労働者，輸送用機械運転者，労務者	0.41	28.1	16.7	0.32	26.7	18.2
X	軍隊，その他分類不能の職業従事者	—	—	—	—	—	—
	（構成比計）		100.0			100.0	
就業者総数の女性比率		44.1%			42.5%		
分離指数（構成因計）		41.8%			46.9%		

「構成比」は各区分の女性就業者が女性就業者全体に占める割合．西ドイツは

本や韓国の管理的職業（グループ2）の女性出現度の低さ、欧米での生産、運輸、労務などの職業（グループ7／8／9）の女性出現度の低さに注目していただきたい。また、農林水産職業の女性出現度が、北米二カ国はかなり低いのにたいし、西ドイツ、日本、韓国では1より高く、平均以上に女性比率の高い職業であることが判明するのも興味深い。

表2-1をもとにして、縦軸に女性出現度をとり、横軸には各職業の就業者シェアをとって、縦の帯状グラフを描くことができる。アメリカ、

西ドイツ、日本を図示すると図2−2のようになる。図では女性出現度1のところに横線が引かれており、各分野の出現度のそこからの距離(1を引いた絶対値)がすぐ分かるようになっている。この距離に各分野の帯の幅(就業者シェア)をかけて面積としたものが、各分野の指数構成因である。

ようするに図において斜線とアミをほどこされた部分の面積の和が、分離指数の値を示す。ちなみにこの図は、OECDの『女性と雇用』の付録のなかのグラフを参考にして、私が改善をくわえたものである。

さて表2−1と図2−2によって、日本の職業別分離指数(就業者ベース)の低い理由がつぎのように明らかになる。

①生産、運輸、労務などの職業(グループ7/8/9)の就業者シェアが大きいにもかかわらず、そこでの女性出現度がさほど低くない。つまり帯は太いが丈が短すぎないから、アミの部分の面積は他国にくらべて小さい。

②就業者シェア第二位であり、女性就業者の最大部分をなす事務従事者(グループ3)では女性出現度がさほど高くない。

つぎに図2−3は、同年の雇用者ベースの職業別分離指数とその構成因である。図

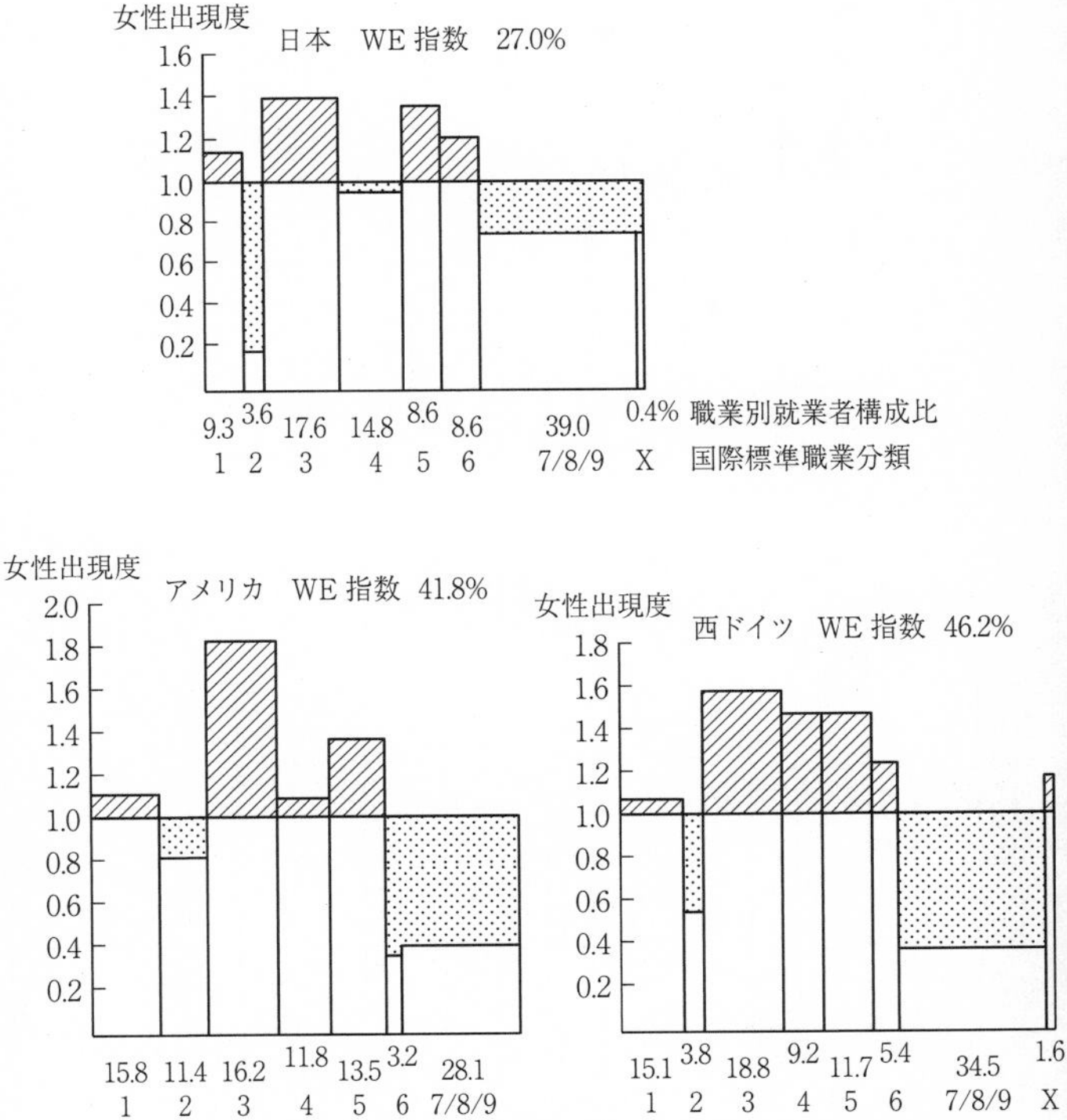

1985 年(西ドイツは 1984 年). 横軸の幅は就業者シェアを表す. 斜線部分とアミ部分の面積の和が WE 指数になる. 職業分類の 1 は専門的・技術的職業, 2 は管理的職業, 3 は事務従事者, 4 は販売従業者, 5 はサービス職業, 6 は農・畜林業, 漁夫, 猟師, 7／8／9 は生産・関連労働者, 輸送用機械運転者, 労務者, X は軍隊およびその他分類不可能の職業. 資料：ILO(1987).

図 2-2 職業別分離指数の構成因(就業者ベース)

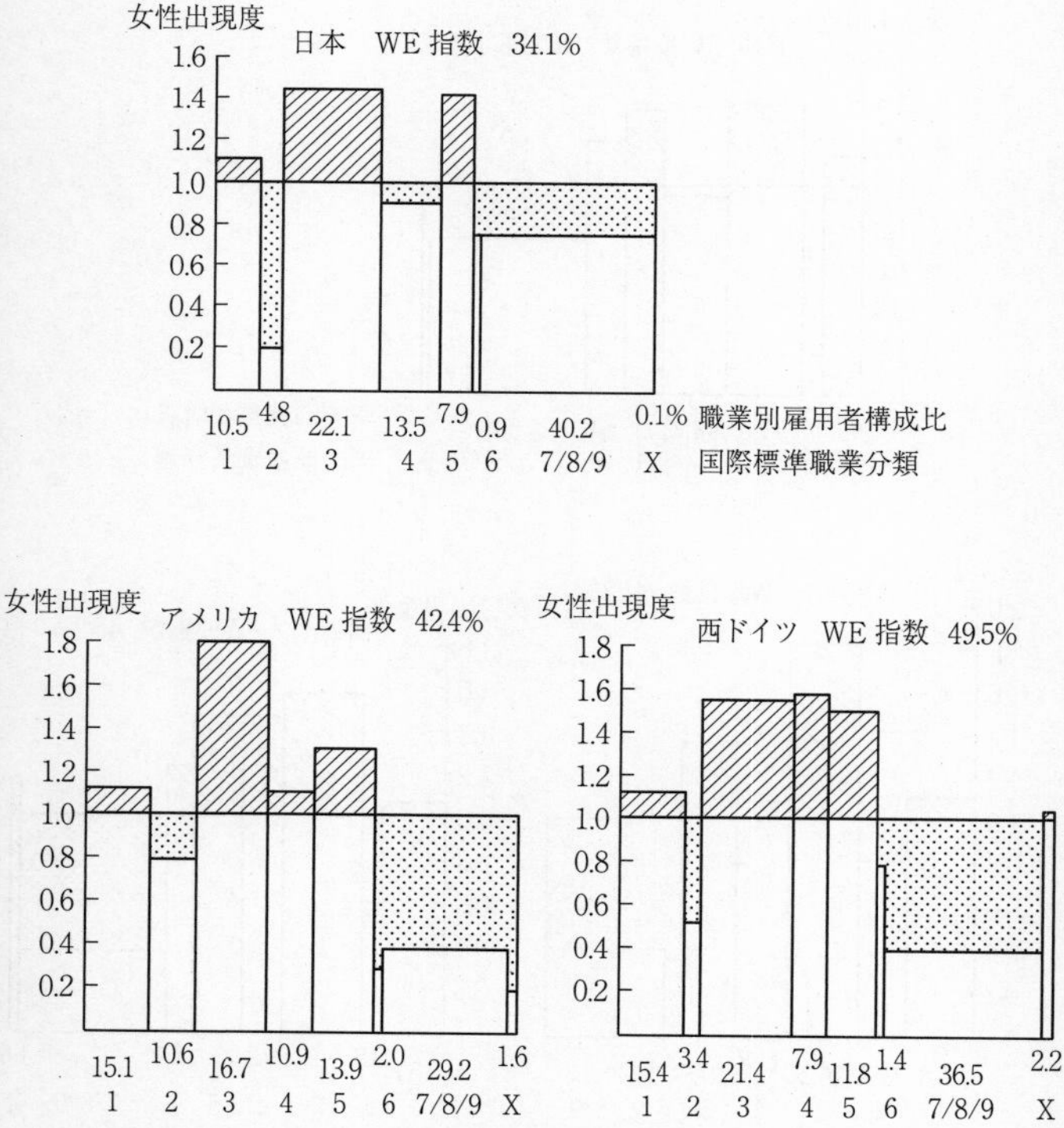

1985 年(西ドイツは 1984 年). 職業分類については図 2-2 を参照. 就業者ベースで分離を見た場合との指数の差が, 日本の場合目立っている. 資料：ILO(1987).

図 2-3　職業別分離指数の構成因(雇用者ベース)

2-2と対比するとまず、就業者ベースと雇用者ベースの指数の差が、他国では二、三ポイントであるのに、日本では七ポイントと大きいことに気づくだろう。ここでは、それでも日本の指数が他国より一〇ポイントも低いことを考察しよう。

低い理由としては、①生産、運輸、労務などの職業(グループ7/8/9)の雇用者シェアが大きいにもかかわらず、そこでの女性出現度がさほど低くないこと、②アメリカ、カナダとの比較では事務従事者(グループ3)において女性出現度がさほど高くないこと、③西ドイツとの比較では販売従事者の女性出現度が低いこと、などが読みとれる。つまり職業大分類で見た場合、日本の女性は他国よりも生産、運輸、労務などブルーカラー職業で働く人が多く、事務職業や販売職業にはさほど集中せず、男性の職業別分布とそれほど大きく異ならないために、分離指数が低くなっているということである。

産業別ではどうか。一九八六年についても同様に図示すると、**図2-4**のようになる(雇用者ベース)。いずれの国についても産業別の分離は職業別より一〇ポイントほど低く、性別による分布の差は職業別のほうが大きいことが分かる。

そのなかで日本の指数はやはり他国よりも一〇ポイント前後低い。その理由としてつぎのような点が指摘できる。

①製造業の女性出現度が1すれすれと高い。

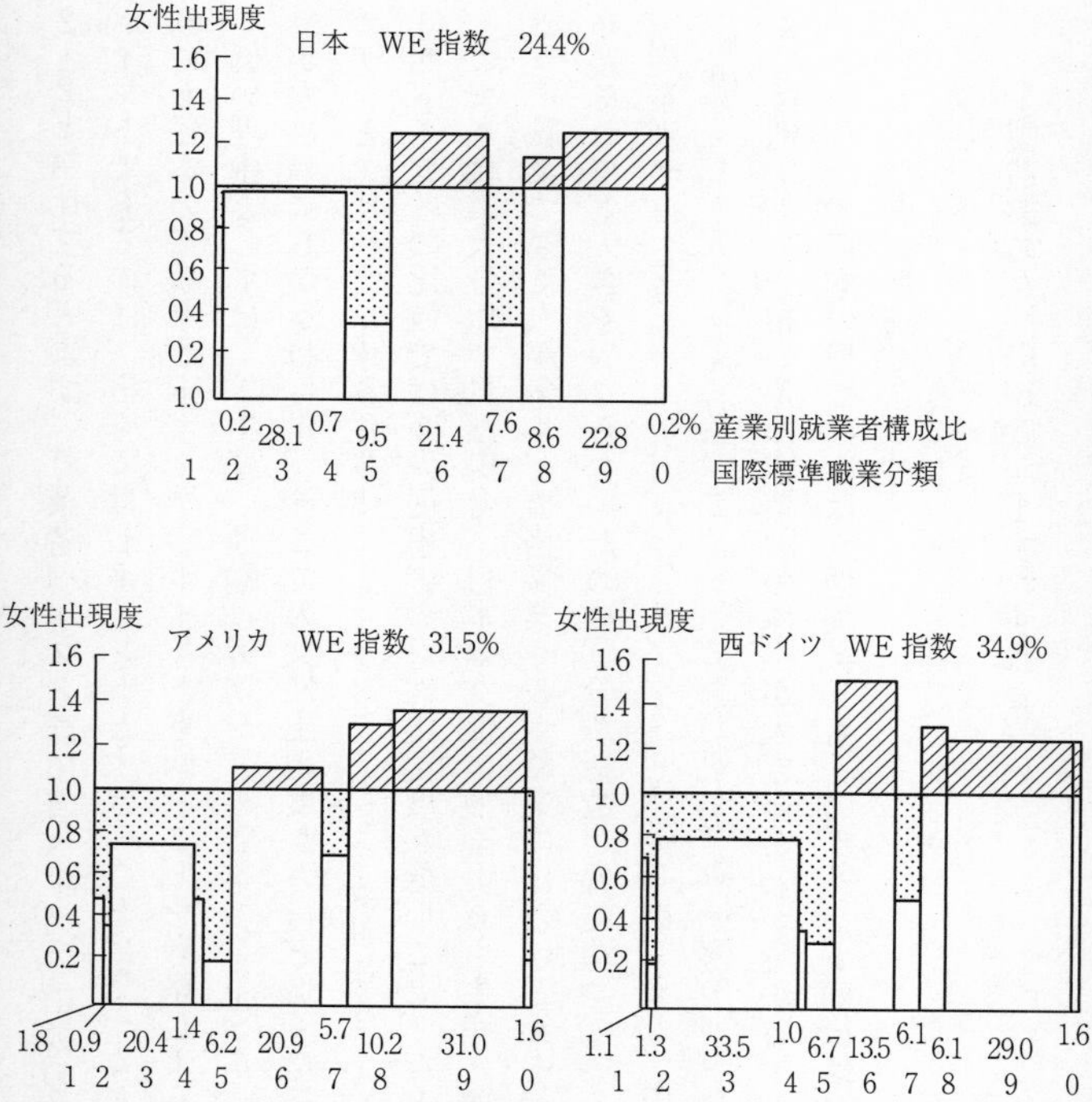

1986 年．1 は農林漁業，2 は鉱業，3 は製造業，4 は電機・ガス・水道業，5 は建設業，6 は卸売・小売業・飲食店・ホテル，7 は運輸・通信業，8 は金融・保険業・不動産業，企業サービス，9 はサービス業，0 はその他．職業別に見た場合よりも分離の度合が低い．資料：ILO(1987)．

図 2-4　産業別分離指数の構成因(雇用者ベース)

②産業にしめるサービス業の割合が小さくて、その女性出現度がさほど高くない。

つまり産業大分類で見た場合、日本の女性は他国よりも製造業で働いている。それにくらべてアメリカでは多くの女性がサービス業に働き、西ドイツではサービス業とともに商業に働く女性を多く見かけるわけである。

いずれにしても以上の指数は、横並びの各分野のあいだに見られる分離という意味での「水平分離」といわれるものを示すにすぎず、同じ職業分野・産業分野のなかでの職務や職階などの差、いわゆる「垂直分離」を計測するものではない。両性の雇用平等の指標としてはむしろミスリーディングとさえいえよう。

ＷＥ指数が無意味だというのではない。本書のようにそれを分解して、就業構造、雇用構造をジェンダー視角でとらえる一手段として利用すれば、十二分に有効である。そうした就業・雇用の構造をふまえて、本章の冒頭で「パラドクス」と呼んだものは、つぎのようにいいかえられるだろう。

日本の女性は、大分類での職業や産業では男性とあまり分離せずに働いていながら、賃金面では大きな格差をこうむっている。この賃金格差には、より細かい分類での分離と、垂直分離とが大きく作用していることになる。

2　性別賃金格差と性別分離の理論

「知的熟練」と賃金格差

垂直分離として検討されなければならないのは、雇われる企業規模の違い、同一企業内での職種や職階の違い、そして雇用形態の違いなどだろう。さきにふれた小池和男の「知的熟練」理論は一貫して、これらを分離や格差の問題としてよりも、労働者の「質」の問題として説明しようとする。

ここでは、小池の一九九一年の著書『仕事の経済学』にそくして「知的熟練」理論を見よう。この書物の性格を、小池はひかえめに、「日本の労働経済の、わたくしなりの概説書」と称しているが、同書はむしろ彼の一連の著作の集大成といえるものである。その執筆意図は、「日本の働きかたは特異で、競争にとぼしい」という「日本異質論」や、「集団主義やら会社主義などという、わけのわからない」議論に断固反論し、「素晴らしい」日本経済の実績の「源泉」を「なんとかして」説明しようとするところにある（小池、一九九一、i、iiページ）。

小池が「知的熟練」とよぶのは、簡単には、直接生産ラインの仕事において、異常に対応し、対策を講じる能力のことである。流れ作業の典型のような自動車の組立ラインでも、車種や仕様が不断に変化し、多くの持ち場をこなせるベテランの技能が必要である。生産量の変化、欠勤など労働者構成の変化、機械の不良や「おしゃか(不良品)」の出現といった比較的小さな「異常」への対応はもちろん、モデルチェンジによる生産方法の大きな変化に対応し、量産化の段階で細かい生産手法を「改善」するなどの能力がきわめて重要となる。小池は、「これこそ知的熟練というにふさわしい。機械の構造、生産のしくみの知識とは、まさに技術者のもつ技能とかなり共通するのではないか。日本の職場の効率の基盤は、まことにこの知的熟練にある。日本大企業の生産労働者の多くがこのすばらしい技能をもつゆえに、あの効率が達成されたのである。けっしてたんなる愛社心などという精神論ではない」と述べる(小池、一九九一、六八ページ)。

「知的熟練」は、賃金が年齢や勤続年数につれて上昇するという事象、つまり年功賃金体系を説明する。小池によれば、この年功賃金事象そのものは、西欧やアメリカのホワイトカラーにも存在し、日本の特徴とはいえない。日本の特徴は、大企業生産労働者の「ホワイトカラー化」である。そしてその「ホワイトカラー化」の根拠は、長期勤続そのものというより、「定着性」にあるという。欧米にもかなりの長期勤続層があり、長期勤続層の存在自体もその比重の大きさも日本の特徴とはいえないからである。特徴は大企業生産労働者の定着率の高さにあり、その理由は「知的熟練」が企業内の長期の「はばひろいOJT(オン・ザ・ジョブ・トレーニング)」を通じ、年齢や勤続年数につれて形成されることにある。熟練が賃金を決めるがゆえの「年功制」なのである（小池、一九九一、第二、三章）。

「知的熟練」は企業規模別の賃金格差といわれるものも説明する。小池は企業規模間の賃金の差にかんしても国際比較を試み、日本は一九七二年の時点で、EC諸国のなかで最も規模別賃金格差の大きいイタリアに近かったと見る。格差の推移については、一九五四年から一九七〇年までの「急激な縮小」と以後の「よこばい」、七〇年以降の全体としてのよこばいのなかで、七〇年代末からは四〇歳代での差が縮小したこと、などを指摘する。しかし、なぜか推移については製造業の男子生産労働者が観察されているにすぎない。

ともかく小池のポイントは、こうした差が大企業労働者と中小企業労働者との「知的熟練」の差にもとづくと見るところにある。大企業なみの「はばひろい技能」をもつグループは、中小企業では生産労働者のごく少数にすぎない。そのなかで七〇年代末から四〇歳代の差が縮小したのは、「大企業なみの知的熟練の持ち主」が増大したためであろうという（小池、一九九一、第八章）。

性別賃金格差の問題はここからほとんど自明のことになってしまう。**女の賃金が低いのは、彼女たちに「知的熟練」がないからなのだ。**というより、日本でのみ大企業の男子生産労働者が「知的熟練」を積み、「ホワイトカラー化」したために、諸外国よりも大きな性別賃金格差ができてしまったというだけなのである。

査定つきの「年齢別生活費保障型」賃金

当然に生じるのは、ではなぜ中小企業労働者には、そして女性では大企業労働者であっても、「知的熟練」がないのか、という疑問であろう。しかし、この疑問にたちいるよりも、企業への定着が熟練を形成し、その熟練が賃金を決めるという、小池説の結節点にある論理こそが問われなければならない。韓国の賃金の研究にもとづいて小池説を批判したのが、小野旭であった。小野によれば、韓国では労働者の流動性が高いにもかかわらず年功カーブが日本にもまして明確に存在するのであって、いわゆる年功カーブは「年齢別生活費保障型」賃金にほかならない(小野、一九八九)。

さらに、国際比較研究を含むいくつかの緻密な実態調査にもとづいて、小池の一連の研究を総括的に批判するのが、野村正實《まさみ》の最近の論文である(野村、一九九二b)。野村によれば、熟練が賃金を決めるという説はきわめて疑わしい。日本の大企業では、保全工など熟練の高い専門工と、せいぜいでも半熟練にすぎない直接労働者とが、同年齢同期で入社して毎年の人事査定が同等であれば、同じ賃金を受けとるからである。小池の「年功賃金」論は、直接労働者と明らかに種類を異にする専門工の存在をあえて黙殺し、かつ個別企業の賃金の決め方にほとんど注意を払わないことによって組み立てられていることを、野村は明らかにする。「知的熟練」による年功賃金論にかえて野村が提出する仮説が、「人事査定による労働者間競争を前提とした「年齢別生活費保障型」賃金カーブ」である。このカーブがホワイトカラーにもブルーカラーにも同様に適用されているのだから、ブルーカラーが「ホワイトカラー化」したように見えるのは当然なのである。

「査定」とは人事考課のことであり、いうまでもなく経営側による従業員個々人の能力や貢献度の評価をさす。やや回り道ではあるが、ここで、橘木俊詔《たちばなきとしあき》らによる最新の研究を通じて確認された日本の人事考課＝査定の特徴を、簡単に見ておくことが有用だろう。

企業は査定を、賃金および昇進・昇格において、従業員に「差をつける」資料として使っている。ただ、賃金決定には大幅な格差はつけず、昇進・昇格については入社一〇―一二〇年の「若いうちに早い選抜をせず」「それ以降に徐々に差をつけている」というのが、橘木らの評価である。なお昇進や昇格では勤続年数も査定と同等に考慮される。このことを野村は、「人事査定による労働者間競争を前提とした「年齢別生活費保障型」賃金カーブ」と述べているわけである。このような査定に際して、日本の労働組合はほとんど「規制」をせず、「経営のなすがまま」であるという(橘木、一九九二、第一章)。

なお橘木らによれば、国際比較的にいうと欧米諸国の労働者、とくにブルーカラーは、査定の公平性が欠けていることと「平等主義に執着することから」、査定を受け入れない。これにたいして日本では、ブルーカラーもホワイトカラーも査定を受け入れてきた。その彼らが働く日本企業の生産性のほうが、欧米企業の生産性よりも高いのは、「一つの大きな要因として査定がうまく機能したのかもしれないといえる」。あまり性急な選別をせずに「じっくりと」評価し、勤続も配慮するというように、「すべての従業員のインセンティブを大切にしている意味で、心憎いまでの労務管理の術である」(橋木、一九九二、第一章)。

さて、野村説に戻ろう。「人事査定による労働者間競争を前提とした「年齢別生活費保障型」賃金カーブ」について彼が注記したように、この場合の「生活費」とは、〝妻子を養う〟男性にとっての生活費にほかならない(野村、一九九二b、注13)。そうした賃金カーブは、戦時体制のもとで確立し、敗戦直後の生活給的賃金制度に受けつがれ、さらに高度成長期に春闘方式のもとで定着してきたという。つまり、戦後の企業経営と労働組合運動のあいだの政治過程の産物なのである。結果として職務とは関係なく個人別賃金が決まるこの賃金体系のもとで、企業は、直接労働者であっても男性にはある程度の「はばひろい」技能形成を求めざるをえなくなる。年齢につれて賃金があがるにもかかわらず単純反復作業を続けさせるのは「コスト・パフォーマンスが悪いからである。同じ根拠から、女性労働者の技能が育成されないことも説明される」。賃金が低い彼女たちを単純作業に釘づけにしても「コスト・パフォーマンスは良好」だからである(野村、一九九二b、一四ページ)。

こうして、野村によって小池の「知的熟練」論はほぼ裏がえしにされたことが分かるだろう。技能が高まるから賃金があがるのではなく、査定＝人事考課による個人差はあれ、ともかくも年齢につれて賃金をあげてやらなければならないからこそ、その賃金にみあう技能をつけさせようとするのだ。ただし、その労働者が男であるという条件つきで。ちなみに野村は、女性の低賃金を「若年で退社」することから説明しようとするようである(野村、一九九二b、一四ページ)。だが、むしろつぎのように考えたほうが一貫するだろう。**〝妻子を養う〟男の生活費にみあう賃金に、女をあずからせるということ自体が論外なのである。**

この賃金体系を前提とするかぎり、女性正社員の勤続へのインセンティブをくじき、「若年で退社」させることは、企業にとってほとんど至上命題となる。急な年齢別賃金上昇カーブをもつ大企業ほどそうなるだろう。彼女たちを単純反復作業に釘づけにするのはその手段の一つと考えられる。「インセンティブを大切に」されているのは、橘木らが述べるような「すべての従業員」ではなく、男性だけなのである。

氏原正治郎のとらえた「女子労働者の賃金問題」

以上のような含意をもつ賃金制度は、「年齢別生活費保障型」などという性別を曖昧にした名称を使うよりも、端的に「家父長制」と呼ばれるべきではないだろうか。実際、小池にとっても師匠にあたる故・氏原正治郎はすでに一九五六年の論文で、男性にたいする「生活給的賃金」と女性の年齢を問わない低賃金とを、労働供給側＝家族の「家父長制」に対応する労働需要側＝「資本」の「家族主義的労務管理」の集中的表現と見ていた。

一九五六年の氏原の論文「女子労働者の賃金問題」によれば、女性に「特有の諸問題」はつぎのとおりである(氏原、一九六六、一七五ページ以下)。

①女性には、若年で短期勤続のため低賃金となる未婚のあいだしか、比較的条件のよい大規模事業所の雇用が開かれていない。
②大規模事業所で、同一ないし類似の労働に従事する場合にすら男性とのあいだに賃金格差があり、女性は年齢におうじて賃金があがらないので差が拡大していく。
③紡績や電機、対個人サービス、販売店員、看護婦など「女子特有の雇用分野」の賃金が低い。
④既婚・中高年女性も雇用機会を求めているが、それは内職、日雇のような低賃金分野にしか開かれていない。

④の「内職」「日雇」をたとえば「パートタイマー」におきかえれば、いずれの問題も一九九〇年代初頭の今日にもつうじるものであることに驚くと同時に、女性労働をめぐる状況の変わりばえのなさにうんざりとすらさせられるだろう。ともかく氏原によれば、以上の問題点は女性の低賃金の理由にかんする二つの通俗的な説明、すなわち「腰かけ」説と(不)熟練説を退けるものである。

「腰かけ」説とは、女性の雇用労働が若年のうちの短期にすぎない以上、低賃金は「当然だ」という理屈である。氏原はこれにたいして、同年齢・同勤続でも男女に賃金格差があること(「特有の諸問題」の②)、若年・短期勤続が女性の雇用労働の一部にすぎないこと(同じく④)を指摘し、①の問題点をひきだす。

他方で(不)熟練説とは、女性は不熟練職業についている以上、低賃金は「当然だ」という解釈である。これにたいして氏原は、男女間の同一労働同一賃金ですら成立していないという②の問題に再度注意を促すとともに、熟練と性別の関連について、不熟練分野に女性が多いというより、「女子の雇用分野だから、不熟練労働分野だと考えられがちである」という③の問題を指摘する。

性別賃金格差が年齢・勤続・熟練によっては説明も、まして合理化もできないという主張を、一九五六年という時点でかくも簡潔明瞭に提示したことは、まさに氏原の慧眼《けいがん》というほかはない(あるいは後学たちの不明というべきか)。では氏原自身は女性の賃金問題にどのような説明を与えたのか。それは相当に精緻な四段階の論理をもち、一九八〇年代の末にいたる氏原「女子労働」論の基盤になったものであると同時に、労働や家族にかんするごく最近のフェミニズム理論とも共鳴できる内容なので、ややくわしく見ておきたい。

「独立でない労働」

女性の賃金問題についての氏原の論理の第一段階は、資本制社会一般における女性の「雇用労働力化の条件」にかんするものである。その「客観的要件」は、女性の「家事労働が軽減され」時間的余裕をもつことであり、「主体的要件」は、世帯主の収入不足のために女性が収入労働につかなければならないか、かりにその必要のない場合にも女性が経済的独立をえようとする意思をもつことである、という。消費が小家族単位でおこなわれ、その家庭経営と家事労働をもっぱら主婦としての女性が担うということが、ここでの前提である。

氏原によれば、こうした女性の雇用労働力化の条件は発展する傾向にあるとはいえ、資本制社会ではそれを「阻害する法則」も働く。すなわち、主婦の収入労働が必要となるような世帯収入不足のもとでは、家事労働の負担を軽減するような商品・サービスの購入が、かえってままならない(客観的要件と主体的要件とのあいだの矛盾)。また、「託児所」のように「生活の協同化あるいは社会化」によって家事労働を軽減することは、資本制社会では「失費」としか考えられず、限界につきあたらざるをえないという。

したがって女性が雇用労働力化するのは、①主婦が家事時間の余暇におこなう内職的家内労働、②未婚女性の結婚前の一時的労働、③老齢者の単純労働、の三つの場合となり、①の主婦の内職こそが、②と③とを規定する「女子労働の原基形態」であるという。氏原はこれらの労働力が「独立の労働力」ではないことを強調するが、きわめて含蓄が大きいのは、「〔女性の〕生涯をとってみれば、主たる労働分野は別にあり、雇用労働は余暇利用にすぎない」、という指摘である。ここでいう女性の「主たる労働分野」が雇用者世帯での家庭経営と家事労働のみにとどまらないことは、論理の第二段階において明らかになる。

第二段階とは、日本の場合に、以上の資本制社会一般の条件のうえに特殊な条件がかさなることをいう。それは、農業を中心に膨大《ぼうだい》な「家父長的」形態の小家族経営が残存し、女性が家族労働力の主力をなすということである。氏原はこの「家父長的」の規定を、自家労働の成果(収入)が「あげて家長または生産手段(土地)に帰属する」ことと述べ、したがってこの制度のもとでは、女性をはじめとする従属的家族員の自家労働に「労賃観念」が発生せず、「女子の自家労働は無償《ただ》なのである」と明言する。のちにはそうした小家族経営を、「家父長制的家制度」の「物質的基礎」とも述べている(大羽・氏原、一九六九、三五五―三五六ページ)。労働市場への女性労働の供給価格はこの「無償《ただ》」の自家労働との比較でおこなわれるため、低賃金となるというわけである。

第三段階として、労働力を需要する「資本の側の要因」も見逃せない。ここではやや舌足らずながら〝性別職務分離〟(氏原自身はこの語を用いていない)の説明が与えられる。資本は、このように安価な女性の雇用労働力化を求めるが、男性と無差別にはせず「ほとんどの場合に男子と女子を差別」し、職務を分離する。その「根本は、女子を永久に家庭労働につなぎとめ、その雇用労働を家計補充的にとどめておくことが、有利だからである」。

そして第四段階の論理として氏原があげたのが、女性の労働組合組織率の低さと組合内部での女性の発言力の弱さに示される女性の賃金取引力の弱さ、であった。

以上が、一九五六年における氏原の性別賃金格差と性別職務分離の分析である。そのなかで、「資本の側の要因」という第三段階の論理について「舌足らず」と私がいうのは、つぎの理由による。まず、「主婦」以外の女性の雇用労働が、若年未婚者では大規模・近代工業に、高年女性では日雇・労務となる理由、つまりいわば年齢別に職務分離する理由が、依然として不明である。また「有利」というのがいったいだれにとってかが明らかでない。文脈からすれば、氏原は「資本」にとって「有利」と考えていただろう。しかし、同時に彼は労働供給側の家父長制に対応する需要側の「家族主義的労務管理」も指摘している。男性にたいする「生活給的賃金」は、年齢を問わない女性の家計補充的低賃金とともに、「家族主義的労務管理」の集中的表現だというのである。

氏原理論は性別職務分離について、日本社会にそくして、いわば家父長制と資本制の相互浸透の構想を立てていたといえるだろう。労使関係や国際労働市場、家族の問題などについて斬新で緻密な議論を提示しているごく最近のフェミニズム理論の水準にてらしても、相当に完成度の高い所説と氏原を評価できる。しかし、「女子の雇用労働力化」の特殊条件にとって決定的に重要な家事・家庭責任の女性専担、また日本的特質を規定する「家父長的家族形態」が、この理論にとって与件でしかないことは致命的と思われる。ただし、家事・家庭責任の女性専担について、氏原がその理由説明を丸ごと放棄している点、したがってその理由を女性の生殖機能に帰することを避けている点は、他の「女子労働論」との比較で注目される。彼が家事労働の女性専担の理由を女性の生殖機能に求めようとしなかったのは、「結婚・出産によるリタイアー」をあくまで「社会通念」と「社会的条件」の問題とみなしたためと考えられる。

賃金法則一般と「特殊」

氏原理論の出発点に戻ろう。それは、女性労働者の低賃金には年齢・勤続・熟練によって説明し合理化することのできないものがある、という問題意識だった。この問題を労働の供給側、すなわち雇われる側から解明しようとする場合、女性の労働市場への登場を独特に不自由にしているハンディキャップのようなものを想定するしかない。したがって賃金法則一般にたいする特殊理論が要請される、と氏原は考えた。そのハンディキャップとは、女性の家事労働責任であり家父長制的家族経営であった。また労働の需要側、つまり雇う側にもこれに対応する労働市場の性別、年齢別の分断があると指摘された。では、なぜ女性が、そしてもっぱら女性のみが家事責任を負い、家族労働力の主力をなすのか。氏原はそれらを与件とし、理論的な検討をくわえなかった。

ひるがえって、特殊理論にたいする「賃金法則一般」とはどのようなものであったか。たとえば一九五〇年の論文「男女同一労働同一賃金」の第三節「賃金の原則」のなかで、氏原はそれをつぎのように解説する。国民経済全体から考えて賃金が「労働力の価値」であって、総体として労働者の「生活を支える」生活費をまかなわなければならないということが、「賃金の生活賃金原則」である。この賃金総額が個々の労働者にたいしてはそれぞれの職務遂行能力におうじた「価格」として分配されることを、「同一労働同一賃金の原則」と呼ぶ。ところで、「生活を支える」とは単純ではない。「生活は労働者一人だけのものではなく、家族を含めての生活である」からだ。この「家族」の構成について氏原はふみこまない。ただ、「生活保障費用」が「子弟子女」の扶養と教育の費用をも含まなければならないと述べるのみである（氏原、一九六六、一九三ページ）。

以上が「賃金法則一般」である。それは「性別」にたいして中立的な、「一般」的な議論であるかに見える。しかし「子弟子女」を産むために必要と思われる「配偶者」はいったいどこにいるのか。「生活を支える」行為として家事労働を考えなくてもいいのか。

こうした議論の組み立て方は氏原の独創ではなく、マルクス『資本論』の「労働力の価値」の規定を踏襲している。彼らの議論において家事労働を配慮する必要が意識されていないということは、つぎの点を強く示唆する。すなわち、**「一般」として語られる「性別」抜きの「労働者」は、実は、人間の生活に不断についてまわる家事労働の負担を妻に転嫁した男性世帯主、というきわめて「特殊」な存在にすぎない**こと、これである（大沢、一九九二a、三九―四〇ページ）。家事労働責任などをもっぱら担いつつ外で働かなければならないという意味で女性の労働市場への登場に特有の条件があるとすれば、家庭責任を配慮する必要がないという男性側の登場条件も、女性におとらず「特殊」であると考えるべきなのである。「一般」の労働にたいして女性労働が「特殊」、という図式はなりたたない。

なによりも第一に、女性が特殊なハンディキャップを負ういわば二流の賃労働者であるという問題構制、逆にいえば、男性が本来的に「独立の（賃）労働」であるとするパラダイムは、一貫して論証されていない。家事労働というカテゴリーそのものと、家事労働を女性が専担するという条件とは、氏原の「賃金法則一般」と「女子労働論」とのあいだに非論理的に「与件」としてはさまれていた。家事労働を女性が専担するということの理由説明は丸ごと放棄されている。

彼がふみこまなかったこの領域に介在するのは、家族をはじめ労使関係、国家政策などの社会諸制度を貫通する女と男の権力関係にほかならない。それがフェミニストのいう「家父長制(patriarchy)」である。氏原は一九五六年の論文のなかで、雇用者世帯の家事労働と自営業世帯の家族労働とを区別し、後者のみを「家父長的」とみなしたが、その区別に論理的な必然性はなかった。

両者を統一的にとらえてその家父長制的関係を問題にするのが、フランスの社会学者で、ジェンダー研究の最先端をきるクリスティーヌ・デルフィらの唯物論的フェミニズムの立場である(Delphy, 1984; Delphy & Leonard, 1992)。一九五六年の氏原は、九〇年代のデルフィに隣接する地点に立っていたといえるだろう(氏原「女子労働」論については、大沢、一九九三a)。

「家父長制」とフェミニズム

「家父長制」は、日本の社会科学の文脈では戦前の「家」制度とむすびつけられてきた。今日ではそれは、敗戦と日本国憲法によって歴史博物館に送りこまれた遺物にすぎないと考えられがちである。フェミニズムの「家父長制」論が、日本の男性社会科学者にとりわけ大きな違和感を感じさせる原因の一つは、ここにある(瀬地山、一九九〇)。しかし上野千鶴子も整理するように、フェミニズムの「家父長制」は、「封建的」、「前近代的」な関係や制度をさすものではない。近現代の産業社会のまっただなかに存在する女性の抑圧、男性による女性の支配をさす概念である。戦前日本の「家」にしても、正確な意味で「封建的」でも「前近代的」でもなかったことは、すでにいくつかの研究によって明らかにされているとおりである(上野、一九九〇、一八一—一八二ページ)。

上野は家父長制を「権威と資源」を「性と世代によって不均等に配分した権力関係」と定義するが、デルフィらの議論に依拠しながら、それがたんに心理的な支配や抑圧にとどまるものではなく、「物質的基盤」をもつことを強調する。その「物質的基盤」とは、ようするに「家事労働」が「不払い労働(unpaid labour)」であること、不当に搾取されていることにある。そこで家父長制は、「女性の労働の男性による領有(appropriation)」とも定義される。家父長制概念が欠かせないのは、上野によれば「他者生命の生産と再生産のためにする労働」である「家事労働」が、なぜ女に、また基本的には女にだけ、配当されるかという点が、資本制の原理からは説明できないからである。この点は、私たちも氏原「女子労働」論にそくして見たとおりである。

上野はさらに、家父長制が存在し作用する場は、典型的には家族であるが、性支配は家族に限られるわけではなく、たんなる一対の男女のあいだにも、また親族集団のなかの男性メンバーと女性メンバーのあいだにもあり、さらにより広い社会領域における、層としての男性と層としての女性のあいだにも、家父長制は存在し、作用していると注意をうながす(上野、一九九〇、二五、五八、六六、九三、一二六、一五〇—一五一ページなど)。ただし彼女自身の分析は家族領域を中心とする。

私はむしろ、近現代、とくに現代の日本において、企業の経営・労務管理も労働組合を当事者とする労使関係も、家父長制的であると特徴づけたいと思う。そこで、以上の理論的検討をふまえて、本書がこれまで男性中心のジェンダー関係とよんできたものを、以下「家父長制」と表現したい。

たしかにそれは、いまだ理論的には未熟な、議論の余地を残した概念であり、フェミニストのあいだにすら論議をよぶ点である(瀬地山、一九九〇)。しかし、理論的未熟の責めはフェミニズムのみが負わされるべきものではない。私が最近の論文でトレースしたところでは、性別賃金格差の理論は一九五六年の氏原論文以来、日本の学界でさしたる進歩をとげなかったといわざるをえない(大沢、一九九三a)。

それればかりでなく、近年では小池理論とそれにもとづく実態調査に代表されるように、性別賃金格差が経済「合理的」なものであることの論証に、むしろ大きな研究資源が注がれてきたと思われる。理論の欠陥を反省すべきは、フェミニストである以前に、体系としてジェンダー視角を欠いてきた戦後日本の社会科学の主流なのである。

3　パートタイマー化と性別分離

性別分離の問題そのものに戻ろう。以下では、垂直分離のさまざまな局面のなかでも、雇用形態の性別格差、つまり「パートタイマー」の問題と、企業規模による格差および規模の異なる企業間の関係、つまり下請関係をおもにとりあげる。

すでにふれたように、パートタイム労働者の存在がＩＬＯ調査で指摘された問題、すなわち毎月勤労統計の現金給与総額における性別格差の拡大と関連していると考えられる。また、小池が確認したように、企業規模間の格差の大きさは日本の労働の特徴の一つだが、この問題とジェンダーとの関連はこれまでかならずしも明確に議論されていない。なお、「知的熟練」論や「技能」アプローチからすれば、同一企業内での定着や昇進こそが性別格差にとって重要な問題となる。そうした定着などの問題を、雇用形態の性別分離や企業間分業の構造のなかに位置づけようというのが、私の意図である。

「パートタイマー」とは「身分」だった

日本のパートタイム雇用を研究しようとすると、ただちにつきあたる障害がある。そもそもパートタイム雇用とはなにかを正確につかむことが困難なのだ。日本では「パートのようなもの」について複数の統計があるが、定義はそれぞれ異なっている。

まず、総務庁統計局の労働力調査には、非農林業について一週間あたりの就業時間が三五時間未満の「短時間雇用者」の集計がある。この数値が「パート」の統計として引用されることも多い。他方、同じ総務庁の就業構造基本調査では就業日数や時間に関係なく、勤め先で「パート」などの名称でよばれている者を「パートタイマー」としている。

また、労働省の賃金構造基本統計調査には規模一〇人以上の事業所について「一般労働者」よりも所定労働時間が短い常用労働者としての「女子パートタイム労働者」の集計が従来からあり、一九八五年からは五人から九人までの規模の事業所についても女子パートタイム労働者の数値がえられ、さらに一九八八年からは男性パートの数値も部分的にえられる。賃金構造基本統計調査の「パート」は、「短時間雇用者」のほかに、週三五時間以上だが一般労働者の所定労働時間よりは短く働く「常用労働者」をも含むことになる。ただし、いま述べたような調査対象の限定、集計の一貫性のなさのために、それを総務庁の労働力調査とかさねあわせることができないし、パートタイム労働者の女性比率をえることもできない。

そして、労働省が一九九〇年一〇月におこなった、五人以上規模の非農林業事業所にたいするパートタイム労働者総合実態調査では、事業所が「いわゆるパートタイム労働者的取扱いを行っている者」と「いわゆるパート以外の短時間労働者」をあわせて「パートタイム労働者」とよぶ。最広義の「パートタイム労働者」数は六〇七万人、「いわゆるパート」が五八四万人、「いわゆるパート」のうち七一万人が「学生アルバイト」であった。さらに「いわゆるパート」のうち所定労働時間が一般の「正社員」より短い者を「Aパート」、所定労働時間が一般の正社員とほぼ同じ者を「Bパート」と類型化している。そして、「いわゆるパート」から「学生アルバイト」をのぞいたものをたんに「パート」と称している(労働省、一九九二)。区分はかなり煩雑であるので、この類型化にならい、五人未満事業所の「パートタイム労働者」の包括も試みた概念図を図**2-5**として掲げておく。

Bパートは、賃金構造基本統計であれば「一般労働者」に含まれる人々であって、「疑似パート」と呼ばれたりする。同調査によれば「いわゆるパート」労働者五八四万人の二〇パーセント程度、女性パートでは一六パーセント程度がこの人々であった。「パート」の定義はこの調査が一番広いのだが、やはり他の統計とかさねあわせることはむずかしい。

就業構造基本調査の定義やパートタイム労働者総合実態調査での類型化は、ある重要

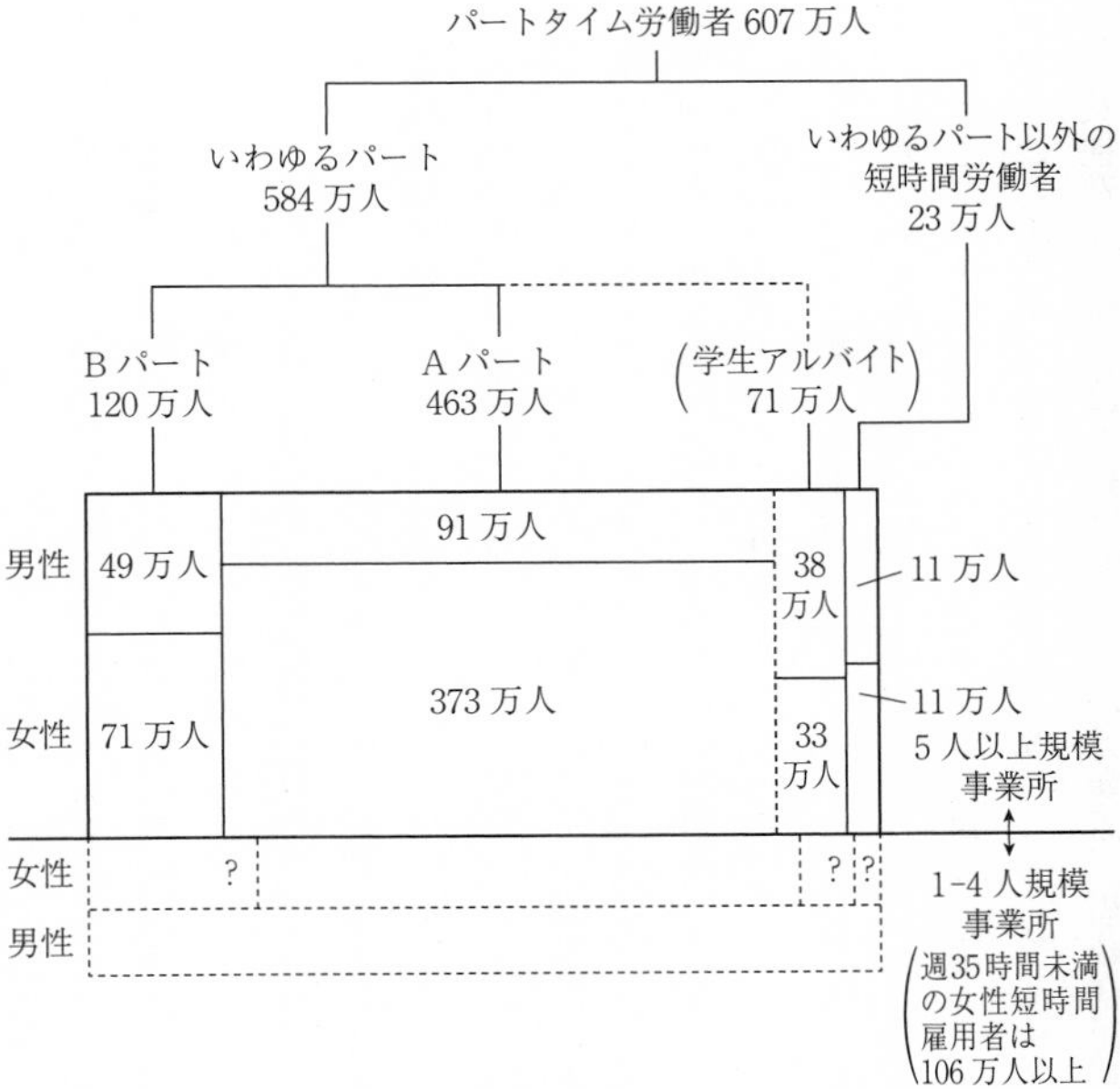

1 万人未満は四捨五入．棒グラフの縦の幅は各区分内の男女比，横の幅はパートタイム労働者全体の構成比．学生アルバイトは「いわゆるパート」584 万人の中に含まれているが，A パート・B パート区分は不明．1-4 人規模事業所に働く女性短時間雇用者数を 106 万人以上と推定したのは，労働力調査の 1-29 人規模女性短時間雇用者 228 万人からパートタイム労働者総合実態調査の 5-29 人規模「パートタイム労働者」122 万人を引いた差の 106 万人が，1-4 人規模女性短時間雇用者数から 5-29 人規模の週 35 時間以上の「パートタイム労働者」の数を差し引いたものに等しくなると考えられるため．資料：労働省(1992)，労働力調査．

図 2-5　性別，類型別に「パートタイム労働者」を見る

なことを物語っている。それは、日本の「パート」は労働時間の短さで定義することがむずかしく、結局、事業所での「取り扱い」、つまりいわば「身分」として把握するほかない、という点である。その「身分」とは、東京都労働審議会が一九九一年八月に提出した答申『今後の東京都のパートタイム労働対策について』が「日本的パート」の特徴としてあげたように、「長時間労働と低賃金、身分の不安定性や職種の低位性」によって定義され、かつ、すぐれて中高年有配偶女性の働き方としてとらえられるものなのである（東京都労働審議会、一九九一、二三ページ）。

パートの性別にかんしていえば、賃金構造基本統計調査が従来「女子パートタイム労働者」の集計しかおこなってこなかったことは象徴的である。また「身分としてのパート」という把握から、日本における性別賃金格差を追跡し分析するうえで、「パートタイム労働者」は当然に除外されるべき存在ではないという論点も再度浮上する。日本の「パート」は、短時間しか働かないから収入がすくないのは自明というたぐいの人々で、はないことになるからである。

すぐれて「中年女性」の雇用「身分」としての「パート」、という点にかかわって一つ注意しておきたい。労働力調査の「短時間雇用者」の女性比率の推移を見ると、一九六〇年には約四三パーセント、一九六五年には約四九パーセントと、かつてはかならずしも女性が大部分ではなかったことが分かる。当時は短時間雇用者が雇用者全体にしめる比率も六パーセント台であった。一九七〇年代後半以降、短時間雇用者は雇用者全体にしめる比率を一〇パーセント程度から一五、六パーセントへと上昇させ、同時に女性比率を高めてきた。また、女性雇用者にしめる短時間雇用者比率は一九九一年には二九・三パーセントとなった。ようするに、短時間雇用者の「女性化」と女性雇用者の「パートタイマー化」がともに進行してきたわけである。

ただし、短時間雇用者の女性比率は一九八八年の七二・四パーセントをピークに一九九〇年の六八・六パーセントへと、ここ数年やや低下している。もっとも同年のパートタイム労働者総合実態調査では「いわゆるパート」の七五パーセントは女性であった。Aパートでは八〇・四パーセントまで、Bパートでも五九・三パーセントが女性なのである。「いわゆるパート」の女性比率の推移は不明ながら、短時間雇用者の最近の推移だけを見て、パートの女性化にストップがかかったと即断することはできないだろう。

日本的パートの労働時間と賃金

日本でパートとよばれる人々の特徴は、まず労働時間が欧米のパートタイマーよりもはるかに長く、いくつかの国のフルタイマー以上にもなる点である。従来から指摘されてきたこの問題は、前出のパートタイム労働者総合実態調査によってあらためて確認された。**表2−2**は、同調査が示す「パート」の労働条件を、性別、類型別にまとめたも

類型別労働条件

適用者比率，所定賃金額とその1時間あたり換算額推計(賃金の支払方法別)								1時間あたり実収(仁田推定)	主に自分の収入で暮らしている人
時間給		日給			月給				
%	円	%	円	円	%	万円	円	円	%
87.7	669	6.0	6,640	1,165	4.7	10.0	769 (864)	687.4	8.5
56.0	663	26.0	6,734	875	17.1	14.2	756 (854)	768.0	17.5
59.2	1,015	18.0	7,434	1,352	16.8	11.6	959	—	55.3
26.8	790	35.0	7,565	970	36.2	19.8	1,040	—	68.1

算額推計は，日給額÷1日あたり所定労働時間で算出．月給制については，
間数をかけて月間労働時間数を求めた値で月給額を割って算出．「月給」の
資料：労働省(1992)，仁田(1993)．

のである。「いわゆるパート」五八四万人のうち学生アルバイト七一万人をのぞいた者が、ここでの「パート」である。

一週間あたりの出勤日数と所定労働時間、一日あたりの所定労働時間は、Aパートの女性が五・二日で二八・七時間、一日では五・七時間、男性は五・〇日で二六・三時間、一日五・五時間。Bパートでは女性が五・六日で四二・八時間、一日七・七時間、男性が五・六日で四三・一時間、一日七・八時間である。一般にパートは出勤日数ではフルタイムと変わらず、一日あたりの労働時間が短いといわれることを裏づけているのだ。

これにくわえて残業がある。一九九〇年九月に残業があった者の比率と、その平均残業時間は、Aパートの女性で二一・三パーセント、八時間、男性で二〇・二パーセント、一三・二時間、

表 2-2　パートの性別・

		1週あたり出勤日数	1週あたり所定労働時間	1日あたり所定労働時間	1990年9月の残業者比率と平均残業時間		1990年の平均年間総実労働時間
		日	時間	時間	%	時間	時間
女子	Aパート	5.2	28.7	5.7	21.3	8.0	1285.3
	Bパート	5.6	42.8	7.7	42.1	10.1	1806.0
男子	Aパート	5.0	26.3	5.5	20.2	13.2	1200.9
	Bパート	5.6	43.1	7.8	45.1	18.9	1965.7

1990年10月現在．学生アルバイトをのぞく．日給制賃金の1時間あたり換
月間出勤日数の推計値(1週あたり出勤日数×4＋2)に1日あたり所定労働時
欄の(　)は，1990年9月の月間出勤日数から月間労働時間数を求めて換算．

Bパートでは女性が四二・一パーセント、一〇・一時間、男性が四五・一パーセント、一八・九時間であった。一九八九年の年間総実労働時間ではAパート女性は一二八五・三時間、男性は一二〇〇・九時間と、男性のほうが短く、Bパートでは女性一八〇六時間にたいして、男性は一九六五・七時間だった。

よくひきあいにだされる労働時間の国際比較の数値(製造業生産労働者)が、同年に西ドイツでは一六三八時間、フランスでは一六四六時間、アメリカでは一九五七時間である。日本のBパートは、所定労働時間が一般の正社員とほぼ同じものをとっているのだから当然とはいえ、男性Bパートではアメリカの数値を超え、女性Bパートの場合でもドイツ、フランスの数値より一六〇時間は長いわけである。くりかえしになるが、Bパートは「いわゆるパート」五八四万

人の二〇パーセントをしめ、うち六割は女性である。欧米諸国では「パートタイム」の週あたり労働時間は二〇時間前後が常識であって、日本のAパートの所定労働時間にしても「パートタイム」を称するには長すぎる。

女性パートが増えるのと並行するように、パートの一時間あたり賃金の一般労働者にたいする格差は広がってきた。賃金構造基本統計によれば、女性一般労働者を一〇〇とする「女子パートタイム労働者」の時間あたり賃金は、一九七〇年代初頭には九〇程度であったのが八〇年代末には七〇まで低下している。同じく男性一般労働者を一〇〇とする女子パートの時間あたり賃金も、五〇程度から四三ないし四四へと低下した。既述のように賃金構造基本統計のパートタイムの定義は、一般労働者より所定労働時間が短い者であり、この場合の「一般」にはBパート＝疑似パートを含むことに注意しよう。

パートタイム労働者総合実態調査には「あなたの給与はどのように決められていますか」として、賃金の支払い方法と単位あたりの金額をたずねる項目がある。その回答の平均値を、時間給制の者はそのまま、日給制の者は日給額を一日あたり所定労働時間で割り、また月給制の者は、月間出勤日数の推計値(1週あたり出勤日数×4＋2)あるいは一九九〇年九月の月間出勤日数の数値に、一日あたり所定労働時間数をかけた数値から、時間あたりに換算して、性別・類型別に比較してみよう。その結果は、**表2-2**に示されているように、女性Bパート＝疑似パートの所定賃金率が、どの支払い方法で見ても、

Aパートよりも明らかに低い。

ところで、『ジュリスト』一九九三年四月一五日号は、いわゆるパート労働法案の国会提出をうけて、「パートタイム労働の現状と課題」を特集しているが、同誌に寄せられた仁田道夫の論文は、同じパートタイム労働者総合実態調査の結果を用いて、女性Bパートの時間あたり実収賃金はAパートよりも「かなり高い」という、本書とは逆の推定をしている。その際に仁田は、年収平均から推定平均賞与を差し引いた数値を年間総実労働時間で割るという方法をとっている。

時間あたり所定内賃金について逆の推定を導くはずの時間給や日給、月給のデータを利用しない理由を、仁田論文は「賃金の支払い方法が……様々であるうえ、労働時間も多様である」としか述べない。これはすくなくとも読者にたいして不親切である。そして一九八九年の年収実績についての回答が、一九九〇年一〇月時点での「決められ」方を答えた時間給、日給、月給などの数値以上に信憑《しんぴょう》性が高いとは考えられないとすれば、仁田の方法は研究者の議論として周到とはいいがたい。

それでもここから仁田は、Bパートは「賃金、賞与に関する限り……一般労働者に類似」の存在であって、「異常で条理に合わない」「身分」などではないという判断をひきだす(仁田、一九九三、三六、三八ページ)。しかし、特定の政策提言につながるこのような判断を性急にくだすまえに、データをより注意深く分析することが賢明である。ともかく、賃金構造基本統計の「一般労働者」は定義によってBパートを含むのであるから、仁田がその一般労働者の賃金・賞与をBパートと比較して、Bパートが一般労働者に「類似している」と述べることは、たんに同義反復でしかない。

いずれにしても、「正社員」にたいする女性パート(A、Bを含む)の賃金比率は、賃金構造基本統計が示すよりもなおいちだんと低いと見なければならないのである。パートタイマーの定義が異なるので単純な比較はできないが、欧米においてパートの賃金がフルタイマーにたいしてこれほど低いとは考えがたい。低賃金が日本的パートの特徴とされる理由である。

パートタイマーの分布

パートタイム労働者総合実態調査の「いわゆるパート」の分布も見逃せない。産業別では、なんといっても卸売・小売業・飲食店がパートの集中する業種であって、「いわゆるパート」(学生アルバイトを含む)の三九・八パーセント、二三二万人がここに雇われる。ついで、サービス業に二六・五パーセント、製造業に二五・八パーセントと、以上の三業種で九二パーセントをしめる。なお学生アルバイトの七三・五パーセントが卸売・小売業・飲食店に属する。

これらがいわばパート雇用御三家の業種であるが、その性別、類型別の構成にはかなりの違いがある。「いわゆるパート」の女性比率は、卸売・小売業・飲食店で七六・六パーセント、サービス業では七二・三パーセントであるのにたいして、製造業では八二・九パーセントと高い。Bパートの比率は、卸売・小売業・飲食店で九・七パーセント、サービス業では一八・七パーセントであるのにたいして、製造業では三二・三パーセントにのぼる。じつは調査産業計のBパート総数一二〇万人の四〇・四パーセントが製造業に属し、製造業Bパートの六六パーセントが女性なのである。イメージとして女性パートが第三次産業とむすびつけられがちであるとすれば、この点は留意されなければならない。

また同調査によって、学生アルバイトをのぞいた「パート」の年齢階級別分布を性別に見ると、女性の三五—四九歳がパートの主体となっていること、男性パートの半数が五五歳以上であって、男性にとってパートがすぐれて定年後の再就職としての働き方であることが分かる。

企業規模別の分布はどうか。労働力調査によれば、一九七五年以来一九八八年まで一貫して日本の女性短時間雇用者(週三五時間未満、非農林業)の約半数は二九人以下の小零細企業に集中してきた。この集中度はここ数年低下したとはいえ、一九九〇年でもなお四五パーセントをしめる。実数にして五〇一万人中の二二八万人である。小零細企業の女性雇用者にしめる短時間雇用者の比率は一九七五年の二二・七パートセントから着実に上昇し、一九九〇年ではその三四・三パーセントを構成する。ちなみに五〇〇人以上の企業の女性雇用者に短時間雇用者がしめる割合は、一九七五年に一五・五パーセントであったものが、一九九〇年では二六パーセントにあたる。他方で、パートタイム労働者総合実態調査による一九九〇年の「パートタイム労働者」(五人以上規模での「いわゆるパート」プラスその他の「短時間労働者」)の規模別分布はやや様相を異にする。五―二九人規模事業所は両性合計の六〇七万人のうち二六・二パーセントであり、女性だけをとっても四五六万人中の一二二万人、二六・八パーセントをしめるにすぎない。短時間雇用者ほどには小零細企業に集中していないのである。

パートタイム労働者と短時間雇用者の分布に見られるこのようなずれは、一つには、週三五時間以上働く「パートタイム労働者」が比較的規模の大きい事業所に雇われるために生じていると考えられる。もう一つは、従業員が五人未満の事業所はパートタイム労働者総合実態調査ではカバーされないが、すくなくとも女性短時間雇用者一〇〇万人が五人未満の零細事業所に働くと考えられることである。

つまり既述のように、パートタイム労働者総合実態調査での五―二九人規模事業所の女性「パートタイム労働者」が一二二万人、労働力調査の女性短時間雇用者のうち一―二九人規模に働く者が二二八万人であって、その差の一〇六万人は、一―四人規模に働く女性短時間雇用者の数(x)から、五―二九人規模に働く週三五時間以上の「パートタイム労働者」の数（y）をさしひいたものに等しいはずだからである（$x=106$万$+y\geqq106$万）。ここから、パート問題が小零細企業問題でもあることが了解されるだろう。

「自由な選択」によるパート？

さて、さきにひいた東京都労働審議会の一九九一年答申は、長時間労働、低賃金率、劣った身分という日本的パートの特徴から脱却することを、「国際社会の確認事項」とまで位置づけた。しかし、女性は「自由な選択」によってパートにつくという見方が、依然として根強いのも事実である。

パートタイム労働者総合実態調査でも、「パートを選択した」理由として、女性パートの六割近くが「自分の都合の良い時間に働きたい」、さらに三割が「勤務時間・日数を短くしたい」と答えている（回答は一一項目の選択肢から三つまで選べる）。今後の就業希望でも「今と同じ仕事で良い」が女性パートの六割近い。彼女たちの都合や好みによってパート就労が選ばれているなら、低賃金も無権利もさほど問題ではないという判断につながるだろう。事実、『ジュリスト』一九九三年四月一五日号の「〈座談会〉パートタイム労働をめぐる現状と課題」において、日本労働研究機構研究所長であり、労働省のパートタイム労働問題に関する研究会の座長でもある高梨昌《あきら》は、パートの現状について「かなり自由に選択できて」いる、「差別かどうかわからない……区別だ」と、右の趣旨の発言に終始する(大脇ほか、一九九三、二四—二五ページほか。発言はAパートについてのもの)。

だがここで、女性たちの「選択」がどれほど本当に「自由」か問いかえす必要がある。たとえばパートタイム労働者総合実態調査が、「パートを選んだ理由」の回答選択肢に、年齢制限の問題を明記しなかったのは、どうしたことなのか。年齢は本来選べないものであるから、「選択」の理由にはならないとでもいうのだろうか。大企業はむろんのこと、中小企業にあっても、正社員の募集・採用において年齢がきわめて重視される要素であることは、日本社会の常識中の常識といっていい。同調査がこの常識の当否を検証するように設計されなかったことは、なんとも遺憾である。なお前述の『ジュリスト』の座談会でも、年齢制限問題にくりかえし言及したのは大脇雅子のみであり、他の三人の男性出席者たちはこの大脇の問題提起をほぼ黙殺しながら、「自由な選択によるパート」論を展開し続けている。

ちなみに労働省婦人局編の『婦人労働の実情』平成三年版は、そのⅡのセクションを「再就職女子」とパートタイム労働者にあてている。「再就職女子」(三〇歳以上で中途採用された既婚女性をさす)については、年齢制限問題は重要なポイントと位置づけられ、「採用の上限年齢を設けるところが多い」ことが企業調査を通じて明らかにされ、かつ一律の制限をなくしていくことが企業にたいして要望された。だが、つぎのパートタイム労働者の節では年齢制限問題がいっさいふれられない。「再就職女子」の調査から、その「大半を」パートが「占める」ことが判明しているだけに、これはいかにも奇妙である（労働省婦人局、一九九一、四〇、四八、七二―七五ページなど）。

パート就労と年齢制限との関係は、労働省サイドの調査・検討の課題設定の当初からはずされている、というのはうがった見方だろうか。このように重要なデータをみすみす見落とした調査・検討にもとづいて、「パート労働法」として六〇〇万人以上の人々の状況を左右する法律が策定されようとすることには、あまりにも問題が多いといわなければならない。

年齢制限の問題ばかりではない。日本において家事、育児、介護等の家庭内の無報酬の労働が女性に集中している程度は、先進諸国のなかでまさに異常としかいいようのない域にあることを、私たちはのちに第5節で見ていく。

4　下請制と性別分離

規模別賃金格差と性別

つぎに企業規模による格差、および規模の異なる企業間の関係とジェンダーとのかかわりを検討しよう。一九六五年からほぼ一貫して、日本の女性雇用者の五五パーセント

表 2-3　製造業賃金の事業所規模別格差

1000 人以上 = 100

事業所規模	日本 1988 年	アメリカ 1977 年	西ドイツ 1984 年	韓国 1988 年
1-9 人	35.4		—	
10-49 人	53.9	66.3	68.2	79.4(10-29人)
				81.7(30-99人)
50-99 人	57.9		71.7	
100-499 人	68.4		74.5(100-199人)	(100-299人)
		70.7	78.1(200-499人)	(300-499人)
500-999 人	84.1		82.1	100.0(500人以上)
1000人以上	100.0	100.0	100.0	

日本の格差は，賃金総額を従業者数で割って算出．アメリカの格差は，賃金総額を総雇用者数で割って算出．西ドイツの格差は，鉱工業および建設業の労働者の 1 時間あたり賃金．労働省(1991c)，付録 p. 31 より引用．

は小企業（九九人以下）に集中しており、男性の小企業への集中が四五パーセントであることと対比される。ちなみに規模別の女性雇用者の出現度は、一九六〇年代では一―二九人規模の事業所で一・一七―一・一八、一九七〇年以降は一・二五弱で推移してきた。三〇―九九人規模においては一九六〇年代なかばに一を超えて以来、一・〇五前後にある。

表2-3は『海外労働白書』平成三年版から引用した（労働省、一九九一c）。ここには日本の製造業が独特の大きな規模別賃金格差をもつことが示されているが、それは両性のフルタイマーとパートタイマーを合計し、またボーナスをはじめとする諸手当を含めた格差である。

逆に賃金構造基本統計を使って、一九七〇年代後半以降の「一般労働者」の所定内給与月額のみの全産業・学歴・年齢計の単純な数値を性別にトレースすると図2-6のようになる。

格差の数値そのものはもちろん表2-3よりずっと小さくなるが、格差が男性間よりも女性間で大きいこと、格差が拡大傾向にあり、とくに一九八〇年代後半の女性において格差の拡大が目立つことなどに注意していただきたい。八〇年代の前半には男性間の格差が七〇年代後半にくらべてやや拡大したために、規模別格差は両性で同等であった。しかし、八〇年代後半に女性間での格差が拡大して、ふたたび男性間の格差よりも大きくなったのである。

小池の議論がそうであったように、規模別賃金格差にかんする議論は男性に限っておこなわれることが多い。それが男性のみの問題でないことをこの際強調しておきたい。もっとも規模別格差が女性間のほうが大きく、八〇年代後半にそれが顕著となったことは、大企業女性正社員の賃金が独走して男性に追いついたためかもしれない。男女雇用機会均等法の効果をそこに読みとりたい論者もいるだろう。

そこで規模別に性別賃金格差をとってみると、たしかに大企業での格差が最も小さく、しかも八〇年代前半にたいして後半の性別格差の縮小は、中小が一ポイント程度にすぎないのに、大企業では三ポイントほどになる。しかし、この性別格差の縮小過程がパートタイマー化とともに進行し、パートを含めた総平均の性別賃金格差の拡大を下敷きとしてきたことが忘れられてはならない。逆にいうとそれは、働く女性にとって一〇〇〇

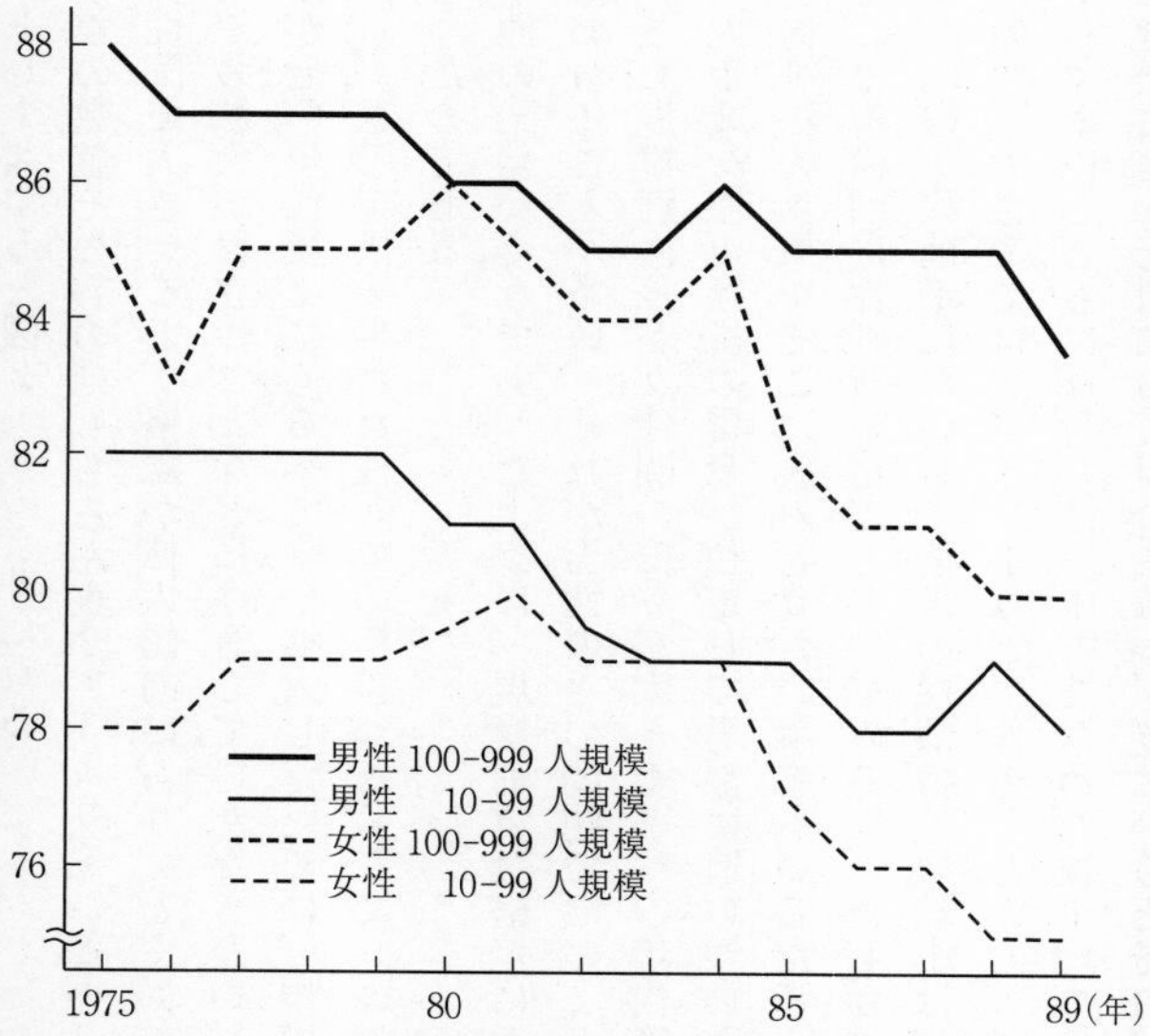

雇用者 1000 人以上の民間事業所の平均所定内給与を性別に 100 とした場合の，中・小企業の給与の比率．資料：労働省『賃金センサス　賃金構造基本統計調査』各年．

図 2-6　性別に見た所定内給与の企業規模間格差の推移

人以上の企業の正社員となる機会が相対的に少なくなってきた過程であった(大沢、一九九二a、第五表)。

さて、規模の異なる企業は、タテ型の階層的な取引関係にある場合が多い。つまり下請制である。自動車産業や電機産業のような日本の戦略的な産業が、何層にもわたる膨大な数の下請企業と底辺の「内職」労働者を従えた巨大なピラミッド構成をとっていることは、周知のことがらといえるだろう。

したがって、以下に紹介する一九八〇年代前半のME(マイクロエレクトロニクス)技術革新にかんする二つの緻密な実態調査が、日本企業の国際競争力の基盤として下請関係と性別分離をあげていることは、非常に印象的である。下請企業は一次下請、二次下請と階層をさがるにつれて規模が小さくなり、末端では一〇人以下の零細企業である。規模が小さくなるにつれて従業員の女性比率が増加し、底辺の「内職」ではまず一〇〇パーセントが女性となるというように、規模の異なる企業間のタテ型の分業関係は性別分離の構造に深く立脚する。

自動車部品下請のケース

実態調査の一つは、長野県上田市および小県《ちいさがた》郡地方の自動車部品下請企業と、その労働力供給源である兼業農家の労働と生活について、中央大学経済研究所がおこなったものである。調査報告『ME技術革新下の下請工業と農村変貌』の結論によれば、農村の主婦の労働力は、規模別格差、都市と農村の格差、性別格差、雇用形態別格差がかさなりあった最低の賃金層であって、彼女たちを大量に動員できる体制こそが「日本の戦略産業の優位な国際競争力の基盤である」という(中央大学経済研究所、一九八五、第四章)。その労働のありさまを、あるブレーキ・アセンブリ・メーカーの下請工場にそくしてかいま見よう。

上田市に隣接する農業地域である青木村に立地するN工業青木製作所は、アルミ合金製ブレーキとシリンダー加工をおこなう従業員五〇人、うち女性が三七人の企業である。小企業とはいえ青木村の三九カ所の工業事業所中では最大手となる。一九八三年から一九八五年にかけておこなわれた調査の時点で、女性従業員の平均年齢は四四―四五歳、全員が徒歩で通勤する近隣の兼業農家主婦であり、日給は四五〇〇円から六〇〇〇円、平均五〇〇〇円であった。時給に換算して村内で最高の女性賃金水準である。男性一三人のうち工場長を含む管理者が四人で、男性作業者の平均賃金は一日六〇〇〇円であった。従業員の出勤率は九六パーセントと高い。

一五秒、あるいは三五秒などの一定のサイクル・タイムで、作業者が数台の自動機械のあいだをぐるぐるまわりながら一瞬の手待ちもなく働く「多工程持ち作業方式」は、トヨタ自動車が開発したといわれる。それがN工業の「本社工場では男子作業者によって担当されているが、青木工場では深夜業を除いて、大部分女子従業者が担当している」。ここでの「多工程持ち」は、第一次石油危機ののちに導入された。その密度の濃い働きぶりは、調査者の目に、「中高年の農家主婦が油にまみれながら一瞬のひまもなくワークの着脱、機械のスイッチかけを動作しながら三〇秒台の作業サイクルで生産を進行させているさまは驚異というより他はない」、と映るのである(中央大学経済研究所、一九八五、三〇—三三ページ)。彼女たちの「熟練」は「知的熟練」論からはいったいどのように評価されるのだろうか。

下請の下層にいくほどに、雇用者としての女性ばかりでなく、家族従業者としての女性の役割も重要な意味をもってくる。**じつは女性就業者の「家族従業者」の比率が一九八〇年代をつうじて二〇パーセント近くにものぼり、農林業をのぞいても一二パーセント程度をしめてきたことは、日本の労働の特徴の一つであった。**他の「先進国」では女性就業者の雇用者比率が九〇パーセントを超え、残りは自営業主であって、家族従業者はほとんど存在しないからである(例外は西ドイツの数パーセント)。さきに見たように、就業者ベースで算出される性別分離指数で日本の数値がとりわけ低くなる理由はここにある。

日本において女性は「家族従業者」の八割以上をしめるが、彼女たちの多くが下請関係の底辺近くの零細企業で働く人々である。同じ青木村の機械金属工業企業について紹介されているように、農村の末端下請の零細企業の相当部分が農家でもあるとすれば、農林業の家族従業者としての女性がそうした零細下請経営の家計を支えるという関係も見逃せない。中央大学経済研究所の調査では、ジャスト・イン・タイム制をしく親企業の厳しい納期管理や、年間五パーセントから一五パーセントにもおよぶコストダウンの要請に対応し、高価な自動機械をフルに稼働させるため、経営主と家族が長時間、時には深夜の労働をおこなわざるをえないことが明らかにされている。しかし、家族従業者のデータが人数のみで性別がなく、また彼/彼女らが報酬をえているか否かが示されていないのは、残念である(中央大学経済研究所、一九八五、第二章)。

「日本モデル」を支える条件——日立のME化のケース

他方、徳永重良、杉本典之らによる日立製作所のME化の調査報告『FAからCIMへ——日立の事例研究』は、他の「先進」諸国の経営者や政府から称賛された「日本モデル」を支える条件を問う。「日本モデル」とは、正社員の雇用が確保され、労使関係が緊張することなく技術革新がおこなわれる結果、国際競争力がいっそう強化されるというものである。

徳永と野村正實による総括にしたがえば、労働組合メンバーでもある正社員の雇用確保は、①「内外製比率の変化」つまり下請関係の再編と、②パートタイマー、アルバイト、臨時工などの非正社員の雇用の変動、そして③正社員のなかの若年女性労働者の存在、という三条件によって支えられている。第三番目にあげた条件は、彼女たちの退職(不)補充を通じて労働力数の調整をおこなうことができる「労働市場のバッファー」ということを意味するばかりではない(徳永・杉本、一九九〇、三五一―三五二ページ)。つぎの事例が示すように、若年女性正社員の存在ゆえに、「人間を機械として使う」、「たえがたい」単純反復作業の職種を男性はまぬかれるのである。

ＦＡ(工場自動化)は、労働を高級ＦＡ技能職と単純ＦＡ技能職、および単純組立・検査職の三つに分化させる。「家電成長工場」と特徴づけられるＶＴＲ専門の日立東海工場に「Ｙメカ」ラインが導入された際がそうだった。Ｙメカは、他企業にさきがけて一〇万円機種を売りだすために一九八五年に導入された自動化ラインであり、旧ラインである「Ｕメカ」にたいして、従業員数を三五人から二一人(完成時一八人)に削減、外注加工人員一三〇人の削減を可能にした(徳永・杉本、一九九〇、二〇六―二一一ページ)。このメカがスタートしてしばらくのちのラインの人員構成によれば、一五人の人員のうち、男性は一一人で全員が「ＰＭ(プリベンティブ・メンテナンス)」マンであり、女性四人のうち二人は「手組(手作業による組立)」の作業者、他の二人は「ＱＣ」、つまり検査工であった。

ＰＭマンは自動機械のオペレーションとメンテナンスを担当するが、その職務の難易度に応じて、下級、中級、上級に分けられる。そのそれぞれの作業はつぎのとおりである。

①下級ＰＭマン(八人)――数ステーションを担当して日常オペレーションと機械の一時的トラブルへの対処、そして簡単なプログラム関係の仕事。

②中級ＰＭマン(二人)――ラインの半分を担当し、下級の作業にくわえて大規模メンテナンス(職場・作業・工程改善を含む)と新プログラム作成をもカバーする。

③上級ＰＭマン(一人)――生産技術員と同等の仕事ができ、ライン全体を担当して、プログラム関係と大規模メンテナンスをおこない、日常のオペレーションにはタッチしない。

つまり、本来は職種は高級ＦＡ技能職と単純ＦＡ技能職とに二極化するはずのところを、あえて職層の固定化を避け、その職域が広くかさなるようにして下位のＰＭマンの熟練形成と昇進の道を開いたわけである。二極の職層が固定化された場合、下位職のあいだに、「仕事はそれほどつらくない」にしても処遇上の不満や仕事が「つまらない」、という疎外感が生まれかねないことにたいして、周到な配慮がなされたのである。

これにたいして、全員が二〇歳、最低の職級四に格付けされた四人の女性の職域はきわめて狭くとざされている。手組はロボットのあいだに一人ずつはさまれ、ロボットによって作業時間を規定された高速の単純反復作業であり、検査は人間の視覚や触覚の一部をくりかえし規則正しく行使する作業である。当時の月産が二〇万台近かったことを考えあわせれば、この「人間を機械として使う」職種について、会社勤労課さえも「この種の作業はたえがたい」と表現したことは深くうなずけるだろう(徳永・杉本、一九九〇、二三二―二三四、二三七―二四〇ページ)。

男性社員については格差や断絶の緩和にせいいっぱいの工夫がこらされ、末端からの主体性がひきだされようとしているだけに、彼らと女性社員のあいだの厳然たる職層分化と固定化はきわだつ。彼女たちには熟練形成や職域の拡充の機会は与えられない。「同一人が長く続けることはできない」FA職場の手組作業・検査作業は、手当や職級上の特別の配慮もなく、女性にのみ割当てられている。

そうしたことは、彼女たちに「短期勤続が圧倒的に多いため、労働組合の関心を引きつけることにはならなかった」そうである。では組合は女性に無関心であったとしても、女性組合員はなんの要求ももたなかったのだろうか。そうではなかった。日立労組が一九八四年に実施した「従事者アンケート調査」によれば、ME化にたいする組合のとりくみの要望として、男女とも第一位は「健康管理、健康障害への取組み」であったが、女性でのその回答率は、男性の三三パーセントにたいして五六・九パーセントにも達し(一人が二項目まで選べる)、女性での第二位「教育訓練機会の平等化と拡大」(三二・八パーセント)が男性では上位五位に登場しないというように、男性にくらべて非常に高かった(徳永・杉本、一九九〇、二四〇、二四九、三〇二ページ)。ME化の進展のなか「たえがたい」単純反復作業による健康被害を案じながらもなお、技能獲得、熟練形成の機会を望む若い女性労働者の群像が、ここから浮かびあがってくる。

内外製比率と性別分離——テレビ工場のケース

以上が、さきにあげた「日本モデル」を支える三つの条件の第三番目、正社員のなかの若年女性労働者の存在の意味である。性別分離が「日本モデル」にとっていかに大きな要因であるか了解されたであろう。だが性別は「日本モデル」を支える他の二つの条件、「内外製比率の変化」と非正社員の雇用変動にも、同様に深くかかわっている。

この点は、徳永、野村、平本厚による別の電機・電子産業調査をつうじてより明確にされ、野村によって総括されている(徳永・野村・平本、一九九一)。ケースはある巨大電機会社A社のテレビ工場における基板組立の自動化である。ここではテレビ基板に異形部品を挿入する工程がロボット化された際に、このロボットラインの設計と導入において、**図2-7**のような構造の性別および内外製分業がおこなわれた。図は野村によるみごとな概念図を引用した(野村、一九九二a、六一ページ)。

自動化における内外製比率の設定のしかたがまた興味深い。異形部品挿入ロボットの

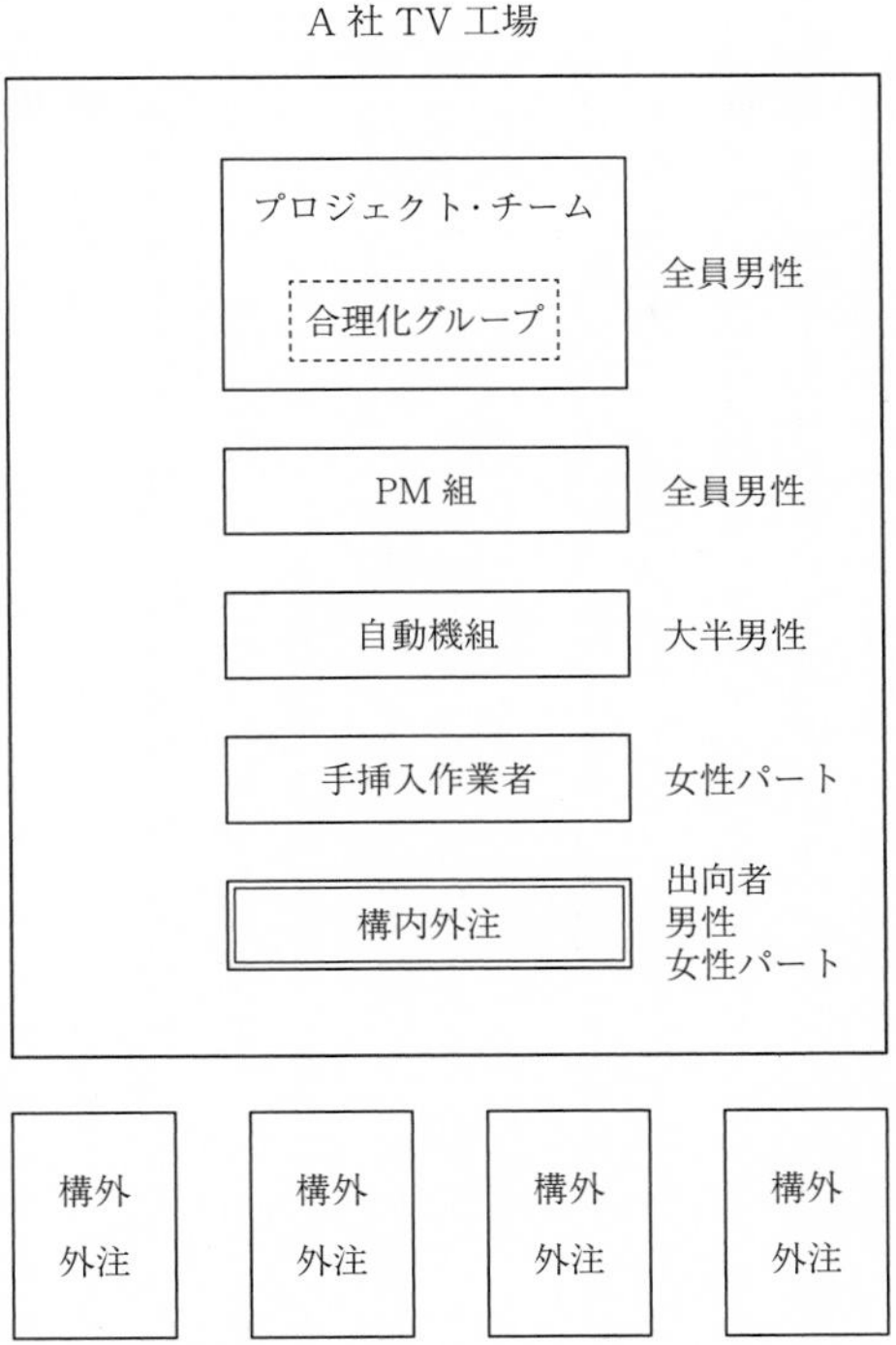

野村(1992a), p. 61 より引用.

図 2-7　あるテレビ工場の分業の構造

生産能力そのものが、ロットの小さい機種と生産変動の大きな機種を構内および構外の外注＝下請にだすことを前提に決められた。つまり、ロットの大きい量産機種で需要変動に影響されないもののみを、ロボットラインをフル稼働させて生産するということである。構内外注会社は規模一〇九人、うち女性が六七人、男性が四二人。女性の全員がパートタイマーで平均年齢四三歳、男性の平均年齢は二九歳で、うち六人がパートタイマーであった。量産にのらない小ロット機種や需要変動のある特定機種の基板は、中年の女性パートタイマーが中心となって手作業で組み立てるわけである。いずれも性別と深く関連する規模別格差、職種区分、雇用形態による格差などがかさなりあった外注会社の低賃金が、そうした内外製分業の前提にほかならない(野村、一九九二a、六〇ページ)。

このような内外製比率の設定をするなら、規模別に生産性格差がでるのは当然すぎることである。巨大企業の最新鋭の生産ラインは年間フル稼働と省力化が至上命題で設計・導入され、この命題からわずかでもはみだす部分はすべて巨大企業本体の外部に押しだされる。その「わりの悪い」部分をひきうけても下請経営がなりたつのは、低賃金のため「コスト・パフォーマンスは良好」になるからだろう。逆に、職務とは関係なく年齢・勤続と査定で個人別賃金が決まる前述の「家父長制」的賃金体系のもとで、高賃金の長期勤続男性正社員を多数かかえる巨大企業にとっては、「わりのいい」部分だけを固めて、そこに社員をフル稼働させるのでなければ、ひどく「コスト・パフォーマンスが悪い」。いずれにしても、下請に「はばひろい」熟練形成などあるはずもない。

日本ではまず規模別に大きな付加価値生産性の格差があって賃金格差はその反映にすぎないという見方があるとすれば、それは転倒している。この場合にも、はじめに賃金格差ありきであると考えられる。たとえば、賃金格差が十分大きくない場合には右のような下請利用はおこなわれない。徳永らの調査が明らかにしたように、日本の代表的な電機企業の海外テレビ子会社では、イギリス、ドイツはむろん、台湾、中国、シンガポール、マレーシアなどでも、基板組立の外注がゼロか数パーセントになっている。それは、部品の品質の不安をおぎなうにたる大きな賃金格差が存在しないからであった（徳永・野村・平本、一九九一。野村、一九九二a、六〇ページ）。

これに関連して、二つの自動車メーカーとその三次下請までの実態調査にもとづいて、興味深い理論仮説を提出しているのが、中村圭介と橋元秀一の執筆による日本労働研究機構の調査研究報告書『生産分業構造と労働市場の階層性――自動車産業編』である。

中村と橋元の仮説によれば、「下請制の成立根拠の一つは労働市場の階層性にある」。労働市場の階層性は、職務（群）の質、「企業特殊的熟練」（熟練が特定企業内でしか通用しないこと）の多少とその高さ、教育訓練機会の質・量などが、企業規模別に規定しているものである。つまり、「異質なキャリアいいかえれば質の異なる職務」が企業の外に押しだされる結果、教育訓練機会にも、各職務を担当するに必要な(とみなされる)熟練にも、企業間格差が生まれる。そしてこの「異質なキャリア」の企業外排除は、「仕事」に直接対応せず、むしろ年齢・勤続とむすびついた日本の賃金制度が「合理的であるために……必要となる」という(日本労働研究機構、一九九二、二—三ページ)。

いいかえると「年齢別生活費保障型」の賃金制度、本書の用語でいえば家父長制的な賃金制度は、「異質なキャリア」の企業外排除をしないかぎり「不合理」になってしまうというわけなのだ。ただし、引用文に私がつけた圏点部分が物語るように、ここで中村・橋元は、「キャリア」の同質・異質について十分に掘りさげていない。野村の指摘を再度参照すれば、日本の大企業では、より高度の教育を受け、高い技能水準をもつ準直接労働者と、技能がさほど高くない直接労働者は、入社年、年齢、査定結果などが同じであれば、同一賃金になるからである。配置転換などによる職務の変更も賃金額を変えない。逆に、入社年、年齢が同一の労働者でも性別や思想信条によって「異質」とみなされること、たとえば「女」や「組合員」であるだけで査定点まで低くなることは、遠藤公嗣《こうし》が最近の論文で明らかにしたとおりである(遠藤、一九九三)。

＊　＊

さて、女性の「若年で退社」について常識的にいわれるのは、それが出産・育児を中心とする彼女たちの「家庭責任」によって規定されており、企業の側が操作しがたい、あるいは操作すべきでない「与件」である、といった種類のことだろう。しかし、日立の事例が私たちにまざまざと教えるのは、「若年で退社」が企業にとっての「与件」などではなく、企業による「たえがたい」職務の割り当てと、労働組合による彼女たちの要求の無視をつうじて、生みだされているという関係である。日立のこのようなあり方は、日本の大企業における「知的熟練の形成」として、決して特異なものではなくむしろ一般的である。家父長制的賃金体系を「与件」とするなら必然的とすらいえよう。それは女性の労働人生をどのように形づくるのか。

女性の雇用労働人生は、もちろん若年期の「短期」で終わってしまうわけではない。退職、出産後一〇年もたたずに、彼女はおそらく中小企業に、それも「パート」労働者として再就職する。いわば下請制に代表される階層的な企業間関係のより下の層に、「さげわたし」になるのである。とりたてて技能や熟練をもたない彼女の賃金率はしばしば法定最低賃金を下回り、「パート」とは名ばかりに労働時間は長く、あのN工業青木製作所におけるように労働は単純反復的でも密度は高い。そうした女性の労働が巨大企業の「効率性」を支え、需要変動や技術革新による「合理化」に際しては大企業男性正社員の雇用確保のための「バッファー」となる。恐れいった巧妙なシステムというほかはない。

しかしいまや、このような性別・年齢別役割分担にもとづく企業中心社会が、膨大な「むだ」、すなわち資源配分の非効率を生みだしていることが、政府の審議会文書においても問題にされるにいたったわけである。

5　無収入労働におけるジェンダー関係

「新・性別役割分担」

女性の職場進出や雇用の女性化は、家事を分担しあう「ニューファミリー」型夫婦の展開にはつながっていない。樋口恵子のいう「新・性別役割分担」、すなわち妻の二重負担を意味する「夫は仕事、妻は仕事と家事」という「分業」が貫かれるだけのことである(樋口ほか、一九八五)。それを、本章の冒頭でひいた総務庁の社会生活基本調査によって確認しよう(労働省婦人局、一九八九にグラフと簡略な表が掲載されている)。

一九八六年の生活時間配分を、夫婦と子どもの世帯について収入労働の有無別に見ると、平日に最も長時間「働いて」いるのは共働き世帯の妻であって、その二次活動時間は一〇時間半を超える。つぎが無業の妻をもつ夫で一〇時間近く、共働き世帯の夫は九時間半である。妻の家事時間は、週三五時間未満就業の妻の場合に一日五時間、三五時間以上就業の妻の場合には三時間半であるのにたいして、夫の家事時間は、共働きで一日八分、妻が無業の場合は七分と、極端に短いだけでなく妻の就業状態にほとんど左右されなかった。一次活動のうち睡眠時間が最も長いのは共働きの夫で七時間三九分、妻が無業の夫は七時間三四分。これにたいして妻たちの睡眠時間は、無業でも七時間一四分と夫より短く、共働きでは七時間七分で、夫よりも三〇分以上も短くなる。

共働き夫婦の日曜日は、妻の二次活動時間は七時間一七分で、平日とくらべて三時間強しか減らないが、それは家事・育児・買い物が五時間二二分と平日よりも二時間近く長いためである。つまり、平日にやりきれない家事を休日にまとめてこなそうとするわけである。夫が家事などにさく時間は平日よりは増えるとはいえ、五九分にすぎない。反面、夫の場合余暇等には平日の二倍以上の八時間一〇分をあてる。妻の余暇時間は五時間で、睡眠等の一次活動の時間はまたしても、夫より三〇分短い。

フルタイムの共働きの夫婦の二次活動＝社会的労働時間の差は、一週間で一〇時間を超え、一年では五〇〇時間以上の差がでることになる。もちろん妻のほうが「長時間労働」である。ごく単純に計算して、このような夫婦が四〇年間共働き生活を送ると、社会的労働時間の差は二万時間を超えてしまう。これは、年間総実(雇用)労働時間が二一〇〇時間前後の時代の話であるから、勤め人人生に換算して一〇年分は妻が余計に「働く」ことになるのだ。しかも、家事は死ぬまでついてまわるだけでなく、介護という新手の「労働」もくわわるから、退職後はさらに夫婦のあいだの労働時間の差が広がることに注意しなければならない。

国際的に特異な日本

夫たちがおこなっていると称する「家事」の中身も見逃せない。これについては、旭化成・共働き家族研究所による一九八九年三月の「共働き家族・専業主婦家族比較調査結果」が興味深い。首都圏の三五〇世帯に、介護、育児を含まない衣食住の家事行為三四項目の分担状況をたずねたところ、妻がフルタイム就業の世帯でも妻が八二パーセントの家事を担い、夫は五パーセントにすぎなかった(ほか「子供」、「各自」、「その他」という回答が四パーセントずつ)。妻がパートタイム就業の世帯では妻九〇パーセント、夫四パーセント、専業主婦世帯では妻九三パーセント、夫二パーセントである。

妻への家事の集中度もさることながら、より驚かされるのは夫が分担している「家事」の内容である。分担度断然トップはいずれの世帯類型でも「新聞をとりにいく」、二、三位には換気扇の掃除と靴磨きがくる。なぜこれが「家事行為」なのかはなはだ疑問な「新聞とり」をのぞくと、夫たちの分担率はそれだけで一パーセントさがってしまう。換気扇の掃除は立派な家事だが、それを一カ月に一度でもおこなう世帯は非常な掃除好きといえるだろう。普通は報告書が述べるように年に一、二度である(旭化成・共働き家族研究所、一九八九、二二—二三ページ)。

こうした日本の状態は、国際的にはかなり特異であると思われる。

家庭内の夫婦関係などというものは、どの社会でもたいして変わりがないという考え方があるとすれば、注意を促さなくてはならない。とはいえ、信頼できる国際比較研究は多くない。私が知るところでは、一九七五年に経済企画庁が『生活時間の構造分析』という国際比較を含む調査結果を発表している。そこで、日本人の睡眠時間の属性別パターンが、「有職男性がよく眠り、無職女性の睡眠時間が最も短い」というもので、「国際的なパターンの逆転に近い」と述べられている(経済企画庁、一九七五、三一ページ)。一九八〇年代については、東京の多摩ニュータウンを対象とする伊藤セツ、天野寛子らの調査結果『生活時間と生活様式』がある。伊藤・天野は、国際比較はむずかしいと留保をつけながらも、日本の夫の家事時間が短く妻のそれが長く、「性役割の固定化が他国と比べよりいっそう根強い」と結論した(伊藤・天野、一九八九、一七四ページ)。

総理府の一九八二年の「婦人問題に関する国際比較調査」も重要である。それは、日本、フィリピン、アメリカ、スウェーデン、西ドイツ、イギリスの六カ国について、法律婚ないし事実婚の女性を対象に、掃除、洗濯、買い物、食事の支度、食事の後片付け・食器洗い、乳幼児の世話の六項目の家事を、おもにだれがおこなうかをたずねた。その結果にはつぎの三つの特徴が見られる。

①日本ではおもな家事のほぼすべてについて、妻がおこなうという回答が九割以上であり、妻という回答率の高さは六カ国で断然トップである(食事の後片付けは八八・六パーセント、乳幼児の世話のみフィリピンの八七・四パーセントにつぎ、七五・六パーセント)。
②専業主婦とフルタイム就業の妻を分けると、他国では後者の数値が前者より二〇—三〇パーセント低くなるのにたいして、日本では一〇パーセント程度の差しかない。
③回答者の年齢階級別に見ると、他国ではたいてい若年層のほうが家事の共同分担が高いのにたいして、日本では妻の年齢が若いほど妻がおこなうという回答が高い(例外は、掃除と洗濯および食事の後片付けについて、フィリピンとイギリスでも若年層のほうが妻への集中度が高いこと)。

日本では若い共働きの夫婦でも、高年の専業主婦の場合にくらべて大差なく、妻が家事を一身に担っている、ということになる。**図2-8**と**図2-9**は、右のうち①と③の特徴を食事の支度についてグラフ化したものである(総理府、一九八四、一七四—二〇九ページ)。

一九九〇年には旭化成・共働き家族研究所が、東京とロンドンとニューヨークの共働

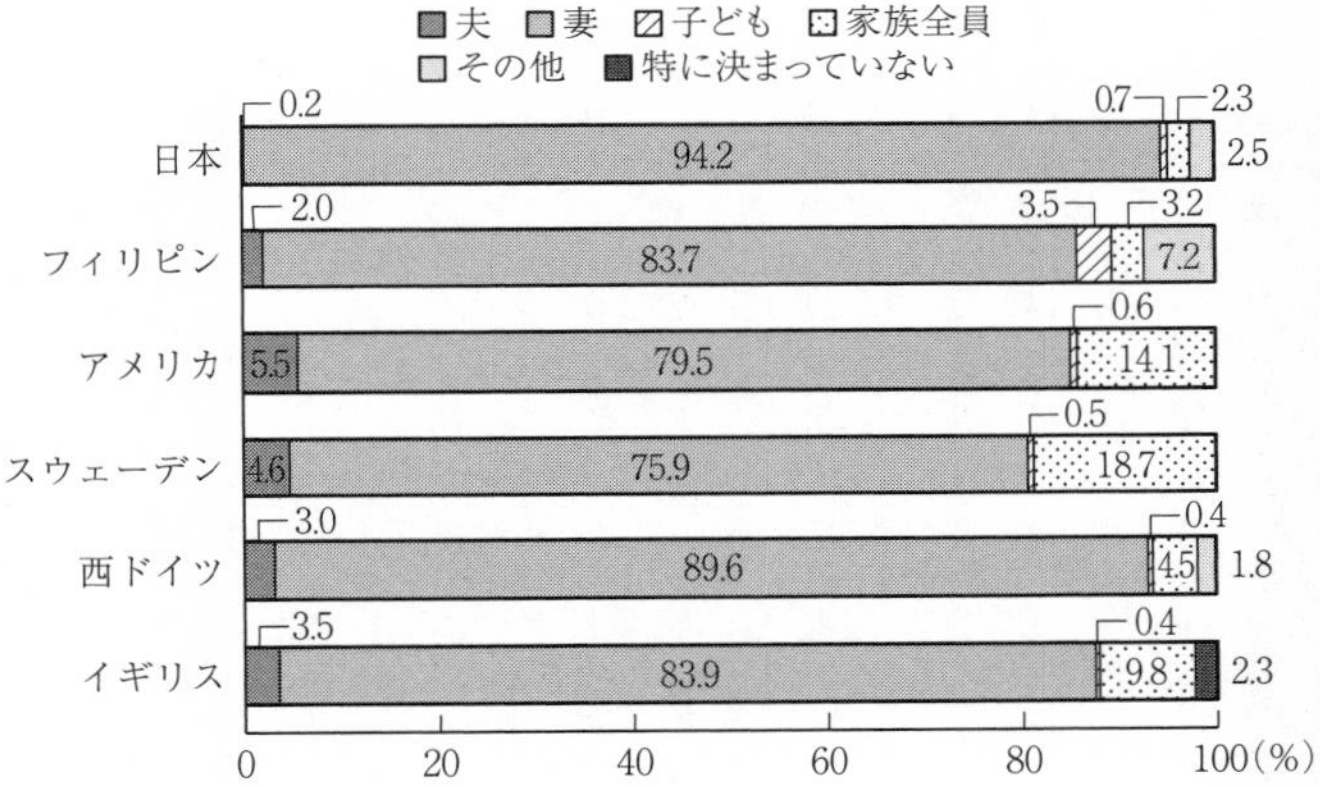

資料：総理府(1984).

図 2-8　食事の支度は誰がするか(1982 年)

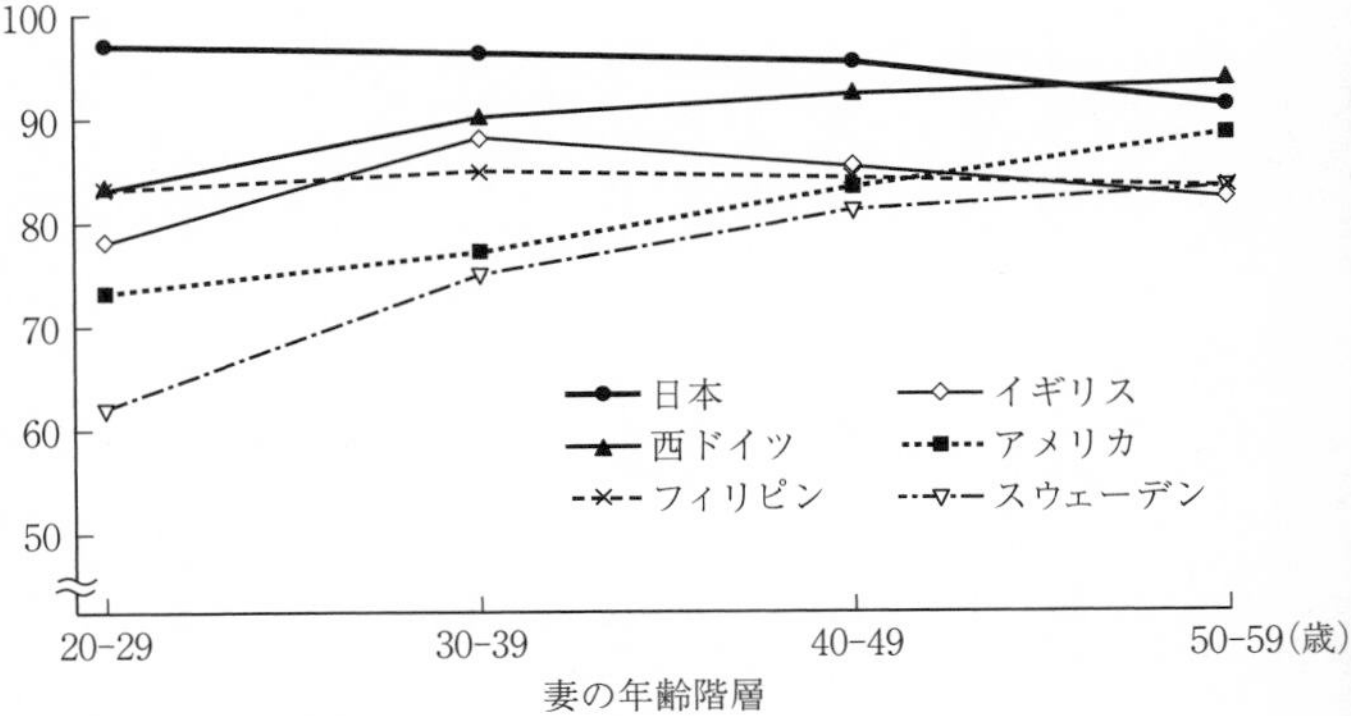

資料：総理府(1984).

図 2-9　食事の支度を妻がする割合(年齢階層別)

きの妻と夫の生活調査を発表した。サンプルは妻が週二五時間以上就労している「戸建住宅」居住世帯からとられている。すでに各方面で言及されているその結果によれば、ニューヨークでもロンドンでも夫のほうが早く起きて、妻より遅く寝ているが、日本では逆に妻が夫より早く起きて遅く寝ている。夫の家事分担率は、ニューヨークの二七パーセント、ロンドンの二三パーセントにたいして東京は六パーセントにすぎない。

夫たちの外出から帰宅までの時間、つまり「家庭不在」時間は、ニューヨーク一〇時間二四分、ロンドン一〇時間四八分にたいして東京は一二時間一二分にのぼる。朝はぎりぎりまで眠り、妻のととのえた朝食をとって会社にかけつけ、ほとんど毎日残業し、家族と夕食をともにするのは週二回ほどで、帰宅後テレビか風呂で三時間ほどすごすとバタンと寝てしまう、というのが東京の夫たちの生活パターンである。ニューヨークなら即離婚だろう。ともかく日本男性が、帰宅途中の接待や「ちょっと一杯」も含めて、会社にありったけをささげていることが、明瞭に示されている。

他方、妻たちはそんな夫を支えるために文字どおり睡眠時間を削っているのであるが、その就労状況は、ニューヨークやロンドンにくらべて通勤距離はより長く、勤務日数はより多く、勤務時間数はより長く、にもかかわらず世帯収入にしめる妻の収入の割合はより低い。報告書はこれを「四重苦」と称している。ちなみに世帯収入にしめる妻の収入の割合は、東京のサンプルの平均二七パーセントにたいして、ニューヨークは四二パーセント、ロンドンが三二パーセントであった。その分布について、世帯収入にしめる妻の収入の割合が二〇パーセント以下のサンプルの割合を見ると、東京の三五パーセントにたいして、ニューヨークでは一八パーセント、ロンドンでは二四パーセントとなる。逆に妻の収入が世帯収入の半分以上というのは、東京の六パーセント、ロンドンの九パーセントにたいして、ニューヨークでは二四パーセントにのぼった。

　東京の年間世帯収入は、サンプルの六〇パーセントが八〇〇万円以上であって、対応するロンドンの数値の三八パーセントより高いが、ニューヨークの六九パーセントよりは低い。東京の世帯収入にしめる妻の収入の割合が平均で二七パーセントと小さいことは、夫の収入が高いことではなく、妻の収入が断然低いことによるのであり、勤務時間数が長いことを考えあわせれば、それは賃金率がきわめて低いことを意味している（旭化成・共働き家族研究所、一九九〇、八、一二、一四―一六、三一ページ）。

　最後に、連合総合生活開発研究所（連合総研）が日本労働研究機構の委託でまとめた「五ケ国生活時間調査」から。一九九〇年一一月の時点で、日本、アメリカ、イギリス、西ドイツ、フランスの五カ国で、製造業の自動車と電機、卸売・小売業、道路貨物運送業で働く男性の生産労働者を中心に、一週間の生活時間の配分を調べたものである。平日の労働時間と通勤時間の合計、つまり「家庭不在」の時間は、日本男性で一二時間と、イギリス、ドイツ、フランスのヨーロッパ三カ国よりも二時間半から三時間長く、アメリカにくらべても一時間四〇分長かった。この差の大半は残業で、ドイツ、フランスでは終業時間とともに退社するのが常識だが、日本では六時半で四七パーセントと半数近く、七時になっても三〇パーセントが会社に残っている。そこで平日の自由時間は、イギリス、ドイツより二時間弱短く、アメリカ、フランスよりも約一時間短い。平日の男性の家事時間は、フランスの五二分にたいして日本は八分であった(連合総研、一九九二)。

ちなみに、この調査は女性労働者を除外しているわけではない。道路貨物運送業(トラック運転手)をのぞいて女性を全体の二〇パーセントは含めることが調査設計の基本方針とされていた。しかし、この二〇パーセントという数値の根拠は不明であるし、結果として女性のサンプル数はすくなすぎる。それ以上に、日本女性は平均年齢二七・七歳、「独身者」比率が七七パーセント、うち「親と同居」が四八・八パーセントと、サンプルの属性があまりにも平均的な女性労働者像とかけ離れている(たとえば労働力調査による同年の女性雇用者の「有配偶者」比率は五八パーセントだった)。せっかくの調査結果が分析に堪《た》えないわけである。女性について適当なサンプリングをおこない、総務庁の社会生活基本調査にならって労働時間、通勤時間および家事時間を広義の労働時間ととらえ、その性別の分割を国際的に比較すれば、日本の状況の特異性ははるかに明確になったのではないかと惜しまれる。

だが、じつは問題の根はもう少し深いのである。日本のサンプルは、日本労働組合総連合会(連合)から調査対象産業の特定産別労働組合をつうじ、その産別傘下の労働組合メンバーから抽出された。そこで作為的なサンプル抽出がおこなわれていないとすれば、このサンプルの母集団からの偏りは、連合が組織する女性労働者の母集団からの偏りそのものを表すはずである。ようするに連合は若い「未婚」女性に大きく偏った組合なのだ。現在の日本には労働組合ナショナルセンターを自称する団体が、連合のほかにすくなくとも全国労働組合総連合(全労連)と全国労働組合連絡協議会(全労協)の二つ存在することは知られているだろう。複数のナショナルセンター間に運動路線と労働者の代表性をめぐって確執のあることも常識である。私はこの問題にここで口出ししようとは思わないが、すくなくとも有配偶女性労働者やパートタイム労働者の利害にかかわる問題について、政府や自治体の審議会などの労働側代表が、当然に連合の役員とされるような事態があるとすれば、その点は反省されるべきではないだろうか。

家事分担の決め手は時短か?

くりかえしになるが、日本の長時間労働はかねてから国際摩擦の焦点の一つとなっている。年間一八〇〇時間への短縮は少しも「夢」のように大胆な目標ではないとはいえ、達成されるにこしたことはない。だが、ここでも主として男性の、雇用労働時間のみが念頭におかれている。働きすぎが問われなければならないとすれば、家事=無収入労働と仕事＝収入労働をあわせた妻の長時間労働こそが問われるべきではないだろうか。もちろん、男の（収入労働における）働き方が変わらなければ、女は浮かばれない、としばしばいわれるように、男性の雇用労働時間の長さが問題であることはまちがいない。しかし、男は家にいる時間がないから（したくても）家事をできない、というのは表面的な見方のように思われる。

雇用労働時間が短縮するだけでは、男性の家事分担がたいして増えはしないだろうことは、時短最先進国の西ドイツとスウェーデンの例から学ぶことができる。前出の総理府の国際比較調査によれば、西ドイツは掃除、洗濯、食事の支度、食事の後片付けの四項目で、おもに妻がおこなうという回答率が日本についで高かった。これにたいしてスウェーデンは、買い物、食事の支度、食事の後片付けの三項目で六カ国中最低、洗濯、掃除でも低位であり、上位三カ国に入るのは乳幼児の世話のみである（日本の七五・六パーセントについで四二パーセント）。

よく知られているように、スウェーデンは女性の収入労働への参加がきわめて高い国である。これにたいして西ドイツは、西欧諸国のなかでは女性の労働力率、女性就業者の雇用者比率が低く、女性雇用者のパートタイマー比率が高く、性別賃金格差の大きい国である。ようするにそのジェンダー関係が、あくまで比較の問題とはいえ、日本に近いのである。数十年間の長期的傾向としても、「昨今流布している神話に反して」、西ドイツ男性の家事・育児分担はたいして増えていない、とさえ指摘されている(Erler, 1988, p. 235)。もっともその西ドイツでも、日本とは異なって、若い世代の共働きの層では家事が共同分担されていたことは見逃せないけれど。

また、前出の連合総合生活開発研究所「五ケ国生活時間調査」にもとづいて、柚木理《ゆきまさ》子《こ》の最近の論考が短編ながら重要な論点をだしている。柚木によれば、雇用労働時間が日本よりも年間で五〇〇時間も短い西ドイツにおいても、雇用労働時間と家事時間をあわせた「労働」時間は、女性のほうが一週間で二〇〇分も長い(前述のように日本は一〇時間以上の差)。女性よりも男性が時短によって多くの自由時間を享受し恩恵を受けていることは、ドイツの雇用労働におけるジェンダー関係の現状と関連させて理解できるだろう(柚木、一九九三)。

別の判断材料は、雇用職業総合研究所が一九八五年におこなった調査の結果に見いだされる。新宿、板橋、世田谷、品川の四、五歳児を保育園・幼稚園にかよわせている夫婦を対象とした同研究所の『女性の職場進出と家族機能の変化に関する調査研究報告書[続]』によれば、おしなべて夫の家事分担が低い日本でも、妻がフルタイムで官公庁に勤務している夫婦の場合、家事分担の妻への集中度はいちじるしく低くなる。夫の就業形態別でも、官公庁勤務の夫の家事参加率は高い。これについて同報告書は、彼らには「それを可能にする条件(在宅時間)があることに加え、原則として雇用上の性差別がないことが夫に柔軟な役割観を持たせることになる」と分析している(雇用職業総合研究所、一九八六、二一ページ)。

つまりタテマエとしてではあれ両性平等の職場に働くことが、家庭内のジェンダー関係への意識も変える、ということである。男性公務員の在宅時間の相対的な長さについて、役人は気楽なものだといってすませる前にこうも考えてみよう。職場の両性平等の原則は、同僚、それも対等な仕事仲間である彼女たちや彼たちに当然ながら家庭責任があることを意識させ、不必要な残業をはじめ不合理な職場への拘束を減らすことにつながるだろう、という点である。

家族戦略としての会社人間

職場のジェンダー関係は、女性の家庭観、夫婦観にも影響することは疑いない。職域分離の実証的研究を積みかさねてきたシルヴィア・ウォルビィも、「よりいい条件の職業をもつことが、家庭内の分業をめぐる妻の夫にたいする交渉力を高める」という関係を示唆している(Walby, 1990, p. 83)。

家事分担に象徴される家庭内ジェンダー関係は、たんに夫の雇用労働時間に規定されているのではない。「お父さんを家庭に帰す」式の発想の時短は、性別役割分担を根本的に変えることはできないだろう。妻が睡眠時間を削ってでも無収入労働としての家事をもっぱらひき受けるのは、おもに、妻の収入の「期待値」が低いため、つまり収入労働の機会を当面もたないか、就業していてもその時間あたり収入が低いためと考えられる。そうして「内助の功」をえた夫は、「わが家のために」いよいよ「会社人間化」することが可能にもなれば、必要にもなる。「家計」にとってはそれが「合理的」な選択である。

というのはまず、夫が家事などかえりみず残業や接待までも含む「仕事」に精をだし、超過勤務手当を稼ぎつつ人事査定もプラスにするという脈絡で、それは「家計」の雇用労働収入を将来にむけて効率的に維持・増大する。同時に、妻がパート労働を適当にきりあげ「手をぬかず」に家事をすることで、家事の貨幣費用、つまり必要以上に高価な家事サービスや既製品を購入することをまぬかれ、かつ家事の機会費用を最小化することができる。

家事の「機会費用」とは、家事時間を「仕事」にあてていたとしたら稼げたはずの期待収入、逆にいうと、現実にはその時間を家事にあてたために逸失してしまった収入をさす。妻が収入労働をえる確率を有配偶女性の雇用者比率三二・五パーセントで代理させ、その時間あたり収入を、パートを含む総平均の性別賃金格差にもとづいて夫の五〇パーセント程度と見れば、現代日本社会において、妻の稼ぎの期待値は夫の一六パーセント程度、六分の一弱でしかない。こうして**「家庭」を貨幣タームでの収入と消費水準で**

とらえるかぎりは、「夫は仕事、妻は家事(と仕事)」の性別役割分担、それにもとづく「会社人間化」こそが、家庭にとって最適の、あるいは最もリスクの小さい「戦略」となる。性別役割分担が強固なのは、『個人生活優先社会をめざして』や『生活大国五か年計画』がしきりにもちだす「固定的な意識」のためというより、貨幣経済のうえで「合理的」な「家族戦略」にもとづくのである。政策文書が国民にむけて「価値観」や「意識」の転換を説くにとどまることのそらぞらしさはここにある。

もちろん、この「合理性」がすでにとてつもない「不合理」の域に達していることを悟るには、一つの価値観の転換を要する。この「合理性」は、「家庭」をひたすら「家計」に還元し、会社人間たちを「奴隷」よりも拘束された存在におとしめたうえになりたっているからである。昨今では、奴隷以下の存在という意味をこめて、「社畜」という表現さえ通用しつつある(『月刊Ａｓａｈｉ』一九九三年七月号特集)。

会社人間と内助の妻の「淋しい」共生

前出の柚木理子の論文が、日独の生活と労働について興味深い比較をおこなっている。たとえば余暇開発センターによる一九八九年の「国際レジャー調査」から日独をぬきだしてくらべると、日本人の仕事重視にたいするドイツ人の余暇重視の傾向は明瞭である。だが、生活の満足をどの生活領域からとらえているかという問いには、日本人では仕事からが二一・三パーセント、余暇からが九・三パーセント、残り六九・四パーセントが家庭からと答え、重視しているはずの仕事からさほど満足をえていないことが判明する。圧倒的に「わが家」が生きがいという生活である。これにたいして、ドイツ人は仕事からが三五・三パーセント、余暇からが二五・九パーセント、家庭からが三八・八パーセントであった。「充実した余暇を過ごすことで、仕事からの充足感を高めるドイツ人の姿」と柚木はコメントする(柚木、一九九三)。

仕事から生活の満足をえている日本人が五人に一人しかいないというのみではない。「勤め人」の約半数は「妻子の生活のために「ほとほと嫌気がさす会社」でも辞められない」と思っている、という本多信一の指摘もある(本多、一九九二)。第一章で引用したように『個人生活優先社会をめざして』は、「会社人間」的なあり方をも肯定できる条件として、「真に自らの意志で好きな仕事に打ち込むならばともかく」と述べていた。しかし彼らの大多数の内情はそのような姿からはほど遠く、涙ぐましいほどに「妻子のため」の「わが社たいせつ」なのである。私ならウォルビィの指摘をもじって、よりいい条件の職業をもつ妻と対等の関係を築くことが――したがって家庭責任をより平等に担うことが――会社にたいする夫の抵抗力を高めるといいたい。「男女雇用平等」は、まさしく男にとってこそ、「会社人間」ならぬ社会人、家庭人として、「能力を発揮しやすい環境」の整備であるのだ。現行の雇用機会均等法がこの目的にかなう法制であるかどうかは、第四章で簡単に言及されるだろう。

反面で、いくつかの調査から浮かびあがる現代日本の家庭生活の状況は、首をかしげざるをえないものである。すでに見たように夫はそもそもほとんど家庭不在であるが、彼らの余暇も最大の部分は「新聞、雑誌、テレビ」にあてられ、諸外国とくらべて家族との余暇や家族的な交際の時間は乏しい(連合総研、一九九二)。妻たちがくつろげると感じる時間も、「テレビやラジオ」、「本や新聞」が有業・無業を問わず圧倒的であって、「家族でだんらん」や「夫婦で話す」の評価は、「友人とおしゃべり」や「趣味の時間」よりずっと低く、かろうじてベストテン入りというありさまである。ちなみに「夫婦で話をしている時」にくつろげると答えたのは、フルタイム就業の妻が二七・二パーセント、パートタイム就業の妻が二五・五パーセントにたいして、専業主婦は二四パーセントと最も低い(旭化成・共働き家族研究所、一九八九)。

ここから私は、諸外国にくらべて極端なほどに大多数の日本人が満足をえている家庭生活とは、じつは「テレビや新聞」のことだったと短絡したいわけではない。それにしても「亭主は達者で留守がよい」という常套句を裏づける調査結果ではある。夫たちの右のような「余暇」の使い方や、「家庭サービス」という奇妙なことばの含意から考えると、「妻子の生活」ならぬ「妻子と̀の̀生活」のほうは、夫たちがすすんでエンジョイするものではないらしい。他方で、「生活」を守られるために、みずからの睡眠時間を削りつつ「わが社たいせつ」の夫を支える妻にとっても、夫はくつろげる相手ではないわけである。守るべき「生活」の実質はいったいどこにあるのだろうか。

おとなの人間どうしがむすぶさまざまな関係のなかで「結婚」が最も親密で安心できるもの（のはず）であり、その関係から生ずる「家庭」がつぎの世代をはぐくむ「愛の共同体」（のはず）であるという立場からすれば、右のような日本人の家庭生活は「淋しい」と形容されるほかはない。「会社人間」と「内助の妻」の共生は淋しいのである。家庭をひたすら家計に還元したうえで、その経済合理性を追求するべく性別役割分担を維持することは、このように大きな「不合理」、人間的資源の「非効率」を招いている。もはやこの関係には終止符が打たれなければなるまい。

問題はその方法である。たんに亭主族や女房族の心がけが悪くてこうなっているわけではない。修身の教科書ならぬ政策文書が、価値観の転換を説くだけでは決定的に不十分である。しかも、これから以下の章で見ていくように、これらの文書が「男女の固定的な役割分担意識」と呼ぶものは、戦後の日本政府の社会政策をつうじて当然のこととして前提され、しかも利用され、とりわけ八〇年代の「日本型福祉社会」政策によって維持強化されてきた。そうした事情にほおかむりしたまま政府が国民に説教するのは、まさにすじちがいというべきだろう。

第三章　企業中心社会の再編——産業構造の変動とジェンダー関係

一九九一年夏に発表された『労働白書』平成三年版の労働大臣のはしがきによれば、「我が国経済は、石油危機、円高を克服して発展を続けてきましたが、これには新規学卒者を中心とした若年労働者や昭和五〇年以降増加を続けてきた女子労働者が大きな役割を果たしてきたと考えられます」、という。女性と青年に焦点をあてた同白書第Ⅱ部が過去五年間を対象として分析したところでは、彼らの役割は労働力の「単なる供給量確保の観点にとどまら」なかった。日本経済の環境変化にたいする「適応と柔軟性」の発揮において「女子や若年層の貢献も大きかった」と評価されるのである(労働省、一九九一a、一〇一—一〇三ページ)。

本章では、労働白書のこのような〝評価〟をうけて、一九七三年秋の第一次石油危機以来の日本経済構造再編とジェンダー関係とのかかわりを明らかにする。第二章では、収入労働と無収入労働をあわせた広い意味での労働の性別分離を検討することをつうじて、ほぼ一九八〇年代末の時点での断面図として、現代日本の企業中心社会がいかに広くかつ深く家父長制的なジェンダー関係を基軸としているかを描いてみた。本章では、そうした労働のなかでも雇用の構造に焦点をしぼって、その変動過程を追跡する。無収入労働の諸関係の変動についても同様の分析がおこなわれるべきことはいうまでもないが、十分なデータに恵まれない。前章のはじめでもふれたように、労働関連の統計は圧倒的に雇用労働にかたよって収集されてきた。本書で構造変動の記述の焦点が雇用にしぼられる理由も、もっぱらそこにある。無収入労働が検討に値しないからではないことを、念のためことわっておきたい。

もう一つあらかじめおことわりすると、以下の分析はいささか数字の羅列が多く、けっして読みやすいものではない。本章のテーマの意味をより明確にするために、関連する見解を参照しておくことが有用であると思う。一つははじめに引用した『労働白書』平成三年版であり、もう一つは雇用職業総合研究所の共同研究の成果である『女子労働の新時代』の基調的な見地である(雇用職業総合研究所、一九八七)。

1　二つの女子労働論から

「柔軟性」への性別・年齢別の貢献

そもそも「若年層」の半分は女性であるはずなのに、なぜ『労働白書』平成三年版の

「若年労働者・女子労働者」論のように、女性と青年が別のグループであるかのような扱いになるのか、私には腑に落ちないのだが、それはおくとしよう。さきの引用文において私が圏点をつけた「も」には、つぎのような意味があると考えられる。「女子や若年層」でない労働者、つまり壮年の男性の「貢献」の「大きさ」はいうまでもないということである。つまり「性別、年齢別役割分担」による日本経済の「柔軟性」を、白書は考えていることになる。問題はそれがどのような「役割分担」かという点にあるだろう。

そこで、まず『労働白書』平成三年版が前述のような〝評価〟をおこなった論拠を見よう。『労働白書』が強調するのは、過去五年間における就業構造の「柔軟」な変化にとって、女性と青年の「参入」の役割が大きかったことである。その役割がなければ、「産業・職業構造の変化が中堅層を巻き込んだ苦痛を伴うものとなったことも考えられる」、という。

この「中堅層」とは何者か明文では定義されていないが、白書の論述を追うと、それは男性の三〇—五四歳層をさすことが分かる。というのは、つぎのようなポイントからである。

まず、右の「苦痛」うんぬんの記述から、「中堅層」とは「参入」も「退出」もせず労働市場にとどまっていた労働者をさす、と考えられる。他方で白書は、年齢階層別の労働力率(後述)のカーブにもとづき、男性の一五—二九歳層と女性の一五—二四歳層を労働力への「参入期」として、また女性の三〇—三四歳層から四〇—四四歳層までを「再参入期」として特徴づけ、そのうえで分析においては三五歳から五四歳までの女性を一括して扱っている。残るは三〇—五四歳層の男性にほかならない。

簡単に紹介すると、白書ではまず産業構造について製造業のいくつかの業種をとりあげ、一九八四—八九年の雇用者増減率への世代別の寄与を見ている。その結果、「参入期」と「再参入期」の労働力が流入したことが、需要の拡大している業種、たとえば電気機器製造業や一般機械製造業、衣服製造業などの雇用者の増加にかなり寄与しているとされる。一九八〇—八五年の職業構造の変化についても、増加率の高い職業で同じ世代の寄与が大きいが、女性では職種間で世代別の増減パターンが異なっていることに注意が促される。具体的には、専門的・技術的職業、販売職業、事務職業の各従事者では増加がもっぱら「参入期」、つまり一五—二四歳の層によるものであるのにたいして、技能工、生産工程作業者では「再参入期」を含む三五—五四歳層の寄与が、若年層の倍以上であったという点である(付属統計表第七一表)。

なお、こうした世代別の「寄与」は、同一世代間の増減から求められている。たとえば、二五—三四歳層の雇用の増減とは、一九八九年の二五—三四歳層の雇用者数から一九八四年の二〇—二九歳層の数を差し引きすることで、一九五五—六四年生まれの世代の、この五年間における当該雇用分野から(へ)の退出(参入)数がえられる、という具合である。

したがって――白書の論述はやや唐突であるが――「中堅層」の「苦痛」うんぬんの評価は、一九三五―五九年生まれの男性にとって、最近の業種転換がごく小規模ですんだことを意味すると考えられる(労働省、一九九一a、一〇二―一〇三ページ)。ようするに女性と青年の「参入」のおかげで、壮年男性に大きな転変をおこさずに産業と職業の構造再編がおこなわれたことが、「柔軟性」として評価されているわけである。

このような世代主体の分析にはもちろんそれなりのメリットがあるが、私たちがこの手法をそのまま借用するのは、対象時期の違いを別としても、適当でない。というのは、それによって把握できるのが、産業・職業構造の変化と労働力の性別・年齢別の構成とのかかわりのごく一部でしかないからである。たとえば、雇用者の増減の結果としての年齢別構成の変化を、そこから直接つかむことはできない。また、白書では雇用者の増減率があらかじめ性別に分けられているので、業種ごとの女性比率の変化も不明である。しかしこれらは、需要の拡大した業種ばかりでなく、縮小した業種での対応も問おうとする場合、いいかえれば「参入」ばかりでなく「退出」も見ようとする場合に、いっそう見逃せない論点だろう。

そしてなによりも、製造業のみの検討から産業構造全体の変化を把握することができないのは、明白である。つぎに見るように第一次石油危機以降の産業構造の変化は、通常「サービス経済化」としてとらえられている。白書の議論を参考にしながらも、私が以下の第2節のような方法をとる理由である。

サービス経済化と「女性の職場進出」論

雇用職業総合研究所編『女子労働の新時代——キャッチ・アップを超えて』のうち、富田積子《せきこ》の執筆による第I章「新時代を迎えた女子労働」は、「女子労働問題」についてつぎのように概括する。従来その内容であった女性の職域の限定、賃金や他の労働条件の低さ、処遇の遅れなどのもろもろの事象は、なによりも女性の雇用労働力化の歴史が浅く、蓄積が乏しいことによって発生していた。それらは、「経済社会の発展」や女性労働の「蓄積が進むにつれて解消していく可能性のある」ものである。「現に」、高度成長期には、女性の職場進出と彼女たちを補助労働力としか見ない旧来の枠組とのあいだに「質的ミスマッチ」が生じていたが、その後の三次産業化、サービス経済化、ME化は、「女子労働問題」を「かなりの程度解消」した。すなわち、女性の職階者比率の高まり、基幹労働力化、専門的・技術的職業を中心とする職域の拡大、パートタイム労働者の地位の高まりなどが注目されるべきだ、と富田はいう(雇用職業総合研究所、一九八七、一一—一八ページ)。

「参入」面だけに照明をあてる「女子労働」論である点で、富田の見地は『労働白書』平成三年版のそれと共通しているといえるだろう。これにたいして、女子労働市場論の第一人者であるとともにマルクス主義フェミニズムの論客の一人である竹中恵美子は、一九八九年の著書で、石油危機後の低成長期の「女子労働は光と影の新しい再編のなかにある」と、単純な楽観を戒めている(竹中、一九八九、二八六ページ)。その際に竹中は、終身雇用・正規労働力からなる「人材ストック型」労働市場と、非常用・非正規の「人材フロー型」労働市場の区別を津田眞澂《ますみ》の論文(津田、一九八七)から引用しながら、「労働の女性化」にともなうフロー型の拡大、および女性労働の「エリートとマス」への二極分解を強調する。とはいえ竹中も、女性の職階者比率の上昇、職域拡大といった事実認識を富田と共有するのである。

富田のような「女子労働問題」の理解にたいしては、ただちにつぎの疑問が浮かぶだろう。一九三〇年以前、つまり十五年戦争をひきおこし準戦時経済に入っていく以前の日本では、一貫して工場労働者の過半を女性がしめていた(中村、一九八五、序章)。日本女性の雇用労働力化の歴史が浅いという富田の認識は、この事実とどう整合するのか。また、個別の一見単純な事実認識も、よりくわしい検証を必要とすると考えられる。

すでに見てきたように、「女性の職場進出」論には二重三重の留保が欠かせない。本章ではつぎの第2節で産業別雇用構造の変化を検討し、第3節で就業者ベースの職業構造の変化についても性別と年齢階層別の「寄与」を見ていくだろう。なお、以下で「雇用の女性化」とは雇用者ないし就業者のなかの女性比率の上昇をさし、その比率の低下は「男性化」と呼ばれる。

2　産業別雇用構造の再編と性別・年齢階層

データの性格と時期区分

まず産業別雇用構造の変化から見よう。**表3-1**と後出の**表3-2**は、労働省の雇用動向調査によって、農林業と建設業をのぞく諸産業(日本標準産業分類の中分類)のおもなものについて、一九七三年から八九年までの雇用の変化をたどったものである。なお、この間の農林業雇用者の全産業雇用者にしめる比率は一貫して〇・八ないし〇・六パーセントであり、建設業のそれは一貫して一〇パーセントだった。また、建設業の女性出現度は一貫して〇・四程度である。両業種をのぞくデータで産業別雇用構造と性別の関連を検討して大過ないと考えられる。

雇用動向調査では、雇用者五人以上の公営・民営事業所のパートタイマーを含む常用者がカバーされている。**表3-1**は、大分類の産業はすべて追跡している。また中分類では、製造業とサービス業の諸業種について、その雇用者シェア、つまり調査産業の雇用者総数にしめる当該業種の雇用者の比率が、おおむね一・五パーセント以上であるものをぬきだした。ある産業の重要性はその雇用者数だけでは測れないとはいえ、雇用構造を見るうえでは、このような基準で抜粋してさしつかえないだろう。

表3-1は、各産業の雇用者シェアの変化と雇用者中の女性比率の変化を、一九七三年、七五年、八四年の三期について一覧し、一九七三―八四年のあいだの雇用者数の増減率、性別の雇用者増減率を示す。また後出の**表3-2**は、一九八五―八九年の時期を一九八五―八七年と一九八七―八九年に分ける。

こうした時期区分は、おもに景気の動向にもとづき、また調査が各年の六月におこなわれていることを勘案したものである。つまり、一九七三―七五年が石油危機後の急激な経済収縮、一九七五―八〇年が安定成長期、一九八〇―八三年が一九七九年の第二次石油危機後の景気後退期であり、一九八五年なかばから一九八六年末までは一九八五年九月のプラザ合意を大きな契機とする円高不況期、最後の一九八七―八九年はいわゆる平成景気ないしバブル景気の時期にあたる。一九七五―八〇年と一九八〇―八四年はおおむね似た特徴をもつので、一括して扱う。またこの間、一九七六年と一九八四年に日本標準産業分類の改訂がおこなわれ、とくに一九八五年以降のデータはそれ以前と連続しないので表が二つに分かれているわけである。

女性比率の増減(1973-84 年)

(単位：%)

1984 年		1973-75 年の増減					1975-84 年の増減	
雇用者シェア	女性比率	雇用者増減率	男性増減率	女性増減率	雇用者シェア増減	女性比率増減	雇用者シェア増減	女性比率増減
(100.0)	37.3	1.9	2.3	1.2	—	−0.2	—	2.1
0.4	12.9	−13.0	−13.8	−8.7	−0.1	0.7	−0.1	−2.2
37.9	35.3	−3.3	−0.5	−8.5	−2.3	−1.9	−4.8	1.9
3.7	55.0	−1.2	1.1	−3.1	−0.1	−1.1	0.2	2.7
2.0	57.3	−13.7	−11.8	−14.9	−0.6	−0.8	−1.2	−2.6
1.8	78.6	−2.8	1.7	−4.1	−0.1	−0.1	0	2.2
1.8	25.2	−6.3	−6.8	−4.7	−0.2	0.5	0	0
1.8	23.7	1.9	5.7	−8.3	0	−2.7	−0.7	−0.6
1.7	25.2	−5.7	−2.9	−11.8	−0.1	−2.1	−0.4	−4.3
1.5	9.9	0.6	−0.3	8.3	0	0.7	−0.7	−1.0
2.7	27.0	0.1	1.8	−5.7	−0.1	−1.4	−0.4	2.9
3.6	19.8	0.1	0.8	−4.0	0	−0.8	−0.7	1.9
6.1	44.5	−10.1	−2.7	−19.1	−0.7	−4.5	1.1	4.1
3.7	16.5	−2.8	−1.5	−10.1	−0.2	−1.2	−0.5	2.1
1.9	37.7	4.4	5.3	3.2	0	−0.5	−0.1	−5.0
24.2	41.3	9.3	6.2	14.3	1.5	1.1	1.2	2.5
11.1	32.5	5.7	4.8	7.8	0.3	0.6	0.6	1.8
13.1	48.7	12.5	7.9	18.3	1.2	1.1	0.6	3.0
5.7	47.6	3.7	6.3	1.4	0.1	−1.2	0	−4.5
0.5	27.8	3.3	8.0	−8.9	0	−3.2	−0.1	3.5
10.5	10.6	3.0	2.5	6.4	0.1	0.4	−1.1	−1.8
1.1	10.7	1.2	0.1	9.7	0	0.9	0	−0.9
19.7	49.7	6.5	5.7	7.3	0.7	0.4	4.9	2.0
5.3	77.1	8.7	16.4	6.4	0.2	−1.6	1.8	1.3
10.7	38.8	8.8	7.3	11.7	0.5	0.9	2.8	1.1

もとづく数値．雇用者シェアの主な産業，業種の抜粋．資料：雇用動向調査．

表 3-1 産業別雇用と

		1973年		1975年	
		雇用者シェア	女性比率	雇用者シェア	女性比率
	調査産業計	(100.0)	35.4	(100.0)	35.2
D.	鉱業	0.6	14.4	0.5	15.1
F.	製造業	45.0	35.3	42.7	33.4
18, 19.	食料品・たばこ製造業	3.6	53.4	3.5	52.3
20.	繊維工業	3.8	60.7	3.2	59.9
21.	衣服・その他の繊維製品製造業	1.9	77.4	1.8	76.4
25.	出版・印刷・同関連産業	2.0	24.7	1.8	25.2
26.	化学工業	2.5	27.0	2.5	24.3
30.	窯業・土石製品製造業	2.2	31.6	2.1	29.5
31.	鉄鋼業	2.2	10.2	2.2	10.9
33.	金属製品製造業	3.2	25.5	3.1	24.1
34.	一般機械器具製造業	4.3	18.7	4.3	17.9
35.	電気機械器具製造業	5.7	44.9	5.0	40.4
36.	輸送用機械器具製造業	4.4	15.6	4.2	14.4
38, 39.	武器・その他製造業	2.0	43.2	2.0	24.7
G.	卸売業・小売業	21.5	37.7	23.0	38.8
40–42.	卸売業	10.2	30.1	10.5	30.7
43–49.	小売業	11.3	44.6	12.5	45.7
H.	金融・保険業	5.6	53.3	5.7	52.1
I.	不動産業	0.6	27.5	0.6	24.3
J.	運輸・通信業	11.5	12.0	11.6	12.4
K.	電気・ガス・水道・熱供給業	1.1	10.7	1.1	11.6
L.	サービス業	14.1	47.3	14.8	47.7
88.	医療業	3.3	77.4	3.5	75.8
	その他のサービス業	7.4	36.8	7.9	37.7

雇用者ベース．5人以上規模事業所のパートタイマーを含む常用労働者数に

(1) 石油危機直後——一九七三—七五年

第三次産業化と男性化の並行

労働力調査によって全産業を見ると、一九七三年は七〇年代の前半では雇用者中の女性比率のピークである三三パーセントをしるしたが、その後女性比率はさがって一九七五年に〝谷底〟の三二パーセントになった。一九七四年なかばから、所定外労働の削減につづいて新卒者採用の停止、一時帰休、大量の希望退職の募集など、厳しい雇用調整がおこなわれたことはよく記憶されているだろう。そのマクロ的な結果の一つが、雇用の男性化だったことになる。長期的な趨勢《すうせい》はもちろん、雇用者女性比率の上昇、つまり女性化であった。この時期の男性化は戦後史のなかでも例外的な事象といえる。一九七五年はまた、長期的に低下してきた女性労働力率が底をうって上昇に転じた年でもあった。女性労働力率の長期的な低下のおもな原因は、農家世帯の減少による家族従業者の減少だったが、一九七五年を境に女性雇用者の増加が労働力率を押しあげていく。このように七〇年代なかばとは、日本の(収入)労働をジェンダー視角で見る場合にも重要な転機だった。

さて**表3-1**によれば、調査産業計でこの間に男性雇用者は二・三パーセント増えているのにたいして、女性雇用者の増加は一・二パーセントしかない。その結果、女性比率はマイナス〇・二パーセントと低下した。これは、製造業の雇用者シェアが四五パーセントから二・三ポイント低下し、卸売・小売業のシェアが二一・五パーセントから一・五ポイント上昇、サービス業が一四・一パーセントから〇・七ポイント上昇するなかでおこっている。

製造業での大量の女性雇用者減少(マイナス八・五パーセント)は、小売業や「その他サービス」、卸売業での増大によって相殺されているが、製造業での男性の減少はマイナス〇・五パーセントとわずかであった。他業種でもむしろ男性が女性に劣らず増えたため、結果的に全体として女性比率が低下したのである。そのかぎりでは明らかに、常識的な理解とは逆に雇用構造の第三次産業化と男性化とが手をたずさえて進んだことになる。問題はその内訳である。

表3-1の各産業の雇用者シェアの増減と女性比率の増減は、雇用構造のなかでの各産業の比重の増減と性別構成の変化との関係を簡便につかむために設けてある。増減は異なる時点のあいだの数値の差であるから、変化の速度を表すことになる。ここからつぎのことが分かる。

①雇用者シェアを大きく伸ばした卸売・小売業、とりわけ小売業が一・一ポイントと急速に女性化した。

②反面で医療業が、シェアを〇・二ポイント伸ばしながら女性比率はマイナス一・六ポイントと、急激に男性化した。なお医療業は一九七三年の段階で、女性比率七七・四パーセントの典型的な女性産業であった。

③雇用者シェアを大幅に減らした製造業が、女性比率も大幅に減らして急激に男性化した(平均のマイナス〇・二ポイントを大幅に上回るマイナス一・九ポイントの速度)。

さて、表3-1は正確ではあるが、いかにも読みとりにくい表なので、図3-1のように、雇用者シェアの増減を縦軸に、女性比率の増減を横軸にとって各産業を四つの象限に配置する表現を考えてみた。平均の女性比率変化であるマイナス〇・二パーセントの位置に破線がほどこしてある。

おおむね雇用者シェアを伸ばした第三次産業の業種が女性化し(第一グループ)、電気機械器具製造業(以下電機と略称)に代表される製造業の諸業種は、シェアを減らしながら男性化していることが見てとれるだろう(第二グループ)。他方、医療と金融・保険業のみがシェアを増しながら男性化したが(第三グループ)、両業種は女性が絶対的多数をしめる女性産業だった。

なおシェアを減らしながら女性化しているのは、鉱業と出版・印刷・同関連産業である。いずれも女性比率が平均よりも大幅に低い男性産業であり、大勢への影響はすくな

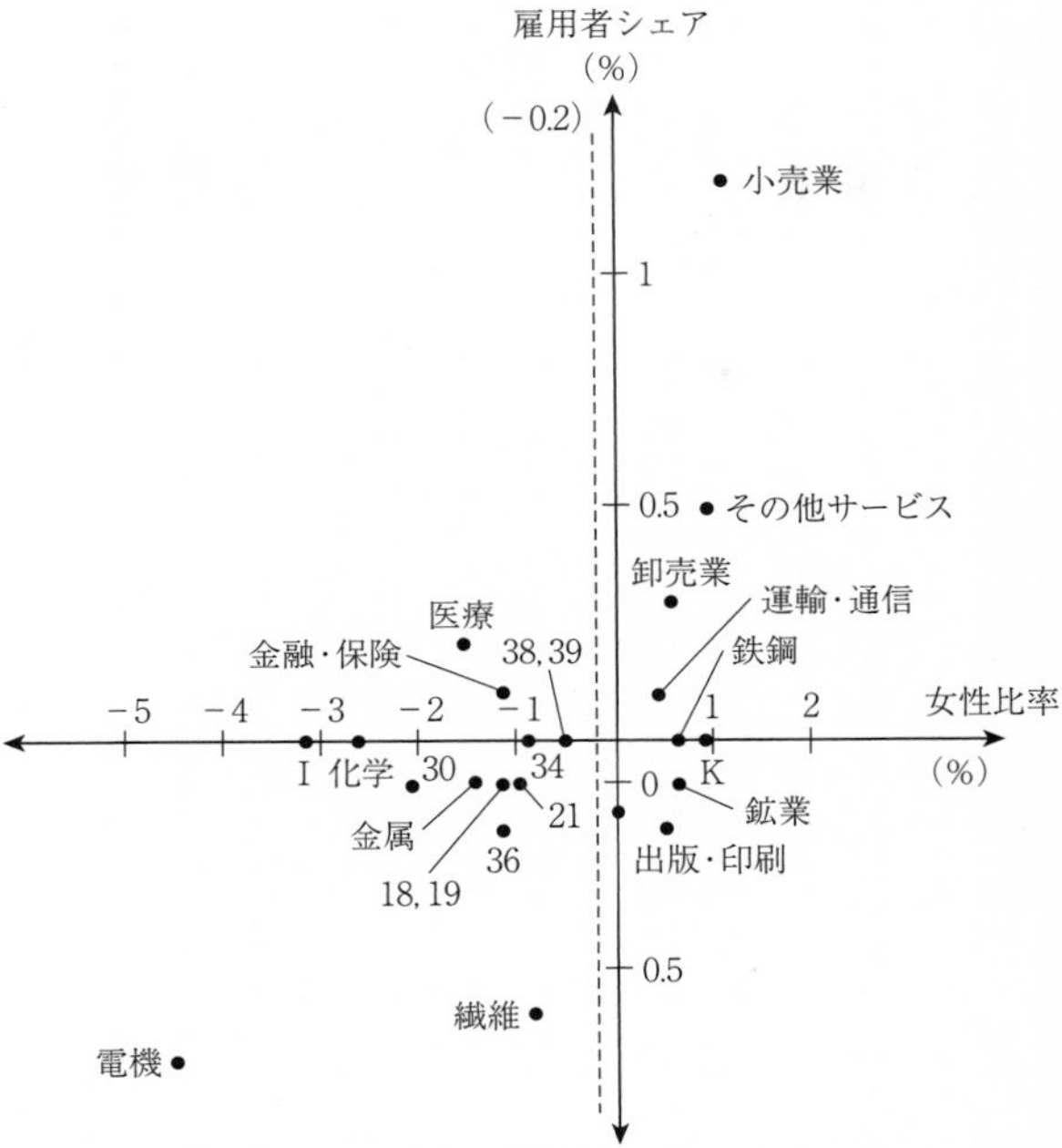

アルファベット(中分類)，数字(業種)については表 3-1 を参照.
資料：雇用動向調査.

図 3-1 産業別雇用者シェアと女性比率の増減(1973-75 年)

いので詳述をさける。

年齢階層別構成の変化

女性化・男性化については、雇用者の年齢階層別の内訳の変化を見ることで、その内実にもう一歩近づくことができると考えられる。そこで、右の三グループのおもな業種について雇用者の性別・年齢階層別構成の変化をグラフにしてみたのが、後出の図3―3a～hである。図の数が多いので、当期（一九七三―七五年）とつぎの一九七五―八四年の時期を一括して書きこんであることに注意していただきたい。

さて図3―3によれば、まずシェアを拡大し女性化した第一のグループである卸売、小売両業種はつぎのような特徴をもつ。図3―3cに示される小売業では、女性雇用者は一八・三パーセントと大幅に増えたが、年齢階層別では、一五―二四歳の年少層中心型であったものが、この時期には二五―三四歳の若手層を増やし、また中高年層での厚みをやや増す形になった。男性雇用者は七・九パーセント増え、その増加は二五―三四歳の若手層の突出という形をとった。図3―3eに示される卸売業での女性雇用者の増加は七・八パーセントだが、これは一五―二四歳の年少層の採用をやや抑えながら、二五歳以上を増やす形でおこった。男性雇用者は四・八パーセント増で、やはり二五―三四歳の若手層をおもに増やした。

つぎに第二のグループであるシェアを減らして男性化した製造業からは、のちの時期との関係で食料品・タバコ製造業(図3-3a)、繊維工業(図3-3g)、電機(図3-3b)および輸送用機械器具製造業(図3-3d)を図示してある。いずれの業種でも、女性の年少層(一五―二四歳)の減少とともに中年層(三五―四四歳)の退出がおこったことがうかがえる。

女性雇用者数が減少するうえで大きな比重をもったのは、雇用者シェアが五パーセント台と大きく、しかも女性比率の高い電機である。この一業種での減少だけで、サービス業合計の女性雇用者の増加に匹敵する減少だった。同様に繊維工業での女性減少も大きく、数としてサービス業のうち「その他サービス」での女性雇用者増加に匹敵する。男性は、繊維での中年層(三五―四四歳)の退出のほかは、年少層(一五―二四歳)の減少で対応しており、いずれでも若手層(二五―三四歳)の突出という結果につながっている。

第三の、シェアを増して男性化したグループである医療業と金融・保険業の場合はどうか。図3-3fに示される医療業では、女性雇用者の六・四パーセント増は、二五―三四歳の若手層と四五―五四歳の高年層の拡大がおもな原因だった。男性雇用者の一六・四パーセントにものぼる増加は、一五―二四歳の年少層以外の全階層でおこった。図3-3hに示される金融・保険業では、女性雇用者は全体として一・四パーセントしか増えず、三五―四四歳の中年層ではかなりの退出が見られる。男性雇用者は六・三パーセントとかなりの伸びを見せ、第一グループ、第二グループと同様に、第三グループでは二五―三四歳の若手層の増加が目立つ。

このような検討から、第一次石油危機直後の急激な経済収縮期には、製造業で両性の年少層(一五―二四歳)が減少し、女性の中年層(三五―四四歳)が退出したことをつうじて、女性雇用者が大量に減少し、雇用者シェアの急激な縮小と雇用の男性化がおこった。年少層の減少は、おもに新卒者採用の抑制をつうじておこなわれたと考えられる。卸売・小売業とサービス業において中高年層(三五歳―)の厚みを増す形で女性が増大したにもかかわらず、雇用は全体として男性化した。この時期のハードな雇用調整については、とりわけ男性中高年層の「苦痛」が語られることが多いが、退出ないし業種転換を余儀なくされた女性中年層の「苦痛」も見落としたくないものである。

(2) 安定成長期――一九七五―八四年

サービス経済化による雇用の女性化?

つぎに一九七五―八四年を見よう。女性雇用者の増加は、調査産業計で男性の九・三パーセントを一〇ポイント以上も上回る二〇パーセントを示し、雇用者の女性比率も三五・二パーセントから三七・三パーセントへと二・一ポイント上昇した。同時に製造業の雇用者シェアが四二・七パーセントから三七・九パーセントへと、じつに四・八ポイントも低下し、反面でサービス業のそれは一四・八パーセントから一九・七パーセントへと、四・九ポイント上昇した。一九七五年から八四年にかけてのこの時期に、雇用の女性化とサービス経済化が手をたずさえて進んだというのは、まぎれもない事実のように見えるだろう。

しかし、ここでも問題は内訳である。前出の**表3-1**はまた、シェアを大きく減らした製造業が、今度は平均にくらべて遜色ない一・九ポイントという速度で女性化したこと、これにたいしてサービス業の女性化速度も二ポイントにすぎなかったことを示している。製造業はこの間の女性雇用者増加の一二・六パーセントに寄与する分だけ女性を増すとともに、男性雇用者増加のマイナス一一・七パーセントにあたるほど男性を減らして女性化した。

もっとも、製造業が女性比率を高めたといっても、調査産業平均の三七・三パーセントを下回る三五・三パーセントになったにすぎない。これは第一次石油危機直前の数値に戻っただけであるという見方もできるかもしれない。だが、そうした見解がリアルでないことは、後述するように**図3-3a～h**で雇用者の年齢階層別構成の変化を見ることによって明らかになる。

この時期についても四象限の図を描くと**図3-2**のようになる。やはり平均の女性比率増加である二・一パーセントの位置に破線がほどこしてある。ここから分かるのは、

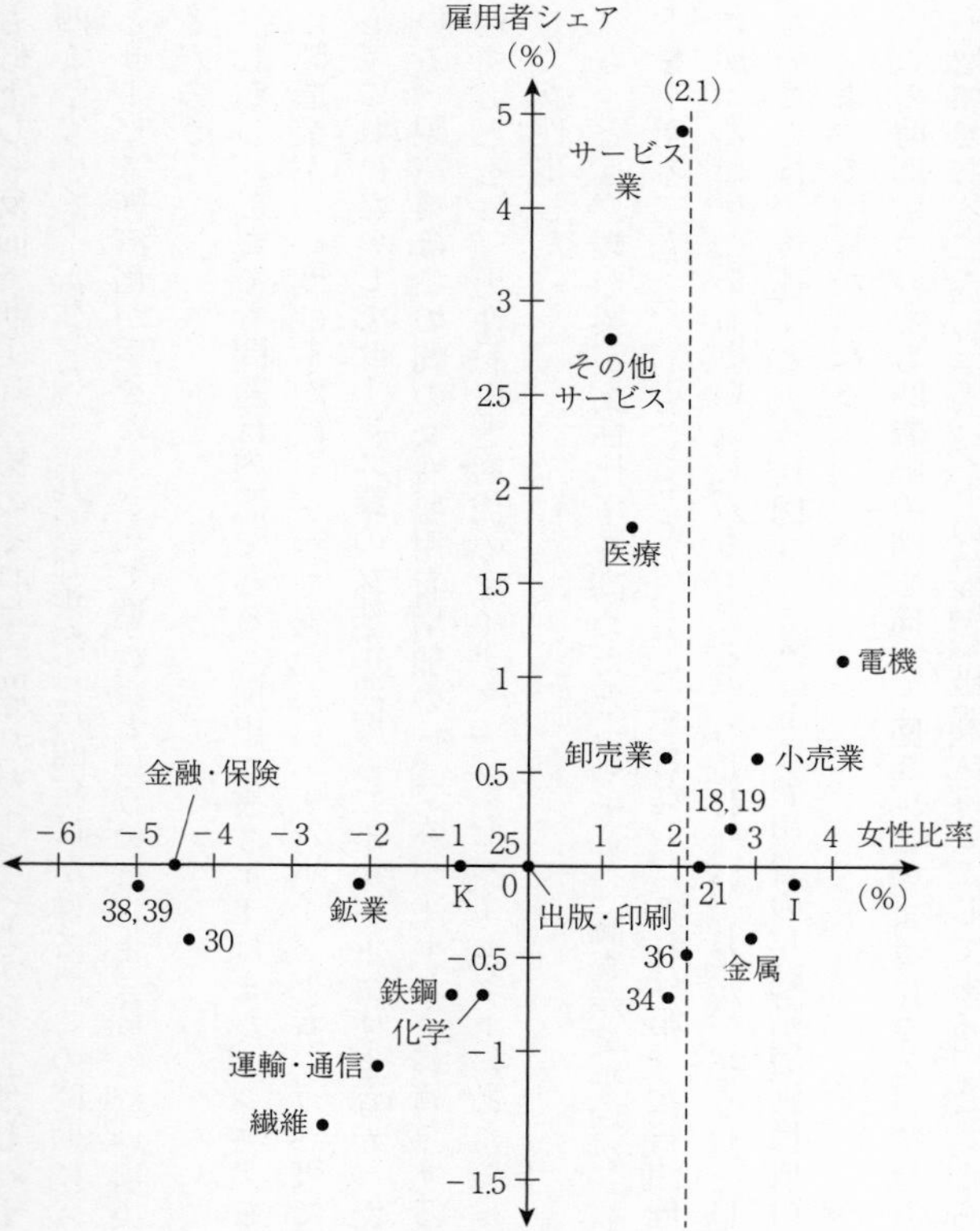

アルファベット(中分類)，数字(業種)については表 3-1 を参照.
資料：雇用動向調査.

図 3-2 産業別雇用者シェアと女性比率の増減(1975-84 年)

雇用者シェアを高めつつ平均以上に女性化した産業(第一グループ)が、食品・タバコと電機、および小売業しかないことである。食品・タバコは女性が過半数をしめる女性産業であり、電機、小売は平均よりも女性比率の高い相対的な女性産業である。

雇用者シェアを維持ないし低めつつ女性化した産業(第二グループ)は、衣服製造業、金属製品製造業、輸送用機械、および不動産業で、うち衣服をのぞく三業種はいずれも女性比率が平均よりも大幅に低い男性産業であった(一般機械器具製造業はこれらに準じる)。こうしたことから考えて、第一次石油危機から円高までの局面について、たんにサービス経済化が雇用の女性化をリードしたとはいえず、むしろ製造業による雇用の女性化という特徴づけが必要なように思われる。実際、食品・タバコと電機、衣服の製造業三業種での女性雇用者の増加を合計すると、この間の女性雇用者増加全体の二四・六パーセントにあたる。

他方でサービス業は、この間の女性雇用者増加の五七パーセントに寄与したが、同時に男性雇用者の増加にもやはり五七パーセントの寄与をしている。卸売・小売業でも、男性雇用者は女性に見劣りすることなく増加した。ともあれ、雇用者シェアを高めつつ平均よりもやや鈍い比率で女性化したサービス業と卸売業を、第三グループとしてくくることができるだろう。

これにたいして、男性化した産業(第四グループ)の多くは、繊維工業、化学工業、鉄鋼業のような素材産業であって、雇用者シェアも減らしている。この点は、製品需要の減退と結びつけて理解することができるだろう。しかし、金融・保険業が石油危機直後にひき続いて大幅に男性化したことと、運輸・通信業で減員・男性化がおこったことについては、ME技術革新などによる「合理化」との関連を考えざるをえない。

年齢階層別構成の変化

そこで、雇用者の年齢階層別構成の変化を示す図3－3a～hを、今度は右の四つのグループごとに検討しよう。図の年齢階層は一〇歳きざみであるから、一九七五年の各年齢階層のポイントを八四年の一段年配の層のポイントとくらべることで、同一世代の各産業から(へ)の出入りを見ることもできる。

図3－3a～hを全体として眺めた場合、まず注意をひくのは両性のカーブの形状の差である。女性のカーブは産業によって大きく形状を異にするとともに、ほとんどが激しいといっていいほどの変化を示している。女性比率が増減をへて数値としてはもとに戻るように見える場合にも、年齢構成は一変してしまっている。

これにたいして男性の年齢階層別カーブは、どの産業も概して二五－三四歳の若手層が突出した、類似の形状となっている。しかも、一九七五－八四年のあいだに全体として中高年化しながらも、この形状をあまり崩していない(もちろん繊維、医療、輸送用機械

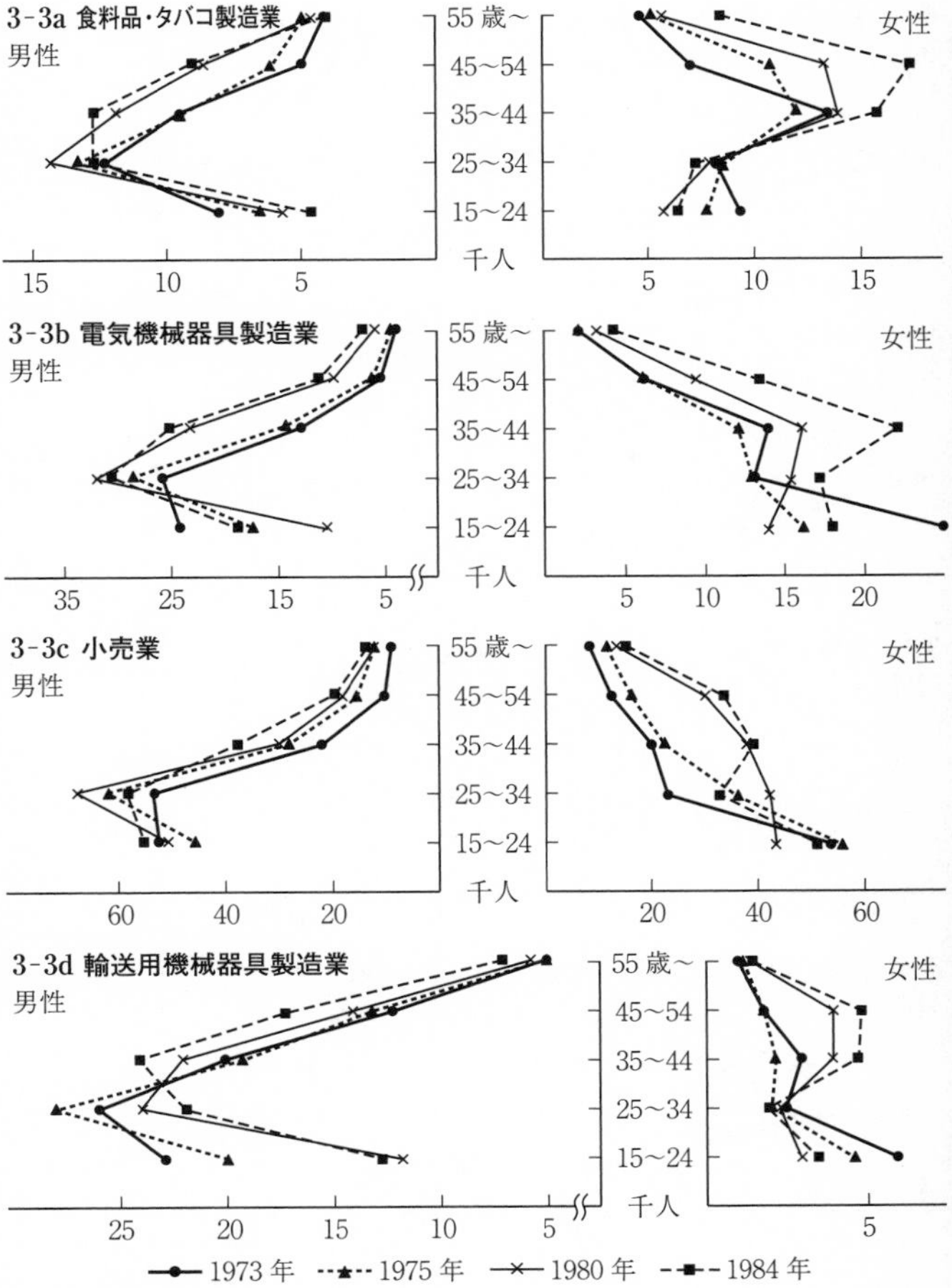

資料：雇用動向調査.

図 3-3　産業別雇用者の性別・年齢階層別構成(1973-84 年)

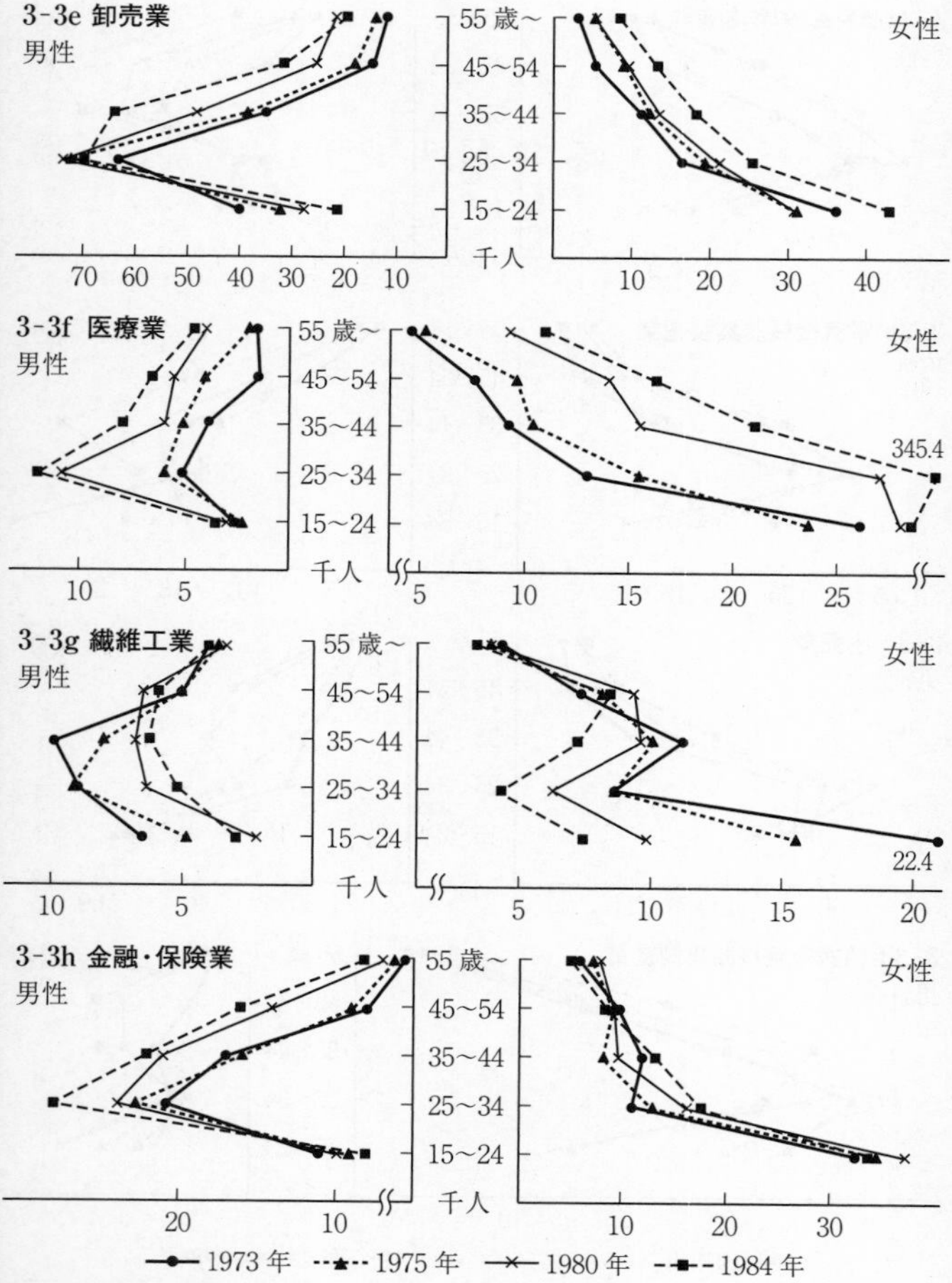
3-3e 卸売業
男性
女性
55 歳～
45～54
35～44
25～34
15～24
千人
70 60 50 40 30 20 10
10 20 30 40
3-3f 医療業
男性
女性
345.4
10 5
5 10 15 20 25
3-3g 繊維工業
男性
女性
22.4
10 5
5 10 15 20
3-3h 金融・保険業
男性
女性
20 10
10 20 30
1973 年
1975 年
1980 年
1984 年

資料：雇用動向調査.

のような例外やバリエーションはあるが）。男性の若手層での突出というこの形状が一九七三—七五年に作られたか、あるいは強められたことは、さきに指摘しておいた（前出、一三六—一三八ページ）。一九七五—八四年のあいだに男性のグラフの形状が維持された要因、いいかえるとその年齢階層別構成が安定していた要因について、『労働白書』平成三年版にならって世代主体に見よう。すると、一九六一—七〇年生まれ（一九七五年に一五歳未満）の世代の雇い入れが抑制され、一九五一—六〇年生まれ（一九七五年に一五—二四歳）の世代からは二五歳すぎの参入があり、また一九五〇年以前生まれの世代が中高年化とともに漸次退出したことが分かる。

さて**図3-3a〜c**によれば、第一グループの食品・タバコ、電機、小売はいずれも、男性の年齢階層別構成をほとんど変えることなく（食品・タバコで中高年層がやや厚くなった）、もっぱら三五—五四歳層の女性の雇用を大幅に拡大することによって、雇用者シェアを伸ばすとともに女性化している。つまり、第一次石油危機直後に雇用者シェアの縮小とともに大幅に男性化し、この時期に反転して大幅に女性化した食品・タバコ、電機では、女性の中高年化がいちじるしいのだ。もっとも、一貫してシェアを拡大した小売業では、依然として一五—二四歳の年少層が最大のグループである。

第二グループからは**図3-3d**として輸送用機械器具製造業を示した。この業種での女性化は、もっぱら一九七五—八〇年に、男子雇用者の八・六パーセント減少と女子の一パーセント増加を通じておこっており、雇用者シェアをやや回復した一九八〇—八四年にはかえって男性化している。この過程で、一九七五年時点に男性の若手層(一九四一—五〇年生まれ)にかたよっていた労働力構成が、この世代の同業種からの退出と一五—二四歳の年少層の大幅な減少をつうじて、はっきりと中年層(三五—四四歳)中心に移った。全体として少ない女性労働者についても、中心が年少層(一五—二四歳)から中高年層に移るという傾向を見せている。

第三グループの卸売業と医療業(図3-3e、f)は、一九八〇—八四年には平均以上に女性化したが、一九七五—八〇年における男性化(卸売業)、ないし平均を下回る女性化(医療業)のために、全体としては平均より鈍い女性化しかおこらなかった。とくに目につく変化は、医療業の構成がほとんど圧倒的な女性年少(一五—二四歳)型であったのが、大量の男性若手層(二五—三四歳)の参入と、年齢別労働力率のカーブからいえば「退出期」にあるはずの女性の若手層(二五—三四歳)の大量の就業継続および参入を通じて、両性ともにこの若手層が中心になったことである。

最後に第四グループについては、図3-3g、hで繊維と金融・保険業を示す。これらはいずれも一九七五年には、女性比率がそれぞれ六〇パーセント、五二パーセントと、過半数をしめる女性産業だった。繊維では、両性、とくに女性の年少層(一五—二四歳)の大幅な減少と、女性若手層(二五—三四歳)の大量の退出をつうじて、雇用者を大幅に減らしながら中高年化し、かつ男性化した。金融・保険の場合には、シェアを維持しながら若手男性を大幅に増やすことで女性比率を四・五ポイントもさげ、ついに女性は過半数から少数派に移行した。その際、わずかではあるが女性が若年化していることも見逃せない。女性の若手層と中年層が増大し、四五歳以上の高年層が減少したのである。

(3) 円高不況期からバブル経済へ──一九八五年以降

一九八五―八七年

一九八五年から八七年にかけてのいわゆる円高不況期には、**表3-2**が示すように、製造業の雇用者シェアは一ポイント低下し、反面で卸売・小売業・飲食店の雇用者シェアは一・二ポイント上昇した(サービス業は〇・三ポイント増)。雇用者女性比率は三八・一パーセントから〇・九ポイントの上昇である。

この女性化のカギをにぎっていたのが、雇用者シェアが一一パーセント以上にまでふくらんできた「その他サービス」だった。この業種は円高不況期に、女性雇用者増加の六六パーセントにあたるだけ女性を増やすと同時に、業種としても七・六ポイントと、大幅に女性比率を増した。ほかに女性雇用者を大量に増やすとともに平均以上の速度で女性化したのは、前期からひき続いて小売業・飲食店である。卸売業の場合はかなり女性雇用者も増やしたものの、男性をその倍以上増加させたので、女性比率は増減なしに

女性比率の増減(1985-89 年)

(単位：%)

1985-87 年の増減					1987-89 年の増減				
雇用者増減率	男性増減率	女性増減率	雇用者シェア増減	女性比率増減	雇用者増減率	男性増減率	女性増減率	雇用者シェア増減	女性比率増減
2.7	1.2	5.0	—	0.9	5.7	3.6	9.1	—	1.2
−6.0	−5.1	−12.5	0	−0.8	−16.7	−17.2	−11.9	−0.1	0.7
−0.1	1.0	−2.0	−1.0	−0.7	3.0	0.7	7.1	−0.9	1.4
2.6	6.1	−0.1	0	−1.5	−4.0	2.9	−9.7	−0.4	−3.2
−5.6	−0.7	−8.7	−0.1	−2.0	−10.8	−12.5	−9.7	−0.3	0.8
−0.5	−14.0	3.2	−0.1	2.9	12.1	−5.0	16.1	0.2	2.9
1.6	−0.9	8.2	−0.1	1.7	6.7	5.8	8.9	0.1	0.6
2.2	1.9	3.0	0	0.2	2.1	−1.6	11.8	−0.1	2.6
3.5	6.8	−5.9	0	−2.4	4.6	1.9	13.1	0	1.9
0.6	−0.2	8.7	0	0.8	−7.6	−9.0	4.3	−0.2	1.3
0.9	4.5	−8.7	0	2.7	1.0	−3.5	14.7	−0.2	3.4
−1.8	−1.5	−3.2	−0.1	−0.3	6.9	6.1	10.4	0	0.6
−1.3	3.4	−7.2	−0.3	−2.7	11.8	6.2	19.7	0.4	3.0
−4.3	−5.2	0.6	−0.2	0.8	6.3	4.7	14.4	0	1.3
7.8	7.5	10.6	0	0.4	9.8	−3.5	5.0	−0.1	0.9
−4.5	−3.0	−14.1	−0.7	−1.3	7.1	7.5	4.4	0.1	−0.4
8.0	6.7	9.9	1.2	0.7	7.7	2.5	15.0	0.5	2.8
12.1	12.2	11.9	1.0	0	−4.1	−4.7	−2.7	−1.1	0.4
4.4	0.3	8.7	0.2	2.0	18.8	11.8	25.7	1.6	2.9
4.6	5.1	4.2	0.2	−0.3	−1.4	−11.0	7.6	−0.4	4.8
14.6	17.2	8.9	0	−1.6	21.6	13.7	40.4	0.1	4.6
4.2	−4.1	13.1	0.3	4.2	9.7	13.6	6.2	0.8	−1.7
1.4	2.0	1.2	0	−0.1	1.2	−9.1	4.3	−0.3	2.4
8.7	−4.4	31.2	0.6	7.6	11.7	19.6	1.8	0.7	−3.9

数にもとづく．雇用者シェアの主な産業と業種の抜粋だが，1984 年に分類の改
雇用動向調査．

表 3-2　産業別雇用と

		1985年		1989年	
		雇用者シェア	女性比率	雇用者シェア	女性比率
	調査産業計	(100.0)	38.1	(100.0)	40.2
D.	鉱業	0.3	12.3	0.2	12.2
F.	製造業	37.9	36.3	36.0	37.0
12, 13.	食料，飲料，飼料，たばこ製造業	3.8	56.0	3.4	51.3
14.	繊維工業	2.0	61.4	1.6	60.2
15.	衣服・その他の繊維製品製造業	1.9	78.2	2.0	84.0
19.	出版・印刷・同関連産業	1.8	26.9	1.8	29.2
20.	化学工業	1.8	27.3	1.7	30.1
25.	窯業・土石製品製造業	1.6	26.1	1.6	25.6
26.	鉄鋼業	1.4	9.3	1.2	11.4
28.	金属製品製造業	2.6	27.6	2.4	28.3
29.	一般機械器具製造業	3.6	19.1	3.5	19.4
30.	電気機械器具製造業	6.6	44.4	6.7	44.7
31.	輸送用機械器具製造業	3.6	16.2	3.4	18.3
G.	電気・ガス・熱供給・水道業	1.0	11.9	0.9	13.2
H.	運輸・通信業	10.3	13.7	9.7	12.0
I.	卸売・小売業・飲食店	23.9	41.1	25.6	44.6
49-52.	卸売業	11.2	32.6	11.1	33.0
53-60.	小売業，飲食店	12.7	48.5	14.5	53.4
J.	金融・保険業	5.8	52.1	5.6	56.6
K.	不動産業	0.6	31.4	0.7	34.4
L.	サービス業	20.2	48.1	21.3	50.6
81.	医療業	5.4	76.6	5.1	78.9
	その他のサービス業	11.1	36.8	12.4	40.5

雇用者ベース．5人以上規模事業所のパートタイマーを含む常用労働者
訂が行われたため，表3-1にあげた産業・業種とは連動しない．資料：

とどまった。

反面、ひき続きシェアを低下させた製造業は、女性比率マイナス〇・七ポイントとかなり男性化している。なかでも、一九七五―八四年の時期には平均以上の速度で女性化してきた電機と金属製品が、今期は女性雇用者を減少させて男性化したことが目立つ。繊維の場合は前期からひき続いての女性雇用者減少と男性化だった。また運輸・通信業の雇用者シェア低下と男性化も見逃せない。

この時期、第三次産業化による雇用の女性化の傾向は定着したように見える。ここでは「その他サービス」、小売業・飲食店と電機、金融・保険業について、性別・年齢階層別の雇用者構成の変化を**図3-4a〜d**として掲げ、その内訳にたちいろう。

図3-4aから、「その他サービス」の大幅な女性化は三四歳までの年少・若手層の大量の増加によるものだったことが見てとれる。小売業・飲食店は、**図3-4b**によればもっぱら二四歳まで、よりくわしくはとくに二〇歳未満層の増加によって、女性化した。対照的に、男性化した電機は、一五歳から四四歳にいたる層の女性をかなり減らしている(**図3-4c**)。図示はしていないが、繊維では逆に四五歳以上の高年層の減少が中心だった。この時期の女性化は年少・若手層(三四歳まで)が中心だったといえるだろう。

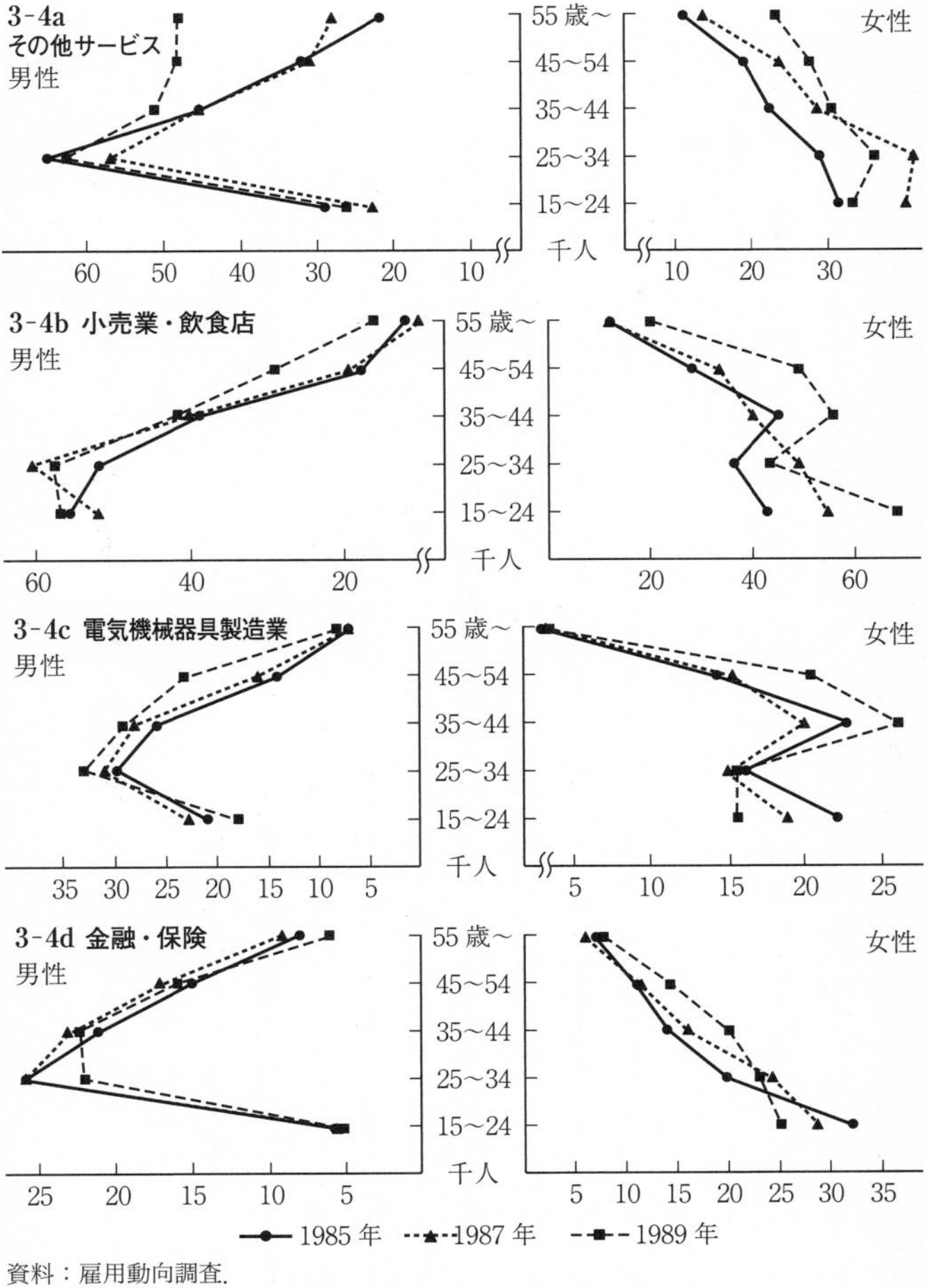

資料：雇用動向調査.

図 3-4　産業別雇用者の性別・年齢階層別構成(1985-89 年)

一九八七—八九年

さらに一九八七年から八九年までの好景気のもとでは、女性比率は四〇・二パーセントへと一・二ポイント上昇した。

そのなかで、単独で雇用者シェアを一・六ポイントも増加させた小売業・飲食店は、この間の女性雇用者増加の四八パーセント近くにあたる分だけ女性を増やして、一・九ポイント女性化している。前期にもっぱら年少層の増加によって女性化した小売業・飲食店は、当期は三五—五四歳の中高年女性を大きく増やしている(図3-4b)。雇用者シェアを〇・九ポイント落とした製造業は、女性比率では一・四ポイントと平均を上回る速度で女性化したが、とくに電機、衣服、金属製品で大幅な女性雇用者の増加があった。年齢階層別に見た場合、製造業での女性化はたとえば電機(図3-4c)のように、三五歳以上の中高年女性の増加がおもな原因だった。他方、金融・保険業の四・八ポイントの女性化は、図3-4dに示されるように、三五—五四歳の中高年の女性雇用者が増加するとともに、二五—三四歳の若手男性を中心に男性雇用者をかなり減らしたことによる。

他方で、前期に大幅に女性化した「その他サービス」(図3-4a)の場合、今期は三四歳までの年少・若手の女性を減らしながら、二五歳以上の各年齢層で大量に男性を増やしたため、女性比率マイナス三・九ポイントと大幅に男性化した。ここでの男性雇用者増加は、じつに全体としての男性の増加の五九パーセント近くにあたる。医療業での二・四ポイントの女性化にもかかわらず、サービス業全体ではマイナス一・七ポイントの男性化がおこったが、そのおもな原因は、「その他サービス」での大量の男性増加にあった。

ようするにこの時期の雇用の女性化は、小売業・飲食店、電機、衣服、金融・保険、医療などに主導されており、年齢階層では前期とは逆に、中高年中心であった。また、「その他サービス」を筆頭に、小売業・飲食店、運輸・通信業などでの男性雇用者の増加も見逃せない。バブル景気では、衣服、電気製品などの消費需要、外食、マネーゲームがさかんであったことが、雇用構造の面から裏づけられているわけである。

（4）中高年化とパートタイマー化——小括にかえて

各時期の要約

以上検討してきた各業種は、第一次石油危機以降の十数年間に、雇用者シェアの増減や女性比率の増減において、そしてもちろん生産技術や製品需要の両面で、それぞれに小さくない変化を経験してきた。

まず第一次石油危機直後の一九七三―七五年には、第三次産業での女性雇用の拡大が大きな役割を果たしたとはいえ、主として製造業での女性新卒者の採用の抑制と女性中年層の退出を通じて、全体として雇用の男性化がおこった。

一九七五—八四年は、やはり第三次産業での女性雇用の拡大が重要だったとはいえ、製造業のいくつかの業種における雇用の女性化はめざましいものだった。雇用の男性化、女性化にたいしては製造業での動向が大きな要因だったといえる。製造業での女性化は、男性新卒者の採用の抑制と男性若手層の漸次の退出、全体としての女性の中高年化として生じた。つまり製造業の女性化は両性雇用者の中高年化でもあった。反面で、小売業、卸売業、医療業などの動向から、第三次産業での女性化は製造業のように中高年化を意味するものではないという論点をだすこともできるだろう。ただし、そのいずれの業種も中高年女性の雇用を大幅に拡大したことも事実である。

一九八五年以降は、小売業・飲食店と「その他サービス」の雇用者シェア拡大と女性化が目立ち、産業構造の第三次産業化と雇用の女性化とが手をたずさえて進んだ。にもかかわらず、一九八七年以来の好景気局面で製造業の多くの業種がめざましく女性化している点を、見逃してはならないだろう。しかも、それはバブル景気に先立つ円高不況局面でおこった男性化にたいする、たんなる反動だったとはいえない。電機の女性雇用者構成の中高年化が示すように(図3-4c)、一九八五年と一九八九年とでは、女性比率は四四パーセント程度と大差なくても、彼女たちの年齢階層別構成ははっきりと変化してしまっているからだ。これらの製造業の業種は、第一次石油危機以来、景気動向その他の環境条件によって短期間に女性比率を激しく増減させながら、女性雇用者の年齢階層別構成をドラスティックに変化させてきたといえる。

図３－３と**図３－４**が示すように、そうじて雇用調整は、かつては新卒者採用の段階でおこなわれていたと見られるが、八〇年代には明らかに中高年女性の増減が中心となった。とくに八〇年代の後半において、円高不況局面での女性化が第三次産業の女性年少・若手層の増大を中心としていたのにたいして、バブル景気のもとでは小売業・飲食店、電機、衣服、金融・保険、医療などでの中高年女性の増加が中心だった。それはなにを意味するのか。

中高年女性雇用者の増加が意味するもの

年少層にくらべて中高年女性の雇用形態がパートタイマーである割合が断然大きいことは常識であり、一九九〇年のパートタイム労働者総合実態調査でも、「パート」(学生アルバイトをのぞく)の年齢階層別分布に示唆されていた。

賃金構造基本統計調査を用いて、従業員一〇人以上の民営企業について一九八四年と一九八九年の各産業(大分類)の女性雇用者の年齢階層別の「パートタイム労働者」(一般労働者よりも所定労働時間の短い常用労働者)の比率を産出してみると、**表３－３**のようになる。なお労働力調査には、「短時間雇用者」(週三五時間未満)の産業別の年齢別構成がな

表 3-3　女性雇用者にしめるパートタイマーの割合

（単位：%）

	製造業		卸売・小売業・飲食店		サービス業	
	1984 年	1989 年	1984 年	1989 年	1984 年	1989 年
15-24 歳	2.1	3.4	8.8	14.9	3.3	5.3
25-34 歳	15.3	14.1	21.8	20.4	7.1	10.1
35-44 歳	30.3	32.8	48.9	55.1	17.3	20.5
45-54 歳	20.7	27.7	42.2	55.5	17.0	19.0
55 歳以上	17.6	25.3	29.4	47.0	20.4	24.6
年齢計	18.2	21.7	26.5	34.4	11.4	14.4
備考	18.5	20.8	29.6	33.0	20.3	23.2

備考欄は『婦人労働の実情』に抜粋されている，短時間雇用者の数値.
資料：労働省(1985)，(1990)および労働省婦人局(1990).

いので、同調査による年齢計の短時間雇用者比率のみを表の備考欄に示した。とくにサービス業で年齢計のパートタイム労働者比率が短時間雇用者比率よりもかなり低いことは、この業種の女性短時間雇用者の多くが規模一〇人未満の零細企業に働くということを示唆している。

このようにラフなデータとなってしまうのは、賃金構造基本統計調査における女子「パートタイム労働者」の集計が、産業大分類中の製造業、卸売・小売業、サービス業についてしかおこなわれていないためである。また、パートタイム労働者総合実態調査には、残念ながら雇用者中のパート比率の年齢別データは見いだされない。

ともあれこの表が示すように、一九八四年には、製造業の女性年少層(一五―二四歳)のパート比率が二・一パーセントであるのにたいして、三五―四四歳層では三〇・三パーセント、四五一五四歳層では二〇・七パーセントである。同じく八九年には、それぞれ三一・四パーセント、三二・八パーセント、二七・七パーセントだった。

以上はもちろん、本章が基本的資料として利用している雇用動向調査の数値と単純にかさねあわせられるものではないが、それでも八〇年代に食品・タバコ、電機、輸送用機械などに参入した中高年女性のかなりの部分が「パートタイマー」であったという推測は十分になりたつ。

また同じ時期に第三次産業も中高年女性の雇用を大幅に拡大しており、**表3－3**から、卸売・小売業(飲食店)では中高年女性雇用者の四割から半数がパートタイマーであったという推測がなりたつ。実際に労働力調査によれば、卸売・小売業とサービス業は、第一次石油危機以降、他産業にくらべても自産業の女性雇用者にたいしても短時間雇用者を大量に増やし、一九八四年にはそれぞれ非農林業の女性短時間雇用者総数の三六パーセントと二七・四パーセントを擁するにいたった。同じく一九八九年にはそれぞれ三五・六パーセントと二八・二パーセントである。また、パートタイム労働者総合実態調査によれば、一九九〇年の女性の「いわゆるパート」(五人以上規模)の四〇パーセントが卸売・小売業・飲食店に、二八・一パーセントが製造業に、二五・五パーセントがサービス業に雇われている。

このようなパートタイマー化と並行して、製造業パートと比較した場合の第三次産業の時間賃率の優位はかなり失われてきた。『婦人労働の実情』にも毎年抜きだされている賃金構造基本統計調査の数値では、製造業の女子パートタイム労働者の一時間あたりの所定内給与を一〇〇とする卸売・小売業、サービス業のそれは、一九七七年にそれぞれ一一〇と一二六であったのが微動しながら低下し、一九八五年には一〇六と一二〇、一九八九年には一〇四と一二〇になった。

ところで富田積子はさきに参照した一九八七年の論文で、製造業パートには「労働力と非労働力の間を流動している縁辺労働力」としての性格が濃いと指摘したうえで、サービス経済化のもとでは、労働条件のよい第三次産業型パートが増大し、「製造業的パートを相対的に縮小することを通じて、……縁辺労働力的性格をうすめる」と展望した(雇用職業総合研究所、一九八七、一四、一八ページ)。そうした「女性の職場進出」の明るいイメージにたいして、以上の検討結果は留保を迫るものといえるだろう。

雇用の女性化は、製造業への中高年女性のパートタイマーとしての参入、第三次産業での中高年女性パートの増大と、その賃金の相対的低下をともなったと見ることができる。それは、女性労働の「縁辺労働力」的性格を強めこそすれ、うすめたとは考えがたい。

また、前述のように一九七五年以降の各業種のあいだで、男性の年齢階層別構成のカーブがおおむね若手層(二五—三四歳)の突出した類似の形をしており、しかも大きく変容していないこと(例外は繊維と医療)、反面で女性の年齢階層別構成が業種によって大きく異なるばかりでなく、この間にドラスティックな変化をとげてきたことは、なにを物語るか。

労働力人口からの女性の「退出」などが産業にとって動かしがたい「与件」であるならば、グラフの形状が業種によってかくも大きく異なるとは考えにくいだろう。逆に男性のグラフのあり方は、この形状こそが産業にとって、業種に特有の諸条件やその再編を超えて守るべきなにものか、いわばハード・コアだったのではないかという感想を、私たちに抱かせる。

それをより明確に特徴づけるには、すくなくとも企業規模別の雇用者の性別、年齢階層別構成を分析することが必要だろう。ともあれ女性労働力はそのためのバッファーや操作のきく伸縮自在部分として、「柔軟性」に「貢献」させられたと考えられるのである。

3　職業構造の変化と性別・年齢階層

就業者ベースの変化

つぎに職業構造を検討しよう。本書で何度もふれてきたように、近年では「女性の職

女性比率の増減(1975-85 年)

(単位：%)

	1985 年				1975-80 年の増減		1980-85 年の増減	
女性比率	従事者シェア	男性従事者シェア	女性従事者シェア	女性比率	従事者シェア増減	女性比率増減	従事者シェア増減	女性比率増減
37.9	(100)	(100)	(100)	38.9	—	0.9	—	1.0
43.5	10.9	10.7	11.3	40.1	1.2	3.1	2.1	−3.4
6.8	4.0	6.0	0.9	8.8	0.5	1.4	−0.8	2.0
54.0	17.9	12.5	26.5	57.3	0	3.2	1.2	3.3
39.3	14.2	14.7	13.4	36.7	1.0	0.6	−0.1	−2.6
47.5	9.2	8.2	10.9	45.7	−2.9	−1.6	−1.7	−1.8
3.6	0.1	0.2	0	3.0	−0.1	−0.8	0	−0.6
5.9	4.0	6.2	0.6	5.4	−0.2	−1.4	−0.3	−0.5
28.7	30.8	34.8	24.5	31.0	0.4	1.7	−0.8	2.3
55.1	8.7	6.6	11.8	53.3	0.1	1.6	0.1	−1.8

資料：国勢調査.

域拡大」ということがしばしば語られる。しかし、当然ながらそれらの程度は職業別雇用構造の変化、および全体としての女性化との関連で評価されなければならない。

そこで、国勢調査を使って就業者ベースの職業構造の変化を見ようとするのが**表3-4**である。同表には、日本標準職業分類の大分類ごとに各年の就業者(表中では従事者)女性比率、それぞれの就業者シェアおよび女性出現度が掲げてある。就業者女性比率に各職業の女性出現度をかければその職業の女性比率が求められ、各職業の就業者シェアにその女性出現度をかければ、その職業の女性就業者シ

表 3-4　職業別従事者

	1975年				1980年		
	従事者シェア	男性従事者シェア	女性従事者シェア	女性比率	従事者シェア	男性従事者シェア	女性従事者シェア
職業計	(100)	(100)	(100)	37.0	(100)	(100)	(100)
専門的・技術的職業従事者	7.6	7.2	8.3	40.4	8.8	8.0	10.0
管理的職業従事者	4.3	6.5	0.6	5.4	4.8	7.2	0.9
事務従事者	16.7	13.0	22.9	50.8	16.7	12.4	23.7
販売従事者	13.3	12.9	13.9	38.7	14.3	14.0	14.8
農林漁業作業者	13.8	11.1	18.2	49.1	10.9	9.2	13.6
採掘作業者	0.2	0.2	0	4.4	0.1	0.2	0
運輸・通信従事者	4.5	6.7	0.9	7.3	4.3	6.6	0.7
技能工・生産工程作業者及び労務作業者	31.2	36.2	22.7	27.0	31.6	36.2	23.9
保安職業・サービス職業従事者	8.5	6.3	12.5	53.5	8.6	6.3	12.3

就業者ベース．職業別では就業者を従事者と呼ぶ．分類不能の職業従事者を含んだ数

エアが分かることになる。

　女性の職域の拡大としてひきあいにだされることが多いのは、専門的・技術的職業従事者の女性就業者(雇用者)のシェアが、男性の場合より大きく、しかも拡大してきたことである。しかし**表3-4**によれば、専門的・技術的職業は、一九七五―八〇年には就業者シェアを伸ばし、同時に女性出現度も一・〇九から一・一五へと上昇したが、一九八〇―八五年になるとさらに就業者シェアを増しながらも、女性出現度は一・〇三まで低下させている。同職業の就業者女性比率でいうと、一九七五―八〇年は四〇・四パーセントから四三・五パ

ーセントへと三・一ポイントの女性化、一九八〇―八五年はマイナス三・四ポイントの男性化だった。つまり八〇年代はむしろ男性の専門的・技術的職業への進出の時代だったことになる。

他方で、一貫して女性化し就業者シェアも伸ばしたのは、もともと女性が過半数をしめていた事務従事者である。やはり一貫して女性化しながら就業者シェアは増から減となったのが、男性職業である技能工・生産工程作業者および労務作業者だった。以上から私たちは、ブルーカラー職業にリードされた女性の職域拡大と職業の女性化という特徴を、おさえなければならないように思われる。

雇用者ベースの変化

つぎに**表3-5**は、一九七五―九〇年について、労働力調査の職業大分類によって、雇用者ベースの職業構造の変化を見ようとするものである。この間、分類項目表は一九七九年と一九八九年に改訂されているが、連続している。労務作業者は中分類である。この表で判断するかぎり、全体として職業別の雇用構造には、産業別に見たときのような大きな変化はおこっていない。

そのなかでも、一五年のあいだに雇用者シェアを増やしたのは、専門的・技術的職業の四ポイントを最大として、以下、販売従事者の二・四ポイント、労務作業者の一・五ポ

表 3-5　職業別雇用者シェアと女性出現度の推移

（上段＝雇用者シェア（%），下段＝出現度）

	1975	1980	1985	1986	1987	1988	1989	1990
専門的・技術的職業従事者	8.3 1.39	9.2 1.42	10.4 1.30	10.4 1.31	11.6 1.21	11.9 1.18	12.2 1.14	12.3 1.12
管理的職業従事者	5.6 0.17	5.5 0.15	4.8 0.19	4.7 0.20	4.9 0.20	4.9 0.20	4.9 0.21	4.8 0.20
事務従事者	21.3 1.52	21.8 1.50	22.1 1.48	22.0 1.50	21.7 1.51	21.9 1.52	22.1 1.52	22.6 1.53
販売従事者	11.7 0.94	12.5 0.93	13.5 0.88	13.8 0.88	14.2 0.88	14.3 0.89	14.3 0.88	14.1 0.89
農林漁業作業者	1.1 0.69	1.0 0.73	0.4 0.73	0.9 0.74	0.9 0.68	0.9 0.68	0.9 0.72	0.8 0.74
採掘作業者	0.2 0	0.1 0	0.1 0	0.1 0	0.1 0	0.1 0	0.1 0	0 0
運輸・通信従事者	6.0 0.24	5.8 0.18	4.8 0.14	4.7 0.13	4.7 0.13	4.5 0.13	4.6 0.13	4.5 0.11
技能工・生産工程作業者	33.4 0.74	31.7 0.73	30.5 0.74	28.8 0.73	28.8 0.74	28.5 0.74	28.1 0.75	27.9 0.74
労務作業者	3.6 1.02	3.7 1.07	4.8 1.18	4.6 1.13	4.8 1.12	4.9 1.11	5.0 1.11	5.1 1.10
保安職業・サービス職業従事者	8.6 1.59	8.6 1.49	8.0 1.42	8.0 1.41	8.1 1.40	7.8 1.40	7.8 1.37	7.9 1.35
雇用者総数に占める女性比率	32.0	34.1	35.9	36.2	36.5	36.8	37.4	37.9

雇用者ベース．資料：労働力調査．

イント、そして事務従事者の一・三ポイントだった。逆にシェアを減らしたのは、技能工・生産工程作業者のマイナス五・五ポイントを最大として、運輸・通信従事者のマイナス一・五ポイント、管理的職業従事者のマイナス〇・八ポイント、保安職業・サービス職業従事者のマイナス〇・七ポイント、そして、農林漁業作業者のマイナス〇・三ポイント、採掘作業者のマイナス〇・二ポイントである。ここから、小池和男の理論とは違う単純な意味で、ホワイトカラー化が進んだといえるかもしれないが、管理的職業はスリム化し、販売従事者の伸びが事務従事者以上であったことを考えれば、グレーカラー化といったほうが適当だろう。

これを女性化との関連で見てみよう。まず専門的・技術的職業の場合は、一九八〇年ごろに女性出現度と女性比率の絶対値がピークをしるしたのち、男性化の局面に入った。逆に八〇年代の後半には、全職業の平均の雇用者女性比率は上昇したものの、この職業では女性比率が低下したために、その女性出現度はさらに低下した。

そうじて事務従事者を別とすれば、女性出現度1以上の女性職業(専門的・技術的職業、労務作業者、保安職業・サービス職業)では出現度の低下、つまり女性比率の停滞・微減がおこっている。反面で女性出現度1以下の男性職業(管理的職業、販売従事者、技能工・生産工程作業者)では、八〇年代後半の女性出現度に大きな変化が見られないが、それはこれらの職業の女性比率が全職業の平均に見あって伸びたにすぎないことを意味している。

思えば女性の職業進出や「女性の時代」が騒々しいほど唱えられたのはこの時期だった。だが大分類の職業構造を見るなら、そのようなイメージとはだいぶ異なる事態が進行していたことが分かる。

職業構造と性別・年齢階層と世代

ふたたび国勢調査を使って、就業者ベースの職業構造の変化と年齢階層との関係を見よう。まず一九七五年と一九八五年のあいだの、おもな職業の従事者増減にたいする各世代の寄与を**表3-6**に示す。『労働白書』平成三年版が一九八〇—八五年の雇用者ベースの職業構造について指摘したのと同様の特徴、つまり「参入期」と「再参入期」の労働力の寄与が、ここでも読みとれる。とくに技能工・生産工程作業者および労務作業者の数の八・七パーセント増のうち、男性の一九六一—七〇年生まれの者(一五—二四歳層)の参入による寄与が、最大の一〇・四パーセントであるとはいえ、年齢計六・七パーセントが女性による増加で、うち五・六パーセントが一九四一—五〇年生まれの三五—四四歳層の(再)参入によることに注目したい。

性別・年齢階層別構成については、専門的・技術的職業従事者、事務従事者、販売従事者、技能工・生産工程作業者および労務作業者を**図3-5a〜d**として示した。図が表す変化は一目瞭然であり、解説は不要だろう。

表 3-6　職業別従事者増減と性別・世代別寄与度(1975-85 年)

(単位：%)

	増減 男女 年齢計	年齢計	生年と寄与度 (上段男性 下段女性)				
			1930 年以前	1931-1940	1941-1950	1951-1960	1961-1970
職業計	10.0	4.3	−8.6	−0.9	−0.3	7.0	7.1
		5.7	−5.3	0.8	3.3	0.7	6.6
専門的・技術的職業従事者	58.8	35.5	−5.8	1.1	6.3	25.1	8.7
		23.3	−4.4	1.1	2.0	9.4	15.2
管理的職業従事者	3.6	−0.1	−21.3	4.2	12.1	4.6	0.2
		3.7	0.3	1.5	1.5	0.4	0
事務従事者	18.4	1.3	−6.8	−1.4	−2.1	6.9	4.7
		17.1	−3.1	1.5	3.2	−3.2	18.7
販売従事者	17.9	13.4	−5.7	−0.8	−0.2	13.0	7.1
		4.5	−6.6	1.0	4.2	0.7	5.1
技能工・生産工程作業者，労務作業者	8.7	2.0	−9.4	−1.2	−1.8	3.9	10.4
		6.7	−4.3	1.7	5.6	0.8	2.8
サービス職業従事者	9.5	3.3	−5.6	−0.6	−1.1	2.4	8.2
		6.2	−13.1	2.3	6.2	1.4	9.3

就業者ベース．「寄与度」とは 1985 年のある年齢層(例えば 25-34 歳)の数から 1975 年の 1 つ若い年齢層(15-24 歳)の数を差し引いた値の，その年齢の男女計の増加数にたいする比率．ある世代が，10 年間で職業別従事者の増減にどれだけ寄与したかを表している．資料：国勢調査．

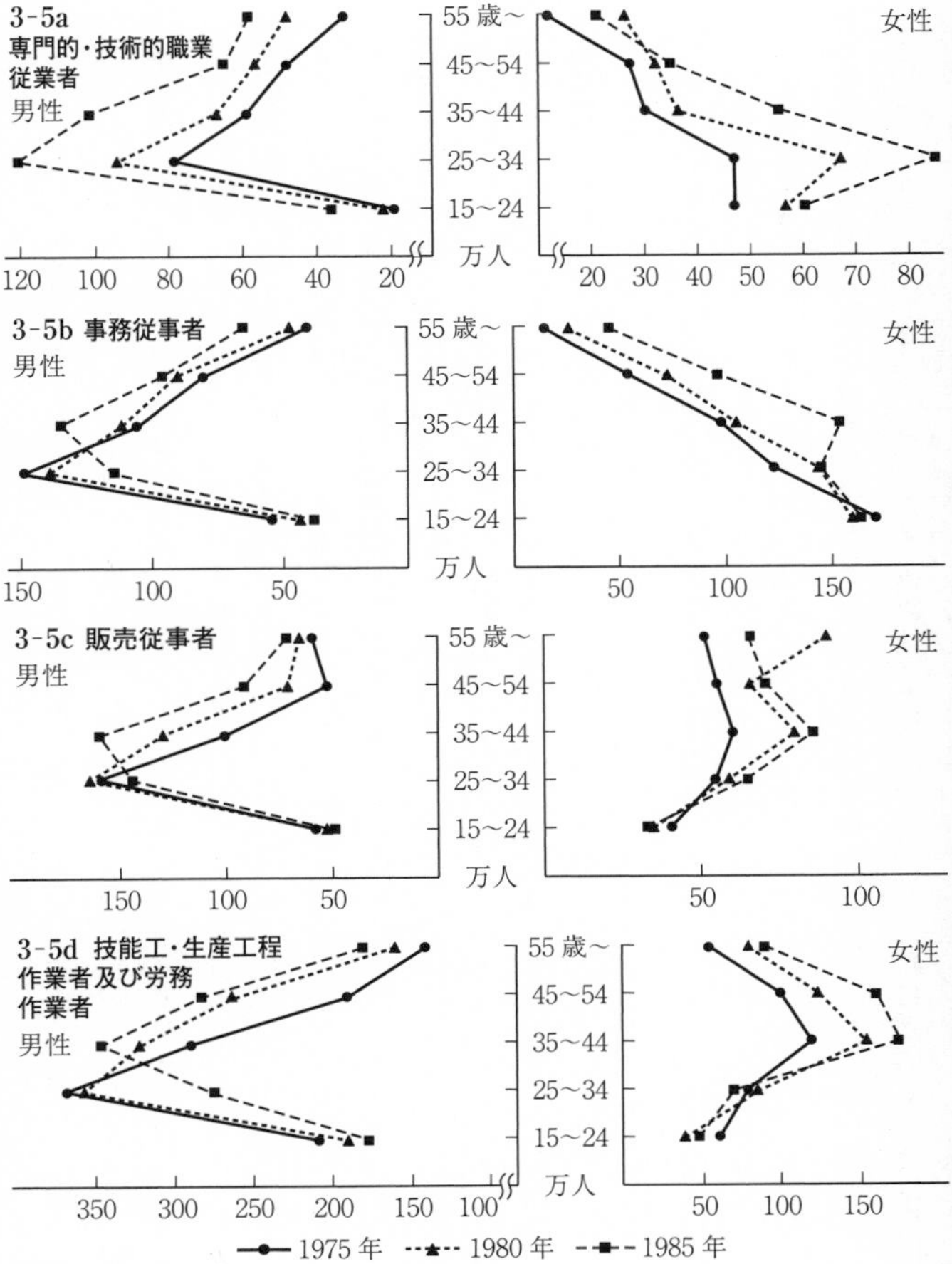

資料：国勢調査.

図 3-5　職業別従事者の性別・年齢階層別構成(1975-85 年)

以上の簡単な検討からも、ブルーカラー職業がリードした女性の職域拡大と職業の女性化は、女性の熟練ブルーカラーの増大だったとはいいがたい。むしろ単純反復、雑用、補助などと形容される底辺ないし縁辺のブルーカラー職種への参入が多かったと見るべきだろう。経済のサービス化、ソフト化がとりざたされたなかで、モノ作りブルーカラー職種の底辺を中高年女性が支えたのである。

そのほか、かつてはあまりにもまれであった女性管理職が増大したこと、年少層、若手層の女性が専門的・技術的職業にめざましく参入していることは、本章の図表から確認できる。しかし、そこからただちに、職場における女性の地位の上昇、「女子労働問題の解消」という像を描けないことも明らかである。また、「エリートとマス」への二極分解を語ろうにも、エリートなるものの層としての存在は、なおあまりにも頼りないと感じないわけにいかない。

4　雇用の女性化に見る日本の特徴

本章の最後に、若干の国際比較をおこなうことでまとめにかえたい。すでに述べたように、「雇用の女性化」は最も単純な意味では、雇用者総数にしめる女性の割合の上昇をさす。それは、日本ばかりでなく先進工業諸国で、この二〇年ほどのあいだに目につくようになった事象である。

一九八六年三月にハーヴァード大学のヨーロッパ研究センターで、女性労働の現状を検討する国際会議が、ヨーロッパと北アメリカの研究者と労働運動家を集めて開かれた。会議の成果は『労働力の女性化』と題するかなり大部の書物として出版されている。そこでは、経済のグローバル化のもとで欧米各国が当然にもつ共通性が確認されながら、やはり国ごとの特徴、その条件や背景を明らかにすることに大きな努力が払われた。しかし、この書物を見るかぎり、会議では日本の状況には照明があてられなかったようである(Jenson, Hagen & Reddy, 1988)。

これは非常に残念なことだった。すでに見てきたように、貿易摩擦との関連で近年あらためてとりざたされるようになった日本の特殊性ないし異質性ということは、企業中心社会の基軸である「性別、年齢別役割分担社会」、いいかえると家父長制的ジェンダー関係の面で、いちだんと強いと考えられるからである。

欧米の雇用の女性化との共通性はあるか

まず、欧米各国における雇用ないし労働力の女性化の共通点をごく簡単に見ておこう。

第一は、ことばの意味そのもので、労働力人口(就業者プラス失業者)にしめる女性の比率の増加である。ＯＥＣＤ諸国平均では、それは高年層を中心とする男性労働力率(労働力人口÷15歳以上人口×100％）の低下と、二〇歳代後半から四〇歳代にかけての女性労働力率のめざましい上昇によっておこった。第二は、両性のあいだのさまざまなギャップ（ジェンダー・ギャップ）である。賃金格差はもちろん、たとえばパートタイマーが主として女性であるといったような雇用形態の差、失業率の差、性別の職域分離などが、女性の職場進出にともなって解消しないどころか、むしろ形成されているという逆説である。第三に、雇用の女性化の背景としては、経済構造の変動のなかでも、公共サービスの拡大にリードされたサービス部門の成長が注目される。第四は、平均労働時間の短縮であって、それは労働者各人の労働時間がおしなべて短縮するよりも、パートタイム雇用の増大など労働力人口の分断（セグメンテーション）をつうじて生じたという（Jenson, Hagen & Reddy, 1988, pp. 18–30）。

では日本の場合はどうだろう。これらの共通点があてはまるだろうか。以下では本書でのこれまでの検討結果を、右の四点への解答という形で再確認することにしたい。

まず第一の点、労働力人口の女性比率については、日本は戦後一貫して四〇パーセント前後であり、いちじるしい増大を経験していない。労働力人口に年齢上限のない日本の労働力調査ではなく、六四歳までを扱うOECD統計で見るかぎり、日本の男性の平均労働力率は一九七五年以降も高水準で一定している。女性の労働力率が数ポイント増えたことから労働力人口の女性比率は若干上昇したが、とりたてて労働力の女性化というほどではない。変化は雇用者ベースでおこっているのである。すなわち、雇用者総数の女性比率は、敗戦直後の二二パーセントから出発し、高度成長期をつうじて徐々に高まって一九七〇年代初頭の三三パーセントに達し、その後やや低下するが、一九七五年以降また上昇し、最近加速して約三八パーセントとなった。

労働力人口ベースと雇用者ベースでこうした違いが出るのは、日本では女性就業者の多くが家族従業者として働いてきたからだ。女性就業者中の雇用者比率は一九九〇年時点でもなお七二パーセントにとどまる。残る二八パーセントの就業者のうち、一一パーセントが自営業主、最後の一七パーセントは家族従業者なのである。これにたいして男性の雇用者比率が八〇パーセントというのは国際的に低い値ではない。先進諸国では女性就業者の雇用者比率が九〇パーセント以上であり、男性の数値を上回っているのが通例なので、以上は日本の特徴といえる。

なお、女性の年齢階層別労働力率が、二〇歳代前半と四〇歳代の二つのピークをもついわゆるM字型を描くことも、今日ではほぼ日本だけの特徴である。

ジェンダー・ギャップとサービス経済化

つぎに第二の論点である雇用のジェンダー・ギャップについては、なによりも日本の性別賃金格差が「先進諸国」のみならず工業諸国のなかで最大級であることを再度指摘しなければならない。

性別の職域分離の面で日本のきわめて重要な特徴は、WE指数が先進諸国にくらべて一〇ポイント以上も低くなるということだった。WE指数での職業、産業の分類は国際標準大分類であって、日本の女性は、そうした大分類での職業や産業としては男性とあまり分離せずに働いていながら、賃金面では大きな格差をこうむっていることになる。重要なのはいわゆる垂直分離、とくにパートタイマーに代表される雇用形態の性別分離と、階層的な企業間分業の基軸でもある勤め先規模の性別分離である。

以上は、第三の点であるサービス経済化と関連してくる。七〇年代後半以降、日本でも第三次産業の拡大、サービス経済化が進んできたことを、私たちは雇用構造にそくして見た。通常、雇用の女性化はそれと手をたずさえて進んできたと考えられている。けれども労働力調査にもとづいて計算すれば、公務の雇用者シェアは七〇年代末からの一〇年あまりのあいだに明確に減少し、その女性出現度も、もともときわめて低かった〇・五程度から〇・四七へと低下した。日本では公共サービスがサービス経済化をリードしたとはとてもいえないのである。同時にサービス業の女性出現度も一・四五から一・三二へと相当に減少した。雇用者全体の女性比率が増えたのにたいしてサービス業や公務の女性比率が停滞したためである。

本章ではさらに、産業別については中分類のレベルにおりてくわしい事情を検討した。

まず第一次石油危機直後には、第三次産業での女性雇用の拡大が大きな役割を果たしたとはいえ、主として製造業での女性新卒者の採用の抑制と女性中年層の退出を通じて、全体として雇用の男性化がおこった。じつは、ＯＥＣＤの報告書『一九七四―七五年の景気後退と女性雇用』によれば、欧米諸国ではこの時期に、労働市場からの女性の退出が男性以上に大きいことはなかった(OECD, 1976)。日本で実際に雇用が男性化したことは特筆されていいだろう。

これは女性雇用にしめる製造業の比重が諸外国にくらべて格段に大きいためであって、この特徴は今日も保たれている。つづく一九七五―八四年は、やはり第三次産業での女性雇用の拡大が重要だったとはいえ、製造業のいくつかの業種における雇用の女性化はめざましいものだった。雇用の男性化、女性化は、製造業での動向に大きくリードされていた。製造業での女性化は両性雇用者の中高年化でもあった。他方で、この時期の第三次産業での女性化は製造業のような中高年化ではなかったが、いずれも中高年女性の雇用を大幅に拡大したことも事実である。

一九八五年以降は、小売業・飲食店と「その他サービス」の雇用者シェア拡大および女性化が目立つ。だが同時に、一九八七年以来の好景気局面で製造業の多くの業種がめざましく女性化したことも見逃せない。円高不況局面での女性化が第三次産業の女性年少・若手層の増大を中心に進展したのにたいして、バブル景気のもとでの女性化は、小売業・飲食店、電機、衣服、金融・保険、医療などで中高年女性が増加したことが中心だった。ふりかえれば電機に代表される製造業の業種は、第一次石油危機以来、短期間に女性比率を激しく増減させながら女性の年齢階層別構成をドラスティックに変化させ、中高年化してきた。それは、すぐれてパートタイマー化でもあった。日本における雇用の女性化は、製造業への中高年女性のパートタイマーとしての(再)参入、第三次産業での中高年女性パートの増大とその賃金の相対的低下をともなっていたのである。

職業別雇用構造のほうは、全体として産業別に見た場合に明らかになるような大きな変化を示していない。そのなかでも雇用者シェアを増やした職業では、専門的・技術的職業の男性化、販売従事者の平均以下の速度での女性化、事務従事者の平均なみの女性化、逆にシェアを減らした職業では、技能工・生産工程作業者の平均なみの女性化、管理的職業従事者の平均なみ女性化、保安職業・サービス職業従事者の平均以下の速度での女性化、という特徴が見られた。

これは、ブルーカラー職種にリードされて職業が女性化した、という特徴づけが必要な状況である。すくなくともホワイトカラー化とサービス経済化による雇用の女性化とはいいがたい。職業構造の変化と年齢階層との関係を就業者ベースで見ると、年少層、若手層の女性が専門的・技術的職業にめざましく「進出」したのにたいして、モノ作りブルーカラー職種の底辺は大量の中高年女性の参入が支えていたことが分かる。

長時間労働、パートタイマー化、そして「賃労働の風化」

最後に第四の論点、平均労働時間の短縮についてはどうか。

日本の平均年間総実労働時間は一九七五年以降、欧米諸国とはまったく逆にやや増加したのち横ばいをつづけ、その結果労働時間の国際格差は八〇年代末には年間三〇〇時間から五〇〇時間にも達した。この格差は、近年の国際摩擦の最大の要因といっていいものである。ごく最近の不況のもとで労働時間は急速に短縮しているといわれるが、この公式統計の信憑性には「過労死一一〇番」活動の関係者から厳しい疑問もだされている(川人、一九九二)。

ところで、平均年間総実労働時間が増加ののち横ばいをつづけたこの時期に、中高年女性を中心としてパートタイマーはかなり増加した。これは、すくなくとも平均年間総実労働時間を短縮する方向での変化である。にもかかわらず、それが増加ののち横ばいだったということは、フルタイム雇用者の長時間労働の問題がいっそう深刻であることを物語る。もっとも日本の「パート」の労働時間は、欧米のパートタイマーよりもはるかに長く、いくつかの国のフルタイマーと大差ないほどなのであるが。

以上のように、日本の企業中心社会の再編にともなう雇用の女性化は、中高年層を中心とする長時間労働・低賃金・非正規・無権利のパートタイム雇用の拡大とともに進行してきた。それは、「同一労働同一賃金」の原則にも「雇用機会均等」の原則にも抵触しないものとみなされたまま、総平均における性別賃金格差を拡大しつづけた。名高い日本経済の「効率と柔軟性」の基盤の一つは、じつにここにあった。

このようにいうと、私が男女雇用機会均等法の意義をまるで無視していると感じられるかもしれない。しかし、元来拘束力が弱いところに問題があるといわれてきたこの法律について、行政面での法の趣旨の徹底も不十分であるという指摘が、総務庁の一九九〇年の行政監察結果としてなされている(総務庁、一九九二)。いわば均等法はその無力さについて政府部内から引導をわたされてしまったのだ。それればかりではない。労働省の中央労働基準審議会の会長でもある花見忠はこう指摘する。企業はますます、少数の効率的な基幹労働力(男性)と「膨大な使捨てのための縁辺労働力」との選別利用を求めているが、「後者にあてられるのが女子と外国人労働者であることは、改めて指摘するまでもない。問題は均等法のごとき法律が、見事にこの構図にフィットしてしまっていることである」、と(花見、一九九一)。

もちろん、労働力の選別利用と雇用の女性化とのむすびつきは、日本だけの特殊事情とはいえない。日本の状況は、ドイツのフェミニスト、クラウディア・フォン・ヴェールホーフが指摘する先進諸国での近年の「賃労働の風化」の、一つの極限ケースであると考えられる。彼女は、現代資本主義の「中心」でも「周辺」でも、賃労働は拡大しているのではなく、「風化」していると見る。すなわち、たとえば発展途上国では、定まった勤め先をもちその給与だけで生活をまかなえる人々は、かなりめぐまれた境遇にあるといえる。資本主義世界を全体として見れば、そもそも「賃労働者＝プロレタリア」とは相対的な特権層にすぎない。「周辺」のみならず「中心部」でも、ますます大規模に「季節労働者、臨時労働者、〈交替制―労働者〉、移動労働者、〈借り受け―労働者〉、外人労働者、不法労働者……を投入することにより、賃労働の風化が拡大されてきている」、という。女性の「〈疑似―主婦〉」としての雇用はその「ひな型」であるというのである(ヴェールホーフ、一九八六、一七二ページ)。

この議論は、ドイツにくらべればまだまだ外国人労働者の比率が皆無に近い日本には、いっそうよくあてはまるだろう。終身雇用・正規労働力からなる「人材ストック型」労働市場と、非常用・非正規の「人材フロー型」労働市場の区別を唱えた津田眞澂も、「成人女子」が「多数を占める」人材フロー型市場が「ストック型市場を蚕食する本質をもつことを指摘している。ただし津田の場合には、女性パートタイマーが「自由な選択」によって低賃金のフロー型にとどまっているのであって、「昭和三〇年代前半の「窮迫販売」型低賃金層とは同一視できないこと」を強調する(津田、一九八七)。

もとより私も、雇用の女性化における女性労働者の側の「選択」の要素を軽視するつもりはない。しかし、それが女性労働者個人というよりは、家計にとっての「合理的」

な選択にすぎないことは、前章で見たとおりである。女性の選択の「主体性」や「自由」は名ばかりのものといわなければならず、他方でひたすら家計という金銭の出入単位に還元された日本人の家庭生活は、まことに淋しい風景を呈している。日本的パートを中心とする雇用の女性化は、「賃労働の風化」であるとともに、家庭生活の内実をとめどなく剝離《はくり》する過程でもあったのだ。

もっともそう述べるからといって、私が一九七〇年代なかばまでの日本の家族が愛の共同体であったなどと考えているわけではないことは、次章で明らかになるだろう。

第四章　企業中心社会の総仕上げ——「日本型福祉社会」政策の展開

「豊かな社会」の餓死

一九八七年一月二三日の早朝、札幌市白石区の市営住宅アパートの一室で三九歳の女性が死亡しているのが、小学校五年生になる彼女の次男によって発見された。隣人の通報で警察署員がかけつけ、やがて確認された死因は「栄養失調による衰弱死」。ようするに餓死である。

残された各種公共料金の請求書の山は、彼女の生計がすでに一年も前から破綻《はたん》していたことを物語っていた。離婚後九年、三人の子どもとの暮らしをたてようと力をつくしてきた女性が、健康を害し万事に窮して迎えた最期だった。彼女は前年の一一月に白石区福祉事務所をたずねている。その後の窮状も知人から福祉事務所に通知されていたが、結局生活保護を受けることはできなかったのである。

一九八七年一月といえば、ちょうど『厚生白書』昭和六一年版が、日本政府としてははじめて福祉「先進国」の名乗りをあげた時にあたる。すなわち、日本は世界のGNPの一割をしめる経済大国であり、歴史上最大規模の経常収支黒字国、かつ世界一の債権国となったが、「公的年金制度や医療保険制度を中心に我が国の社会保障の水準は欧米諸国とそん色のない水準に達しており、社会保障の面でも先進国の仲間入りを果たしている」、と(厚生省、一九八七、四五ページ)。

それればかりではない。後述するように、「未知への挑戦——明るい長寿社会をめざして」という副題をもつ同白書のおもなねらいは、その社会保障の水準を誇ることよりも、むしろ「過剰」をいましめ、日本の福祉国家に一つの「転換期」を告げるところにあった。つまり、生活困窮による「母親餓死事件」は、かつてなく「豊かな社会」のただなかで、「先進国」の仲間入りを果たして「過剰」といわれるまでになった社会保障のもとでおこったわけである。この事実はなにを意味するだろうか。

じつはこの事件には、ほぼ発生直後から、二とおりの異なった解釈が存在してきた。一つは、事件は主として「個人的な特別の事情」によるもので、痛ましいとしても社会的には例外ないし偶発的な事故にすぎないという見解である。札幌市当局、厚生省、および最近では、久田恵(ノンフィクション作家)と中川一徳(ジャーナリスト)が『文藝春秋』一九九二年八月号に発表した論説「「母さんが死んだ」の嘘」がこうした立場にたつ(久田・中川、一九九二)。

もう一つは、個人的な事情はともかく、明らかに困窮状態にある市民が生活保護当局と接触しながら、保護を受けることなく「衰弱死」にいたったことを重視し、行政のあり方を問う見解である。福祉要求の運動体や札幌市職員組合の関係部会、そして、この事件のルポルタージュの著者である寺久保光良(もと生活保護ケースワーカー)、水島宏明(もと札幌テレビ・ディレクター)らが、この立場をとる(寺久保、一九八八。水島、一九九〇)。なお、久田・中川がその「イデオロギー」性を批判した運動体である「北海道生活と健康を守る会連合会」は、一九九三年一月五日付で「母親餓死事件のウソと真実」と題する反論パンフレットを発行している。

企業中心社会の「福祉」の谷間

私自身は「母親餓死事件」を、現代日本の企業中心社会の構造そのもの、その「豊かさ」と「福祉」の独特のあり方が表出したできごとと位置づけている。さきの二つの解釈では、寺久保や水島に近い。私がそう考える理由を述べることは本章全体の目的となるが、ここで粗い見取図を示しておこう。

本書を通読してきた読者には明らかなように、現代の日本社会は、きわめて民間大企業中心の、会社本位の構造をもつ企業中心社会である。それはまた、巧妙な性別・年齢別の役割分担関係のなかで、万事に男性の利害が――彼らの生活サイクルや働き方の都合が――中心となっている男性本位の社会でもある。そして、「本位」にされた男性たちにとっても、個性を尊重される自由度の高い社会にはほど遠い。

いいかえれば、企業中心社会の基軸には両性の諸個人を画一的な役割のなかに押しこめる家父長制的ジェンダー関係がある。そうした家父長制的ジェンダー関係が、いかに戦後日本の社会政策において大前提とされ利用されてきたか、とりわけ一九八〇年代の「日本型福祉社会」政策をつうじて意識的に維持強化され、企業中心社会を総仕上げしたか。本章ではこれらの点を、「母親餓死事件」をみちびきの糸としながら明らかにしていきたい。

「母親餓死事件」が現代日本の社会構造そのものの表出であるというのは、つぎのような意味である。日本社会では社会保障のあり方も企業主義的であるとともに男性本位になっている。この中心からはずれた人々にとっての生活保障は、ずいぶんと心もとないものにならざるをえないが、中心からのはずれ方は男性と女性でおのずと異なっている。

女性にとっての生活保障は、基本的には自分自身の、個人の資格によってえられるものではない。女性の第一の役割は、夫たる男性に家庭という基礎的な生活保障を提供することであって、彼女自身の生活は、夫が家庭という保障システムの外側にさらにどのような生活保障をもつかによって、付随的ないし反射的に保障されるにすぎないのである。そうした男性本位の企業中心社会における生活保障の主流にたいして、「母親餓死事件」の主人公は最も遠くはずれていた存在といえる。そのような人々にとって最後のよりどころとなるはずの最低生活の公的保障、つまり生活保護制度は、この国では、もともと非常に限定された機能しかもたされなかった。

そして、ちょうど彼女が母子生活を始めたころから「日本型福祉社会」政策が大々的に進行する。それは、ほかならぬ母子世帯をおもな標的の一つとして、公的な生活保障をいっそう厳しくしぼる方向の強大な動きであった。企業中心社会の福祉の深い谷間にある人々にとって、谷が両側から音をたててのしかかってくるかのような政策動向だった、とでもいえようか。

「日本型福祉社会」政策はまた、日本の企業中心社会を総仕上げした動きの一環でもあった。以上のような構図を見てとるために、私たちは社会保障制度の基本構造からふりかえる必要がある。

1　社会保障制度の「基本的骨格」をめぐって

『厚生白書』昭和六一年版の見解

日本の社会保障制度の基本構造をつかむうえで、まず、はじめに引用した『厚生白書』昭和六一年版の見解を手がかりにしたい。同白書に注目する理由は、もとより「母親餓死事件」の発生と白書の刊行のタイミングが一致することばかりではない。同白書が日本の戦後社会政策史のうえで記念碑的な位置をもち、かつその現状認識と政策提言が、さまざまな問題点を含むと考えるからである。そこで、その記念碑的位置から確認していこう。

『厚生白書』昭和六一年版は、戦後日本の社会政策史のうえで、西欧・北欧の福祉先進諸国に追いつくことをめざした過程の到達点であり、そこから方向転換を展望するという「峠」の位置をしめている。つまり既述のように同白書ではじめて日本政府は福祉「先進国」の名乗りをあげ、しかも同時に、そのような社会保障の水準を誇ることよりもむしろ「過剰」をいましめ、日本の福祉国家に一つの「転換期」を告げることをおもなねらいとしたのである。

白書は二一世紀前半の日本を、「未だ人類が経験したことのない超高齢社会」とはじめて定義する。そこにいたる「過渡期」としての現時点で、「経済社会システムの在り方そのものを人生八〇年時代にふさわしいものに見直していく必要」がある、とよびかける。とくに従来のシステムのなかでも、社会保障制度は「人口の高齢化の程度が現在の半分以下であった」戦後一五年ほどのあいだに、「基本的骨格が形づくられたもの」であり、いまや「超高齢社会に向けて……再構築を迫られている」という(厚生省、一九八七、「厚生白書の刊行にあたって」、三二ページ)。

そこで社会保障制度「再構築の基本的原則」として提示された点を簡単に検討しよう。それらは、戦後社会保障制度の「基本的骨格」にかんする白書の問題意識を裏返したものとして受けとることができる。その原則とはつぎの四点であった。

①「経済社会の活力の維持」。とくに「過剰な給付や過大なサービスはかえって経済社会の活力をそぐ」ことに留意する。

②「自助・互助・公助の役割分担」。「健全な社会」とは、個人の自立・自助が基本で、それを家庭、地域社会が支え、さらに公的部門が支援する「三重構造」の社会である、という理念にもとづく。

③「社会的公平と公正の確保」。増大する社会保障負担を、同一世代内でも世代間でも公平かつ公正にする。

④「公私の役割分担と制度の効率的運営」。公的部門による福祉サービス供給体制には「制度的、財政的に限界がある」ので、国民の「自己負担」＝有料サービスの購入も見こみつつ、「給付の重点化」をはかり、社会保障の範囲と水準を「適正」にする。

こうした「基本的原則」のうち、まず①、②、④は、それぞれの角度から同じことを述べていると考えられる。ようするに、公的福祉の「過剰」が社会の経済的「活力」と「健全」さを損ない、財政的限界にもふれるので、「適正化」・「重点化」・「効率化」されなければならない、ということである。白書の見るところでは、戦後的な社会保障とは「自助」や「互助」を軽視して「公助」の過剰にむかいがちであり、それは「現在の半分以下」の人口の高齢化にあわせて制度設計されていたためである、というのである。また、「基本的原則」の③は、戦後の制度の基本構造に世代内・世代間の不公平があったと白書がみなしていることを意味するだろう。

白書によれば、既存の制度にたいするこのような問題意識にもとづく改革は、すでに一九八〇年代前半以降実施されてきたという。医療保険制度間の老人医療費負担の不均衡を是正する老人保健制度の創設(一九八二年度)、被保険者本人の一割自己負担、退職者医療制度の創設などを内容とする健康保険法改正(一九八四年度)、全国民共通の「基礎年金」の導入、給付と負担の「適正化」、「婦人の年金権の確立」などを内容とする年金制度改革(一九八五年度)、児童手当改革および児童扶養手当の「重点化」(一九八五年度)などである。それらは「社会保障制度再構築のための第一次改革」と位置づけられている(厚生省、一九八七、三三二—三三四ページ)。

「基本的骨格」の実相——家族だのみ・大企業本位・男性本位

しかし、以上のような『厚生白書』昭和六一年版の現状認識と政策提言には、当初から疑問が投げかけられてきた。たとえば、「日本は社会保障の先進国か」と題する『朝日新聞』一九八七年一月一〇日の社説は、白書の見地が「誇大表示か自己満足に近い」と裁断した。政府白書にたいする一般紙社説のコメントとして最大級の苦言といっていいだろう。社説によれば、現状認識としても、年金給付水準、福祉サービスの両面で日本を老齢保障の「先進国」とはいいがたい。政策の方向としても、年金改革についての白書の自賛ぶりは「改革といっても社会保障水準の切り下げである。いささかいい気になり過ぎてはいないか」と、手厳しく批判された。

日本の社会保障の水準が先進諸国にくらべておしなべて高いか低いかという評価は、もちろん興味深い重要な論点である。だが本章はそうした評価をこころみるものではない。その論点以前にむしろ、戦後社会保障制度の「基本的骨格」にかんする白書の認識そのものに、重大な問題が含まれていると私は考えている。ここでは第3節以下の検討結果をさきどりしながら、最低限の問題点を指摘しておきたい。

第一に、「自助・互助」の軽視と「公助」の過剰という認識は転倒している。日本の社会保障政策は暗黙のうちに特定の家族のあり方や機能によりかかって展開されてきた。まさにそのために、低下した家族機能を補強するような政策を欠いたことが、戦後日本の社会保障政策の最も基底的な特徴の一つであった。これは、「**家族だのみ**」である。

後述するように、この点は児童手当制度の周辺的な位置づけにとくに明らかである。日本の社会保障制度体系における児童手当の比重は、西欧・北欧の「社会保障先進国」にくらべて桁違いに低く、しかも一九七五年以降いっそう低下してきたが、そうしたことは、生活保護における親族扶養の優先(「保護の補足性」)と世帯単位の扶助、医療保険での世帯単位、雇用者年金保険での夫婦単位といった原則と、表裏一体になっているととらえられるべきである。

第二に「不公平」の問題として、世代間よりも世代内の差が見逃せない。そもそも「たのみ」にされる家族のあり方や機能そのものが、「夫は仕事、妻は家庭」という性別役割分担、したがってまた女性の男性への経済的依存にもとづくものであった。また、社会保険制度において世代内の差を規定するのは、有業・無業の別、就業分野、勤め先事業所の規模、雇用形態、賃金水準といった職業上の立場の別であるが、本書で見てきたように、そのいずれも性別と深く関連する。「標準的な」被保険者として想定されたのは、もちろん男性である。被保険者の扶養家族たる妻は、被保険者がもつ保障に付随的にあずかるにすぎず、個人として医療や年金への資格をもつのではない。つまり「**男性本位**」なのだ。その点は、たとえば雇用者年金の制度設計などに明らかである。

第三に、制度形成の背景として「人口の高齢化の程度」だけをあげるのはミスリーディングである。社会保障制度の整備の過程を追跡すれば、大前提の「家族だのみ」のうえに、つぎのような制度設計の筋道が浮かびあがってくる。すなわち、①原則としてはきわめて包括的な公的扶助制度を、実施面でできるだけ限定する、②複雑に分立した社会保険制度では大企業の労使ほど有利な条件を享受できるようにする、という筋道である。いいかえると、一方で、生活保護の「濫救」が「惰民」を「養成」する恐れには過剰なまでに厳しく対応し、他方で、出世競争の勝者である大企業正社員にはより厚い生活保障を提供した。この特徴を「**大企業本位**」と呼ぼう。つまり、戦後の社会保障の制度設計では、『厚生白書』昭和六一年版がとなえるところの「経済社会の活力」の維持助長が最優先されたといえるのである。

ところで第四の問題点は、一九七三年の「福祉元年」が、社会保障制度の「基本的骨格」におよぼした影響である。これも結論だけをいうと、賃金・物価スライドの導入による年金ひきあげと老人医療費支給制度を目玉とする「福祉元年」は、基本的に高度成長期の後始末だった。高度成長期の政府は、理念としては「福祉国家」を掲げ、西欧・北欧の先進福祉国家に追いつくことを唱えていた。だが、現実にたえず優先されたのは資本蓄積であり成長であって、複雑に分立した諸制度の調整も給付水準の本格的な充実も、さきおくりにされてきた。高度成長末期には、上昇した生活水準を背景として、「成長よりも福祉を」、「生産よりも生活を」といった世論が高まり、革新自治体とそのさきどり福祉政策が大きく展開する。「福祉元年」は、おりからの急激な物価上昇にも促されて、そうした「つけ」を清算したのだった。

これらの論点を論証するために、以下では戦後の社会保障制度の形成過程からたどっていく。政策動向を分析するためには、制度体系を的確に把握している必要があるので、その解説にかなりの紙幅をあてざるをえないことをおことわりしておきたい。

2　企業中心社会と社会保障制度の形成

生存権と生活保護法

周知のように、日本国憲法は第二五条の一項で「すべて国民は、健康で文化的な最低限度の生活を営む権利を有する」という国民の生存権を掲げ、同二項に「国は、すべての生活部面について、社会福祉、社会保障及び公衆衛生の向上及び増進に努めなければならない」と、国の社会保障的義務を規定した。このような憲法の規定を体現する社会保障の体系は、図4-1のように整備されている。それは大別して公的扶助、社会福祉、社会保険、公衆衛生の各分野からなる。

一般的にいって、社会保険は傷病、死亡、老齢退職、失業、障害などの所定の生活上の「事故」にたいして、所得保障ないし事故の費用保障をおこなうものである。その財源は被保険者の保険料拠出を中心とし、国または地方公共団体の負担と、被保険者が雇

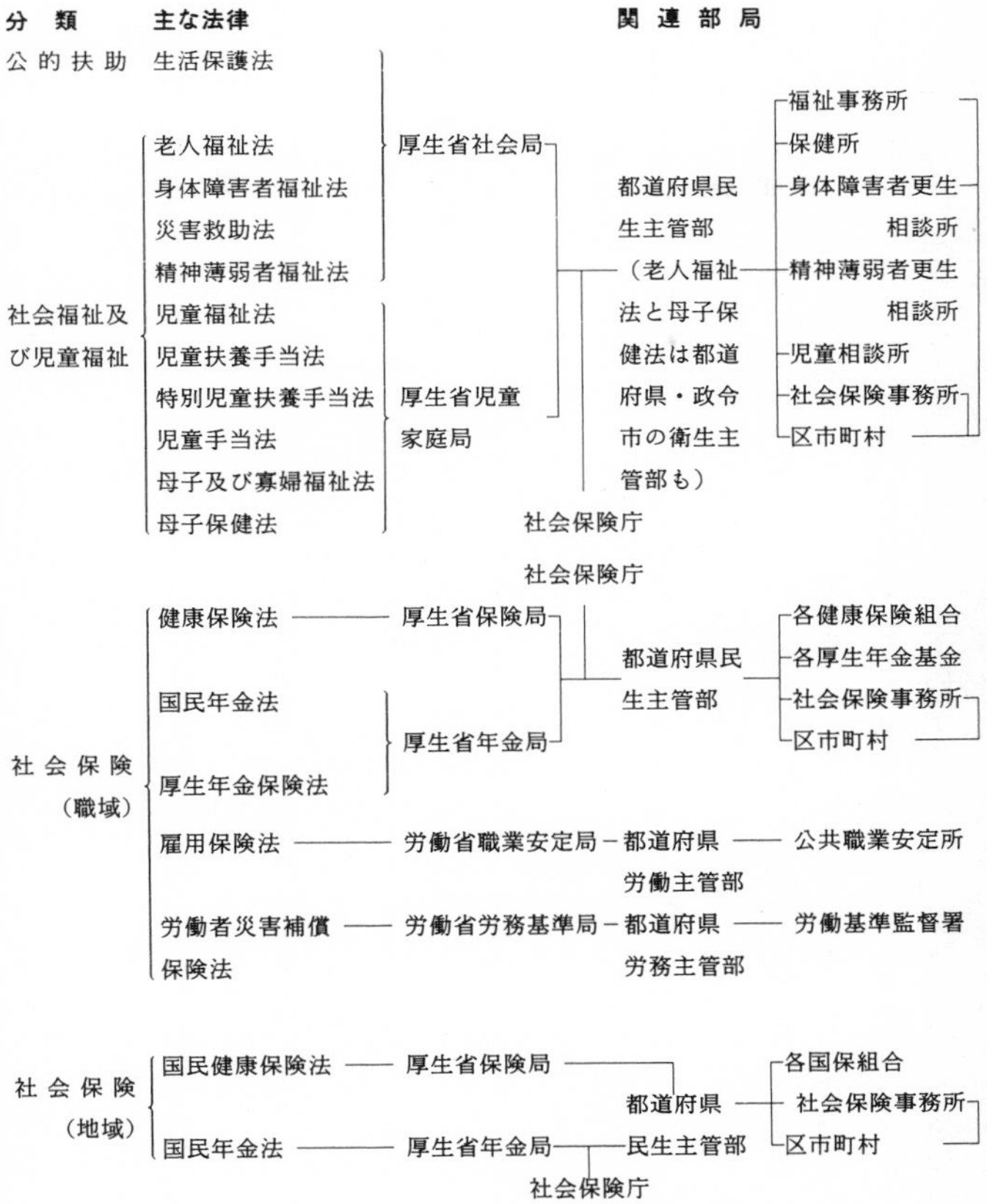

1971年時点での概略.「社会保険」については，特殊職域に関連するもの(共済組合等)を除いたものを図示してある．資料：総理府社会保障制度審議会事務局，1971年版.

図 4-1　日本の社会保障制度の概略

用者である場合には事業主の負担にもよる。

これにたいして公的扶助とは、公的責任と負担においておこなわれる所得保障であり、拠出制をとらないことから、給付が必要であることを証明するための「資力(収入や資産)」の調査をともなうことが多い。そしてこの文脈で、社会福祉は社会保障の一部としてのサービス給付をさす。それは公的扶助の受給者や身体障害者、児童その他の援護を必要とする者を対象とし、給付の目的は「自立助長」のための指導におかれていた。

以上のような日本の社会保障体系のなかでも、生活保護法は憲法の生存権規定と最も直接にかかわり、国民生活の最終的なよりどころとなる制度である。それは、①無差別平等、②健康で文化的な最低限度の生活の保障、③保護の補足性、④不服申し立て、という特徴をもつ。

①の「無差別平等」は、すべての国民が、生活に困窮するかぎりにおいて、労働能力や扶養義務者の有無、事前の拠出、勤労意欲の有無や生活態度の良否などのいっさいにかかわりなく、無差別平等に保護を受けられることを意味する。また③の「保護の補足性」は、生活保護を受けるにさきだって、第一に本人の資産、能力その他「あらゆるもの」を自分の生活を維持するために活用すること、第二に、民法上の扶養義務者(三親等内の親族)の扶養と、他の法律に定める扶助のすべてがおこなわれるべきことを定めている(「急迫」の場合をのぞく)。そして④の不服申し立ては、保護の決定その他の処分に

ついて、上級行政機関への審査請求ができ、なお不服の場合には訴訟をおこすことができるという規定であり、保護を受ける国民の権利を明示する制度として位置づけられている。

これらの原則はいずれも、一九五〇年五月の生活保護法新法に制定された。ちなみに戦前日本の救貧制度は、扶養義務者も労働能力もない老人・児童・妊婦などに限定された恩恵的なものにすぎなかった。生活保護法新法は、戦前の救貧制度にたいしてはもちろん、現代の諸外国の公的扶助制度にくらべても、包括的な性格をもつ。戦後になってこうした制度が作られた背景には、GHQ(連合国軍最高司令官総司令部)の占領政策があった。敗戦直後の一九四五年秋から一九四六年冬にかけてGHQが日本政府に送った覚書にすでに、無差別平等、最低生活の保障(「困窮を防止するに必要な」総額までは救済額を制限しないこと)、などの原則が指示されていた。

だが、こうした原則は当時の日本政府や世論の理解を超えるものだった。そのためGHQの再三の指導にもかかわらず、一九四六年に成立した生活保護法旧法ではそれらを満たすことはできなかった。たとえば同法は第二条で、勤労意思のない労働能力者や「素行不良な者」を保護受給欠格としており、直接に無差別平等原則に反していた。一九五〇年の新法が欠格条項を削り、かつ不服申し立て制度をそなえた背景には、一九四六年の新憲法の公布はもちろん、GHQの強力な具体的指示が欠かせなかったのである

(石田、一九八四)。

福祉諸法と失業保険法

社会福祉の柱としては、(新)生活保護法にさきだって導入された児童福祉法(一九四七年)、および身体障害者福祉法(一九四九年)があり、一九五一年には社会福祉事業法が制定された。また六〇年代の前半には、精神薄弱者福祉法(一九六〇年)、老人福祉法(一九六三年)および母子福祉法(一九六四年)があいついで制定された。生活保護法と福祉諸法をあわせて「福祉六法体制」ともよぶ。一九六一年制定の児童扶養手当法と一九七一年の児童手当法は、現金給付をおこなうものであるが、図4-1が示すように社会福祉に位置づけられている。前者は母子世帯の児童(一八歳未満)についての母への給付で、所得制限をうける(後者については後述)。

わが国最初の失業保険法も、(新)生活保護法にさきだって一九四七年に制定された。戦前は経営者団体の頑強な反対で導入されることのなかった失業保険制度がこの時期に成立したのは、上記のGHQの諸原則にもとづいて(旧)生活保護法の対象に労働能力者が含められたことが大きい。労働能力のある者も困窮すれば無拠出制の扶助を受けられるとなれば、「惰民養成」になりかねないと大いに恐れられ、その結果(旧)生活保護法の付帯決議のなかに失業保険の制定がうたわれたのである。さらに一九四九年の緊急失業対策法によって、「主たる家計の担当者」である失業者を対象に、彼らを公共事業に就労させて低賃金を支払うという「失業対策事業」が導入された。

一九五〇年前後の一連の福祉と失業関連の立法からは、つぎのような脈絡を読みとることができる。すなわちGHQの圧力によって、たてまえとしてはきわめて包括的な生活保護法を作らざるをえなくされたために、その生活保護法の守備範囲をせばめる一連の立法が促されたという脈絡である。例の「保護の補足性」の原則により、あらゆる給付や福祉が生活保護の支給にさきだつことになるからである。

生活保護法はその後、保護基準が一定改善されながら、保護率(被保護人員の対人口比)を低下させるという実施過程をたどってきた。その背景には、たしかに経済成長による失業の減少と賃金上昇が要保護者そのものを減らしたという事情がある。だが同時に、保護行政の現場レベルにおける対象の限定、ひきしめが介在したことも軽視できないのである。

皆保険・皆年金体制の形成

以上の制度が敗戦後に新たに導入されたものであるのにたいして、医療保険と年金保険という社会保険の二大部門は、戦前からの体系をひきついでいた(以下では年金のなかでも老齢年金について述べる)。とはいえ、既存の社会保険制度は大戦末期から休眠状態に陥って、敗戦後もしばらくは回復しなかった。

医療保険の抜本的な整備は一九五七年度からとりくまれ、一九六一年四月に一〇〇パーセント普及を達成した。いわゆる「国民皆保険」体制の成立である。皆保険は名称から想像されるような一元的な体制ではなく、**図4-1**が示していたように、就業上の立場によって複雑に細分化された制度である。まず職域で雇用者を組織する健康保険＝健保と、地域で住民を組織する国民健康保険＝国保に大別される。国保法はすべての住民を対象とする強制加入の制度ではあるが、適用除外により、実際には自営業者および家族従業者、無業者と従業員五人未満事業所の雇用者が国保に加入した。いずれも、他の制度に加入していない世帯員が含まれる。保険者には市町村（特別区を含む）と、三〇〇名以上の同業者で組織する国保組合がある。

医療保険の中心は健保にあるが、それはまた雇用者が属する事業所の規模によってつぎのように細分化される。

①五人以上三〇〇人未満の事業所の雇用者は、政府管掌健康保険（政管）に加入する。

②三〇〇人以上の事業所は健康保険組合を設立でき、その場合に健保は組合管掌となる（組合健保）。ただし、実際には一〇〇〇人以上の事業所でないと健保組合の設立を認めないという行政指導がなされている。

③さらに国家公務員、地方公務員およびかつての国鉄、専売公社、電電公社などの公共企業体職員、私立学校教職員などは、それぞれの共済組合の療養給付という形で医療保険に加入することになる。

他方で、年金制度の再建、整備は一九五二年に始められ、一九五四年には新厚生年金法が制定された。この五四年法が今日にいたる厚生年金制度の骨格の大半を決めるとともに、そのさまざまな問題の起点にもなった。同法の特徴はつぎのとおりである。

①老齢年金給付の基本年金部分を、従来の報酬比例制一本から、定額部分と報酬比例部分との「二階建て」にし、これに加給年金(配偶者または子)部分をくわえた。

②一九四八年に暫定的に標準報酬の一〇〇〇分の九五から三〇へとひきさげられた保険料率を、そのまま据えおき、財政方式を完全積立方式から修正積立方式に変えた。

③したがって年金給付水準もきわめて低く抑えられ、以後の賃金・物価の上昇のなかでいっそう価値を減じた。

ここで念のため解説しておくと、健保および船員、厚生年金、各種共済組合の保険料は、「標準報酬」にたいする料率として定められている。標準報酬とは、被保険者の所得を級別にあてはめて一定期間固定する仮定的な所得であり、保険料の算定とともに所得におうずる現金給付の算定にも用いられる。「(完全)積立方式」とは、将来支給される年金の原資を加入期間に保険料などによって積み立てるよう計画する財政方式をさすが、公的年金の場合は、受給者の増加や加入年数の伸びなどによって将来増大するはずの給付費にそなえて、将来にわたって大きく水準の変わらない保険料率＝「平準保険料率」を定めて運営する計画をいう。

これにたいして、一定の短い期間のうちに支払う給付費をその期間内の保険料収入によってまかなうように計画する方式を「賦課方式」とよぶ。積立金がない賦課方式では利子収入もないために、給付費が大きくなった段階での保険料率が最も高くなる。そこで、制度が未成熟なあいだは、賦課方式よりは高いが平準率(＝積立方式)よりは低い保険料率を課し、ある程度の積立金をもちながら保険料率を段階的にひきあげる(「段階保険料率」)ことで、その後の負担の増加を平準化する方式を「修正積立方式」という。完全および修正積立方式では、経済変動や給付内容改善による将来の給付費増加にたいして積立不足が生じ、国庫負担か後世代の被保険者の負担となる。

五四年法が保険料率と年金給付水準を抑制した原因としては、なによりも日経連が標準報酬の最高限と保険料率のひきあげに強く反対したことがあげられる。その理由は、労使の社会保障負担能力が限界にきていること、社会保障制度を事実上代行している退職金制度との調整が考慮されていないこと、資本蓄積を社会保障より先行させるべきであること、などであった（山崎、一九八五、一八一ページ）。既述のように、雇用者の社会保険では事業主も保険料の一定割合を負担するので、拠出のひきあげに反対することが経営側の通常の利害となる。では、退職金制度との調整問題はどうして反対理由になったのか。

企業内福利制度の一つである定年退職金は、年功的な終身雇用制の仕上げとなるものであり、大企業の職員や一部熟練労働者にたいしては、企業への帰属を高める労務管理施策として戦前からもうけられてきた。戦後のこの時期は、企業内労働組合が終身雇用と退職金制度の一般的な適用を強く求め、企業の側も、重化学工業化に必要な中程度の技能工を確保するために、企業内福利制度を活用しようとした。一九五二年からは「退職給与引当金制度」が導入され、退職金資金が税制上優遇されることになった。退職給与引当金は、将来の退職金支払いにあてるために引当金勘定にくりいれた金額の一定限度額以内について損金算入を認め、課税対象から除外するという制度である。また「中小企業退職金共済制度」の導入は一九五九年だった。最終賃金と勤続年数を基準とする退職金制度は、日本的雇用慣行の一環として、この時期に制度化されつつあったわけである。

ようするに一九五四年の年金改革の顚末《てんまつ》は、「資本蓄積」と日本的雇用慣行の形成という企業社会の都合こそが、公的年金の充実よりも優先されたことを示している。だが、問題はそれにとどまらなかった。厚生年金の水準がそのように低く抑えられたために、相対的に年金水準の高い国家公務員共済組合にならって、各種の共済組合が厚生年金から分離独立することになったからである(立法は一九五三年の私立学校教職員共済組合、一九五四年の市町村職員共済組合、一九五六年の公共企業体職員等共済組合、一九五八年の農林漁業団体職員共済組合)。

他方で零細企業雇用者と自営業者および家族従業者、無業者などの「無年金者」対策として、一九五九年に国民年金法が制定された。これは無拠出の福祉年金と定額拠出制の年金の二部門からなる個人単位の定額年金であり、拠出制部門が一九六一年四月に施行されて「皆年金」体制の成立となる。ところで国民年金では、他の公的年金の受給資格者・加入者の配偶者も、強制適用ではなく、任意加入となっていた。逆にいうと、他の公的年金受給者・加入者の無業の配偶者であって、国民年金に任意加入しない者は、自分の資格での年金をまったくもたないということになる。

厚生年金の水準が低く抑えられたことは、厚生年金制度内に大企業本位のサブシステムが分立する起点にもなった。まず一九五五年以降の賃金上昇によって、過去の平均賃金を基準として算定される年金額は、相対的にははなはだしく減価した。賃金上昇はまた、終身雇用の広がりによる勤続年数の上昇とあいまって、企業の退職金債務を急増させ、大企業を中心に退職金の事前積立方式＝「企業年金」への転換を促した。退職給与引当金が勘定のうえだけのことで、積み立てがあるわけではないのにたいして、企業年金とは退職金支払い資金を事前に計画的に積み立てる方式を称したものであって、支払いそのものは一時金である。この方式の問題は、積み立てる場合に税法上の損金算入がむずかしい点であった。なんらかの年金改革は避けられない情勢となった。

これにたいして日経連は一九六一年に、「調整年金」、つまり企業年金を厚生年金の報酬比例部分に代替させることを条件として、厚生年金額をＩＬＯ一〇二号条約(社会保障の最低水準に関する条約)の水準にまでひきあげることを提案した。また、一九六二年には一定の資格要件を満たす企業年金を、税制上優遇する「適格年金制度」が導入される。適格年金とは、事業主の払った掛金を全額損金または必要経費とみなすとともに、従業員にとってもそれを給与所得とみなさず、従業員掛金については生命保険料控除を認めるなどの優遇措置である。「調整年金」は企業にとっていっそう好都合な制度を提案するものであった。それにたいする労働側の激しい反対、厚生省による調停をへて、一九六五年の厚生年金法改正により後述の「厚生年金基金制度」が発足した。こうして、厚生年金のモデルとしても「一万円」年金が登場する。

大企業本位の生活保障

ここで皆保険・皆年金体制を中心とする社会保障体系の特徴を確認しておこう。

このシステムはたんに就業上の立場によって細分化されていたにとどまらない。サブシステムのあいだには拠出・給付条件の格差があり、それはまた被保険者の立場の差を反映した財政力の格差と表裏一体となっていた。高賃金・雇用安定の大企業の従業員が、社会保障面でも最も有利な条件を享受するしくみが作られたのである。また被保険者の扶養家族は、いずれにしても被保険者が有する保障に付随的にあずかるにすぎず、個人として医療や年金への資格をもつのではないことに注意しなければならない。

まず医療保険の場合、制度によって給付率も保険料(率)も異なる。給付率は被保険者と扶養家族とでも異なっている。皆保険体制発足時には、法定給付が健保被保険者一〇割、扶養家族五割、国保加入者は世帯主も世帯員も五割だった。雇用者である被保険者本人(零細事業所をのぞく)の健康の保障が中心だったのである。国保の給付率は世帯主からひきあげられて、一九六八年までに世帯員も「オール七割」となった。

したがって、健保の扶養家族は五割給付のまま取り残されたことになる。ただし、そのうち組合健保では従来、組合財政の状況などに応じて種々の「付加給付」があった。

法定給付費にたいする付加給付費の割合は、一九六〇年代には平均で一〇パーセントにのぼっている。なかでも実施率が高かったのが家族療養付加金であり、扶養家族への実際の平均給付率は七割を超えていた。さらに保健施設事業として、保養所の設置運営や被保険者と家族の健康増進・疾病予防に、付加給付費と同程度の支出がおこなわれている。大企業の従業員とその扶養家族は、他制度の加入者よりも厚く健康を保障されたといえるだろう。

保険料(率)はどうか。まず国保には、保険料収入だけで給付をまかなう方針が元来なかった。被保険者に低所得者が多く、また健保の場合の保険料の事業主負担がなかったからである。そこで給付率の五割から七割へのひきあげにともなって国庫補助がいっそう進んでいった。他方で、組合健保加入者は保険料の面でも有利である。組合では、一定の範囲内で各組合の実情にあわせて保険料率を決めることができ、労使の負担比率も平均して事業主六割対被保険者四割であった。これにたいして政管の保険料は労使折半で、被保険者の料率は組合より高かった。中小企業の雇用者を組織する政管では、組合健保にくらべて被保険者の平均標準報酬が低く、料率が高くても保険料収入は伸びない。反面で、加入者がより高齢であるために給付費は大きくならざるをえず、六〇年代なかばから急速に大きな財政赤字をかかえることになった。

年金も制度によって拠出・給付の条件が大きく異なるが、制度の成熟度(制度成立後の経過年数)を度外視した単純な比較にはあまり意味がない。それに、共済年金にくらべて年金額がつつましく見える厚生年金も、厚生年金基金など企業年金による上積みを考えあわせると様相を異にしてくる。

一九六五年法によって導入された厚生年金基金は、厚生年金の報酬比例部分を代行し、その代行部分のうえに各企業の実態におうじた「プラスアルファ」部分(財源率で代行部分の三〇パーセント以上)を給付するものである。加入者数一〇〇〇人以上という設立認可の条件から、大企業を中心に普及していった。基金加入者=従業員にとっては、①厚生年金報酬比例部分よりも三〇パーセントから三〇〇パーセントも手厚い年金を支給される、②プラスアルファ部分の掛金は、事業主負担の基金が大多数をしめ、加入者負担についても社会保険料控除を受けられる、③プラスアルファ部分を年金でなく一時金として受けとれる場合が多く、その場合所得税制上はるかに有利となる、などの利点がある。他方で事業主にとっては、準公的年金としての調整年金を従業員の企業帰属を強める労務管理手段として活用できるということのほか、さらにつぎの利点があった。①掛金を課税上損金または必要経費に算入できる、②プラスアルファ部分を企業独自の方式で設計できる、③年金積立金への特別法人税一パーセントは、国家公務員等共済組合の年金にみあう水準を超える部分に限定されている、である(厚生省、一九八一b。曽根田、一九八五)。

大企業とその従業員を二重三重に優遇するこのような制度の導入とひきかえに、経営者団体はようやく公的年金の一定の給付改善を認めたわけである。保険料率と国庫負担のひきあげを通じて、いわゆる「一万円年金」(一九六五年)、「二万円年金」(一九六九年)が実現されていく。ただし、ひきあげられた保険料率も、平準保険料率にはおよばなかった。平準保険料率にたいする実施保険料率の割合は、その後むしろ低下していく。つまり国庫負担および後世代負担の増大として、厚生年金財政の危機が準備されていったのである。

家族だのみと男性本位

社会保障体系のもう一つの重要な特徴は、原田純孝が明快に整理したように、それが暗黙のうちに特定の家族のあり方や機能に寄りかかって展開され、しかも家族の機能の低下にたいして補強策を欠くことである(原田、一九九二b。くわしくは原田、一九九二a)。この点は、児童手当制度の位置づけに明らかである。

児童手当制度は一九七一年にようやく登場したが、この制度により、日本の社会保障制度体系が「完成」したといわれる。これで西欧・北欧「先進」諸国のように、社会保険、家族手当、公的扶助、社会福祉という給付の四大要素をそなえるようになったから、というわけである。しかし周知のように、実際の制度は第三子以降中学卒業まで、しかも所得制限つきで月額数千円の手当を支給するにすぎない。図4-1に見られるように、位置づけも社会保障体系の単独の一要素ではなく、社会福祉のなかの児童福祉の一環とされた。ＩＬＯ統計の社会保障給付費にしめる家族手当の割合も、日本は西欧・北欧の「社会保障先進国」にくらべて桁違いに低く、しかもただでさえ低いその比率を一九七五年以降いっそう低下させてきた(ILO, 1992a, Tables 7, 10)。遅れてきた児童手当制度のこうした周辺的な位置づけは、生活保護における親族扶養の優先(「保護の補足性」)と扶助の世帯単位、医療保険での世帯単位、雇用者年金保険での夫婦単位といった原則と、表裏一体だった。

そして、そもそも社会保障制度が大前提とし「たのみ」とする家族のあり方や機能自体が、「夫は仕事、妻は家庭」という性別役割分担、したがってまた女性の男性への貨幣経済的な依存にもとづくものだった。つまり**戦後日本の社会保障制度は、家父長制的ジェンダー関係を前提とするものだったのである。**性別による差は制度の基本構造をなしており、女性の経済的自立はそこでは変則的な事態でしかない。

既述のように、複雑に分立した社会保険の体系では制度によって財政力と拠出・給付条件にすくなからぬ差が存在するが、制度への所属は、有業か無業か、就業分野、勤め先事業所規模、雇用形態、賃金水準といった職業上の立場の別によって決まる。本書で見てきたように、その職業上の立場の別のいずれも、性別および年齢と深く関連する。

そして「標準的な」被保険者として想定されたのは、もちろん壮年までの男性である。つまり社会保険をつうじた危険分散と保障の対象は、男性の利害——彼らの生活サイクルや働き方の都合——にほかならない。被保険者の扶養家族たる妻は、被保険者がもつ保障に付随的にあずかるにすぎず、個人として医療や年金への資格をもつのではない。その点は、夫婦単位の年金を被保険者である夫のみの名義とする雇用者年金の制度設計などに明らかである。大企業本位・家族だのみの社会保障体系は、また男性本位を特徴とするわけである。

こうして高度成長期における社会保障システムの整備にあっては、成長と資本蓄積を優先するために「家族だのみ」をつうじて社会保障水準を抑制しながら、その抑制された社会保障の範囲内で、一方では生活保護の「濫救」が「惰民」を「養成」する恐れには過剰なまでに厳しく対応し、他方では出世競争の勝者である大企業正社員により厚い生活保障を提供した。『厚生白書』昭和六一年版がいうところの「経済社会の活力」の維持・助長が最優先されたことは明らかだろう。

ただし、高度成長期の政府が、実績はともかく理念としては「福祉国家」を掲げ、西欧先進福祉国家に追いつくことをとなえていた点を、軽視してはならない。この点がつぎの石油危機以降の時期とは対照的なのである。

短い幕間劇としての「福祉元年」(1)——医療改革

そして、高度成長そのものが、たのみの綱である家族を大きく変容させた。世帯規模の縮小と核家族の増加、雇用者世帯の増加、有配偶女性雇用者の増加、高齢者世帯の増加などが進行したのである。にもかかわらず、上述のように複雑に分立した諸制度間の調整も、給付水準の本格的な充実もさきおくりにされてきた。やがて高度成長末期には、上昇した生活水準を背景として、「成長よりも福祉を」、「生産よりも生活を」といった世論が高まり、革新自治体とそのさきどり福祉政策が大規模に展開した。一九七三年の「福祉元年」は、おりからの急激な物価上昇にも促されて、いわばそうした「つけ」を清算したのである。

原田純孝によれば、七〇年代の初頭には家族の生活保障機能が脆弱になったことは明白であり、「福祉元年」の経済社会政策には、脆弱化した家族を「社会的援助の対象」とするさまざまな方策が含まれていた(原田、一九八八、三三〇—三三一、三四二—三四三、三六六ページ)。具体的には福祉元年の目玉は、医療保障の面では、健康保険家族給付率の五割から七割へのひきあげ、および老人医療費支給制度と高額療養費支給制度の導入であり、年金では、賃金・物価スライドつき「五万円」年金の導入などによる年金水準のひきあげであった。生活保護基準も一九七四年から一九七五年にかけて実質的なひきあげを見た。

医療保険等の改正はつぎの手段でおこなわれた。

①政管に定率一〇パーセントの国庫補助を導入し、健保の家族給付率を五割から七割にひきあげた。

②一カ月一件あたりの自己負担額が三万円を超える場合に超過分を償還する「高額療養費支給制度」を導入した。

③老人福祉法の一部改正による「老人医療費支給制度」として、七〇歳以上の老人で、健保の扶養家族または国保の被保険者である者にたいして、老人本人または扶養義務者の所得が一定額以下の場合に、医療保険の自己負担分を国・地方公共団体が肩代わりすることにした。

その結果、制度間の、また被保険者と扶養家族とのあいだの給付率の格差は、迂回的《うかい》にではあるが急速に縮小される。「迂回的」というのは、全制度の全加入者に一〇割給付という単純明快な方法をとらなかったことをさす。とくに③では、健保扶養家族または国保被保険者として間接的に保険料を拠出する者にたいして、所得制限＝「資力」調査をつけるという奇妙な折衷がおこなわれている。

短い幕間劇としての「福祉元年」(2)――年金改革

年金についてはつぎの改革がおこなわれた。

①賃金スライド。厚生年金について、新たな「標準的な年金」額が、直近の男性被保険者の平均標準報酬(＝現役男性労働者の平均賃金)の六〇パーセント程度を確保するよう、財政再計算ごとに、過去の標準報酬をその後の賃金上昇に応じて再評価することにした。

②国民年金についても、福祉年金および経過的年金の額をひきあげた。

③物価スライド。消費者物価指数が五パーセントを超えて変動した場合に、その変動割合を基準として年金額を改定することにした。

以上にともなって厚生年金の保険料率もひきあげられはしたが、平準保険料率にたいする割合は、男性で微減、女性では平準保険料率の急上昇によって急減した。女性の平準保険料率が急上昇したのは、従来は短期間の加入ののち脱退手当金を受けて年金受給権を失うと考えられていたものが、この時点からようやく将来の女性の受給が見こまれるようになったためである(厚生省、一九八一a、一二一一三ページ)。逆にいえばそれまでの厚生年金は、タテマエとしても男性のための制度だったことになろう。

国民年金においても、保険料のひきあげにもかかわらず平準保険料にたいする実施保険料の割合はほとんど半減した。国庫負担と後世代負担はいっそう増したのである。

山崎広明が指摘したように、福祉元年の年金改革に際して経営者団体の態度は積極的であった。日経連が、「今後の人口高齢化に対応して、老齢保障の充足を重点的に推進すべきである」と宣言したのは一九七一年のことである。その背後には、退職金負担の増加テンポを抑制するという意図があった(山崎、一九八五、二〇一ページ)。

この時期の経営者団体が、国庫と後世代の負担による社会保障の充実をつうじて、企業の退職金債務の軽減を図ろうとしたことは、銘記されるべきである。主として大企業従業員からなる厚生年金基金の加入者は、当時において厚生年金被保険者の二〇パーセント強にのぼっていたが、「福祉元年」のおかげで彼らにも、公的年金の代行部分＝報酬比例部分に新たに生ずる賃金スライドと物価スライドの分が、定額部分とともに国から支給されることになった。高賃金・雇用安定の大企業従業員にたいするこうした「公助」が、いかにも「過剰」であるとしても、それは「経済社会の活力」の要請にもとづいて導入されていたのである。

3　一九八〇年代の社会保障制度「再構築」
――企業中心社会の総仕上げ

「福祉見直し」――福祉国家から「日本型福祉社会」へ

以上が日本の社会保障制度の「基本的骨格」であったとすれば、一九八〇年代の制度の「再構築」は、なにをどう変えようとしたのか。その理念的起源について、一九七九年に出された自由民主党の政策研修叢書『日本型福祉社会』を、あらためて生活保障システムとジェンダー関係という視角からとりあげよう。

自民党の『日本型福祉社会』は、政府の『新経済社会七か年計画』(一九七九年)や、臨時行政調査会の諸答申(一九八一年から八三年にかけて提出)を貫いていた立場を、官製の文書には見られないあけすけな表現で打ちだしていたものとして、これまでも注目されてきた。その立場とは、たとえば、①「ナショナル・ミニマム」の概念は有害無用であって、国家による「救済」はハンディキャップをもつ場合に限る、②リスクは基本的に個人(家族、親戚を含む)が負担する、③「結果の平等」を追求するような政策は、「堕落の構造」を生む、④企業と競争的市場にまかせたほうが効率的な福祉の分野が大きい(たとえば住宅供給)、などである。

そこでの「日本型福祉社会」とは、「個人の生活を支えるに足る安定した家庭と企業を前提として」、それを市場から購入できる各種の福祉によって補完し、国家は最終的な保障のみを提供する、というものでなければならなかった。まずもって重要なのは、「家庭基盤の充実と企業の安定と成長、ひいては経済の安定と成長を維持することである」と断言された(自由民主党、一九七九、一六九ページ)。

私たちはここに、『厚生白書』昭和六一年版の社会保障制度「再構築」論の原型を見いだすことができる。競争と効率は、まさにこの一九七〇年代後半の時期に、政府・自民党によって、社会の至高の価値とされたのである。では、そこで強調されている「家庭基盤の充実」とはなにか。結論からいうと、「福祉見直し」の文脈での「家庭基盤の充実」とは、「家族だのみ」と「男性本位」の再編強化にほかならなかった。いいかえると、家父長制的ジェンダー関係の再編強化である。

「日本型福祉社会」論の「個人」と「家庭」

自民党『日本型福祉社会』の最終章である第六章「日本型福祉社会をめざして」は、「ライフ・サイクルと生活の安全保障」と、「家庭機能の見直しと強化」、そして「結論」という三つの見出しをもつ。

その第一のセクション「ライフ・サイクルと生活の安全保障」において、個人のライフサイクルと、家庭、企業、市場、国家といった生活保障の各システムとのかかわりは、「平均的な男性A氏」について考えられているにすぎない。政府・自民党にとって、そもそも女性は「個人」ではないらしいという疑念にとらわれざるをえないが、おさえてさきに進もう。ともかく、ここにおいて男性本位はこのうえなくあからさまである。このセクションのむすびは、「A氏」の老後について、公的福祉にたよる以前に、彼の「子供の家庭」が「最大限の努力をして、その責任を果たさなければならない」と力説する。とはいえ同時に、老親の扶養や介護において核家族が「きわめて「脆《もろ》い」」存在であることも認めている(自由民主党、一九七九、一八八―一八九ページ)。

ついで第二のセクション「家庭機能の見直しと強化」では、生活保障の柱としての家庭の役割が検討されているが、ここではまず、老親との同居率の高い家族のあり方が「日本のよさであり強み」であると評価される。そしてその「よさと強み」の将来見とおしが、「家庭のあり方、とりわけ「家庭長」である女性の意識や行動の変化に大いに依存している」という。問題とされる「女性の意識や行動の変化」とは、いわゆる女性の「社会進出」である。『日本型福祉社会』は、女性の社会進出が「人生の安全保障システムとしての家庭を弱体化するのではないか」、と懸念する(自由民主党、一九七九、一九三―一九五ページ)。

ここでも、この「人生」とはいったいだれの人生かという疑問が浮かぶ。あらゆる個人の人生であることはいうまでもないと、同書は答えるだろう。だが私たちはすでに、第一のセクションが、生活保障の対象たる「個人」として「平均的な男性A氏」だけをとりあげたことを確認してしまった。この第二のセクションでようやく俎上《そじょう》にあがる「A氏夫人」としての女性のライフサイクルとは、保障される側の「人生」ではなく、「個人＝男性」に保障を与える側、そのために「家庭機能」に還元されてしまう人生であるにすぎない。

すなわち、「A氏夫人」は三五歳にして子育てが一段落し、「暇」になって、男性の場合の「老後」に近いライフ・ステージに入るという。これは、大家族で家事の省力化も進んでいなかった時代には考えられなかった条件である、と同書は述べる。この「早すぎる老後」に彼女が家庭外に出るとしても、「女性は組織の一員として組織の管理に関係するような役割を演じるのに向いていない」から、パートタイム就労か、ピアノ教師でもするなら「理想的」である。A氏夫人が外出しやすくなるためにも、親世代との同居や近居によって、二つの家庭を「合体」ないし「連結」し、「より安全性の高い家庭をつくるように工夫するのが賢明であろう」(自由民主党、一九七九、二〇一、二〇四―二〇六ページ)。

これが「家庭機能の見直しと強化」というセクションのむすびである。「家庭機能の見直し」とは女性の〝早すぎる老後〟の発見であり、その「強化」とは親世代との同居ないし近居の「工夫」だとでもいうのだろうか。国連婦人の一〇年の中間年を目前にだされた政権政党の政策文書において、「女性の社会進出」は懸念の対象でしかなく、女性本人の生活保障の問題は、およそ意識の外におかれていたのである。

それだけでなく、「日本型福祉社会」論にとって生活保障システムとしての「家庭」とは、「女性」のことだったのだ。じつに、「妻子のいる家庭を必要とし、人生の支えにして生きているのはむしろ男性の方なのである」と、同書は明言する。その「A氏」は、三〇歳をすぎて「中堅社員」ともなると、家事であれ子どもの教育であれ、家庭責任をおよそ果たせなくなるという(自由民主党、一九七九、一八〇、二〇〇ページ)。「家庭」という生活保障システムが、決して「互助」の関係ではなく、女性が福祉を生産・供給し、男性はその福祉を消費・享受するという関係の、性別分離のシステムであることが、臆面もなく前提とされるとともに、その維持強化がめざされるのである。

こうして、自民党『日本型福祉社会』論は、会社人間なるものが単独人としては存立しがたいことをあらわにする。それは、会社に身も心も捧げて競争と効率に邁進《まいしん》する男性と、彼の家庭責任を代行するのはもちろんのこと、心身の全面にわたって彼に「人生の支え」を提供すべき「妻」という、性別役割分担をおこなう両性のカップルとして、はじめて成立し、また存続できるのであった。会社人間の本質は、家父長制的なジェンダー関係そのものなのである。

家庭基盤充実策の展開

以上のような「家庭」と「女性」の位置づけは、もちろん自民党『日本型福祉社会』にはじまったものでも、それに特有のものでもない。すでに見たように、家族だのみと男性本位は戦後日本の社会保障政策の最も基本的な特徴であった。

「福祉見直し」は、この基調を変えたのではない。原田純孝の整理によればその意義は、高度成長末期に一時的に「社会保障による援助の対象」とみなされかかった家族を、明確に「社会保障の担い手」へと位置づけなおしたところにある(原田、一九九二b)。家族の補強策を欠落させながら、「あるはずの家族」にずっしりとよりかかってきた社会保障政策が、この時期に新たに公然と正当化されたのである。

七〇年代末のこの時期に、こうした「家族だのみ」＝「男性本位」の再編強化にもとづく日本型福祉社会論が政府・自民党から声高に唱えられた背景には、財政赤字問題や高齢社会の急接近などが存在した。それにもまして重要なのは、第一章において時期区分を示したように、この時期こそが企業中心社会の確立期だったことである。以下に見るように政府による家父長制の再編強化は、企業社会の総仕上げ、会社人間の全般化にとって欠くことのできない一環、最も重要とさえいえる環であった。

実際、家庭基盤充実策として導入されたのは、配偶者の民法上の法定相続分のひきあげ(一九八〇年)、一九八四年以来の数次の税制改正をつうじたパート所得の特別減税(非課税限度額を七九万円から一〇〇万円までひきあげ)および同居老親の特別の扶養控除、「基礎年金」における「主婦の年金権」(一九八五年)、贈与税・所得税の配偶者特別控除の導入・拡充(一九八五年、八七年)などであった(原田、一九九二b、五〇ページ。大脇、一九九二、二四四ページ)。結局は、基本的に家庭にあって妻・母として、時にパート就労もこなしながら、家族員に「生活保障」を提供する女性の役割を、おもに夫の所得への財政福祉をつうじて「評価」し、性別役割分担を維持させようとしたものだったといえるだろう。「財政福祉」は税制を通じた納税者への間接的な給付であるから、非納税者である被扶養者や低所得者はそれを受けられないということに注意しなければならない。

これらは、大平首相の政策研究会が一九八〇年に提出した報告書『家庭基盤の充実』に、提言ないし含意された施策だった。この報告書ではたとえば、「母親としてのプロ意識、専業主婦の自信と誇りの確立」のために「婦人の育児活動にたいする社会的評価」を高めるとして、賃金体系における「配偶者手当」の増額などが提案された。また「中高年婦人の生きがい」への「あたたかい理解と支援」として「家庭婦人のパート・内職対策の充実」が語られていた(大平総理の政策研究会、一九八〇、一五、一八二―一八四ページ)。

一九八〇年代をつうじて実施された上記の措置からいえば、女性の母や主婦としての

男性本位の維持強化の意図は明らかであると思われる。
して、しかも彼の所得に応じて「評価」され「理解・支援」されようとしたにすぎない。「自信と誇り」も「生きがい」さえも、基本的に彼女自身にたいしてでなく、夫にたい

社会保障制度の「第一次改革」(1)――福祉施設費用徴収基準の変更

そうした家族政策が、表4-1にまとめられるような一連の社会保障制度改革と対応し、また連動していた。

そのうち、『厚生白書』昭和六一年版で「社会保障制度再構築のための第一次改革」としてあげられていたのは、医療改革、年金改革と、児童福祉改革である。しかし、この表を年次を追ってながめた場合、公的扶助および社会福祉の面で、家族責任ないし私的扶養を強化しながら公的給付における所得制限を強めるいくつかの改革が、社会保険制度の改革にさきだって実施されていた点を見逃すことはできない。つまり「家族だのみ」といわゆる選別主義の強化である。家庭基盤充実策と表裏一体をなし、正しく「第一次改革」と呼ばれるべきなのは、これらの施策だろう。

たとえばそれは、まず一九八〇年の老人福祉施設の費用徴収基準の変更にはじまる、施設から在宅へ、無料から有料へ、公的責任から民間活力へという方向での変化である(表4-1の社会福祉改革の欄――以下同様)。費用徴収新基準は、従来、所得税などの税額

表 4-1　1980 年代の家族政策 =「家庭基盤の充実」と社会保障制度改革

年次／家族政策	医　療	年　金	公的扶助	児童福祉	社会福祉
1980年／配偶者の法定相続分引上げ		※年金財政再計算の実施	※マスコミで不正受給報道		老人福祉施設費用徴収基準変更
1981 年	健保扶養家族給付率引上げ	※企業年金研究会報告	厚生省の「適正化」通知	児童手当受給所得制限強化	
1982 年	**老人保健法制定**	※厚生年金局改革試案発表	初の全国一斉総点検	児童手当受給所得制限再強化	
1983 年	老人保健法実施→老人医療費支給制度廃止	※有識者アンケート：改正案審議会付託	※臨調最終答申に生活保護適正化がもられる		
1984年／パート所得特別減税，同居老親へ特別の扶養控除	**健康保険法改正→**被保険者の1割自己負担，退職者医療制度創設：組合健保付加	厚生年金基金プラスアルファ部分給付設計弾力化：※年金財政再計算	生活扶助基準算定方式，格差縮小型から水準均衡型へ：総務庁行政監察	総務庁，児童扶養手当の行政監察：児童扶養手当制度改正案	身体障害者施設の費用徴収基準変更(老人福祉施設に同じ)
1985年／贈与税に配偶者特別控除		**国民年金等改正→**基礎年金導入・給付ひきさげと拠出ひきあげで「適正化」，主婦の年金権確立	生活保護費国庫負担カット：中央社会福祉審，級地制度改定と勤労控除見直し具申：会計検査院が30年ぶり生活保護調査	児童手当は第二子以降義務教育開始まで：**児童扶養手当制度改正→**所得制限強化，離別母子世帯へ父親の所得制限導入	厚生省にシルバーサービス振興室設置
1986 年	**老人保健法改正→**老人保健施設創設，5人未満法人事業所にも健康保険制度強制適用開始(89年完全実施)	同上の実施：5人未満法人事業所にも厚生年金制度強制適用開始(89年完全実施)	**勤労控除制度改定**：行政監察勧告〜母子世帯の前夫扶養履行や稼働指導，資産活用他：勤労意欲助成事業	会計検査院，児童扶養手当を検査	精神薄弱者施設費用徴収基準変更(同上)：厚生省に医療関連サービス振興室設置
1987年／所得税に配偶者特別控除			会計検査院，扶養履行確保要求	同上	**社会福祉士及び介護福祉士法の制定**
1988年／パート減税			生活保護予算，初の減額	同上	
1989年／配偶者特別控除拡充，パート減税		厚生年金基金の資産運用弾力化			

施策を示す．※は背景，太字は立法．資料：大沢「福祉の日誌」(未公刊)，田多(1991)．

を基準に本人または扶養義務者が負担することになっていたのを、年金を含めた収入額を基準に本人および扶養義務者が負担、と変更した。つまり非課税者からも費用徴収することになり、また本人負担が費用に満たない場合には、差額を扶養義務者から徴収することになった。それまでは、本人が少額でも負担すれば扶養義務者からの徴収はなかったのである。

このような福祉施設の費用徴収の新基準が、身体障害者(一九八四年)や精神薄弱者(一九八六年)にもおよぼされた。これらは、他方で高級有料老人ホームや保険会社による介護保険の売りだしなど、「ゆとり」のある層を対象とするシルバー・ビジネスが脚光をあびていったことと、まさに好対照をなす(田多、一九九一、一六―一七ページ)。

社会保障制度の「第一次改革」(2)――生活保護適正化と児童扶養手当重点化

一九八一年からの児童手当の所得制限強化(児童福祉改革)と、生活保護の「適正化」(公的扶助改革)がこれにつづいた。「適正化」はまた、被保護世帯の生活水準を低位に固定する方向での扶助基準算定方式の変更(一九八四年)、生活保護費の国庫負担の地方への転嫁(一九八五年)、などの一連の措置と並行した。なかでも生活保護「適正化」こそは、本章の叙述にとって赤い縦糸ともいうべき「母親餓死事件」の、直接の背景をなす政策動向だった。

より具体的にいえば、それは一九八一年の一一月にだされた厚生省社会局保護課長・監査指導課長連名の「社保一二三号」通知――通称「適正化」通知によって、保護申請時の「事実確認」が厳格化されたことをさす。資産の保有状況と収入状況について詳細に自己申告させ、かつ「同意書」、すなわち官公署・金融機関、および本人のみならず世帯員の勤め先を含む「関係先」にたいして、福祉事務所が照会することに包括的に同意する書類を、提出させることになったのである。

それは不正受給の効率的な防止をうたう通知であったが、保護の現場レベル(自治体福祉事務所)では結果として保護の抑制につながることが懸念され、反対運動の展開をまねいた。たとえば一九八二年の時点では東京、神奈川、大阪、広島、福岡の各都府県および札幌、京都、名古屋、神戸などの各自治体が厚生省の方針に従わないという状況だった(横山・田多、一九九一、第Ⅳ部第四章)。その後、以下にふれるような種々の圧力をつうじて「適正化」通知は全国に貫かれるにいたった。

こうした政策動向のきっかけは、表面的には、一九八〇年末に暴力団員への支給ケースがマスコミであいついでとりざたされたことである。しかし、適正化のより大きな標的は母子世帯だった。被保護人員は一九七四年に戦後の最低をしるしたのち一九八四年まで増大したが、この間の増加がいちじるしかったのが母子世帯だったからである。その背景には八〇年代になって加速した離婚の増加がある。

一九八五年前後には、生活保護行政への総務庁の行政監察や会計検査院の検査がたたみかけるようにおこなわれた。それらは離別母子世帯の前夫の扶養義務などを追及することを厚生省に勧告・要求している(総務庁行政監察局、一九八六。会計検査院、一九八六。会計検査院、一九八七。会計検査院、一九八八)。厚生省の「適正化」政策への援護射撃といえよう。地方の保護行政を厚生省がチェックする「指導監査」の方針においても、離別母子世帯への対策は年々強められていった。

その眼目は、やはり母親に前夫の扶養履行を追及させることと、母親の稼働能力の活用である。しかもこれらが、保護申請後の適格性の判断としてよりも、申請受理の前提とされる傾向があった(横山・田多、一九九一、第Ⅳ部第四章)。一連の「適正化」策が「奏功」して、被保護人員は一九八四年をピークに著減し、一九九一年にはついに一〇〇万人を割るまでになった。被保護世帯にしめる母子世帯の比率、母子世帯の世帯保護率も八六年度以降低下に転じた(厚生統計協会a、一九九一。厚生統計協会a、一九九二)。

生活保護の「適正化」ときわめて類似のベクトルをもっていたのが、母子世帯等への児童扶養手当の「重点化」(児童福祉改革)だった。それは支給対象の所得制限を強化し、離別母子世帯につき父(＝前夫)の所得による受給制限という新たな条文を導入したが(後者は未実施)、この一九八五年の法改正前後に、総務庁の行政監察(一九八四年)、会計検査院検査(一九八六—八八年)が実施され、母親の事実上の婚姻関係や同居者の所得の把握、再婚後の不正受給などが問題になっていた(『朝日新聞』一九八五年七月二四日。久田・酒井、一九八五、二三五ページ以下)。このような「適正化」をへて、児童扶養手当受給者は一九八六年から減少する(厚生統計協会a、一九九一、巻頭図)。離婚件数はやや減少したとしても、母子世帯数が相応に減少したとは考えにくいにもかかわらず、である。

「母親餓死事件」の「真相」

本章の最初にふれたように、「母親餓死事件」の主人公も死亡にさきだつこと二カ月一〇日の一九八六年一一月一三日に白石区福祉事務所を訪れていた。札幌市保護指導課がまとめた『事件の概要』によれば、彼女は面接において稼働指導と前夫への扶養請求についての「助言」を受けている。一連の「適正化」方針を遵守した行政窓口の対応だったといえよう。そして、「本人から、現在すでに困窮しているとの訴えはなく、……保護の申請には至らなかった」。申請がなかったのだから、彼女が保護を受けることなく「餓死」したとしても、福祉事務所の「一連の対応は、不当なものとは言えない」、というのが『事件の概要』の結論である(寺久保、一九八八、関連資料編)。

だが問題は「相談」=初期面接から申請受理にこぎつけるまでの遠いみちのりなのだ。じつは彼女は、離婚直後の一九七八年三月から一九八一年一二月のあいだにも保護を受けていた。それから最後に福祉事務所をたずねた一九八六年末までの五年のあいだに、全国の保護行政のしめつけは飛躍的に強まったと推測できる。全国トップクラスの高い離婚率も背景にあって、北海道は会計検査院検査の問題都道府県リストの常連である。とりわけ白石区のように、保護率が全国平均の三倍近くまで突出した福祉事務所は、いっそう厳しい「指導監査」を受けたはずである。久しぶりの福祉事務所の対応が、彼女の予期した以上に抑止的でなかったとは考えにくい。すでに一九八六年一月から市営住宅家賃を滞納し、六月からは料金滞納でガス供給を停止され、一一月はじめに病気でパート就労を辞めていた彼女が、一一月一三日の面接時点で困窮を訴えなかった真の理由は、依然として闇のなかにあるのだが。

これも最初に紹介した久田恵・中川一徳の論説は、事件の原因が福祉事務所の対応よりも個人的な特別の事情にあると見るが、理由としては、彼らの「判断の大きな手掛りになりうる」と称する状況的な証拠をあげるにとどまる。他方で久田が一九八五年に出版した共著『正しい母子家庭のやり方』は、母子世帯の立場から、「日本では社会保障の考え方が根づいていないため、ケースワーカーでさえ、社会保障を当然の権利としてではなく、恩恵・救貧政策としてしかとらえていない場合が多い」、「福祉事務所の窓口担当者は態度が横柄」などと述べていた(久田・酒井、一九八五、二三五、二三七ページ。引用部分は共著者の酒井和子の執筆)。

また、事件の四カ月後の一九八七年五月に札幌市が作成した『生活保護面接員の手引』も示唆に富む。それは、「急迫状態が認められる場合は、本人の申請によらない職権保護の途が残されています」と注意を促すものの、「生活保護は最終的な救済手段ですので」、「相談を省略した申請」は認めないという立場を堅持している(札幌市民生局、一九八七、一二―一三ページ)。しかし、この手続きは事実上、申請を受理しないままに却下などの不利益処分がなされるという事態につながりかねないものである。それは、不服申し立て制度を形骸化し、ひいては生活保護を受ける国民の権利を損なう恐れがある。申請ぬきでは不服申し立ての権利も発生しようがないが、生活保護法の不服申し立て制度こそは、日本国憲法の生存権を「真正の意義の「権利」」たらしめる要《かなめ》だとは、ほかならぬ戦後初期の厚生省官僚が誇らしくしるした見地だったからである(副田《そえだ》、一九八八、二三四ページ)。

あたかも久田・中川の論文発表から約一カ月後の一九九二年八月一九日、札幌市豊平区福祉部のケースワーカーが、生活保護受給者の資産について金融機関などに照会するのに、「同意書」を偽造していたという事件が判明した。偽造件数は都合二六件におよび、組織的偽造の疑いも濃いなかで、今回はさすがに札幌市役所も、「母親餓死事件」のときのように「熱心に業務している多くのケースワーカーたちの胸中を思い」(久田・中川)、行政の責任を否定する、という対応はとれなかった。同年八月二九日、市議会厚生常任委員会において市当局は陳謝の意向を表明。同九月四日には、市政の信用失墜を重く見た当局は、偽造を「教唆」した当時の保護第三係長の停職一カ月をはじめ、区幹部ら一五人を処分するという「異例の重い処分」(市幹部)を断行した(『赤旗』一九九二年八月三〇日。『読売新聞』一九九二年九月五日。『民医連新聞』一九九二年九月一一日号)。

その後はまさに白石区役所を舞台として、生活保護受給者の個人情報を記載した「生活保護台帳」を入れたまま、机を業者に払い下げた事件(一九九三年二月八日)につづき、男性ケースワーカーが自分のおこした交通違反を、担当の女性生活保護受給者に身代わりにさせた容疑で逮捕されるという、きわめつけというべき事件(同年四月一六日)など、不祥事が連発した。最後の事件の男性ケースワーカーは、別の生活保護受給者の老齢厚生年金を着服していたことも、札幌市の調査で判明している(全国生活と健康を守る会連合会中央機関紙『生活と健康を守る新聞』一九九三年二月二一日号。『読売新聞』一九九三年四月一六日夕刊。『毎日新聞』一九九三年四月一七日)。「適正化」政策のもとでの生活保護行政の現場の荒廃ぶりをあまりにもまざまざと示す事態といえるだろう。

ところで「母親餓死事件」のケースは一九八五年まで、中学卒業以前の第三子について児童手当を、また母子世帯として児童扶養手当を受けていた。しかし事件後判明したところでは、一九八六年には彼女が給付のための手続きをせず、一二月までに受領できたはずの両手当合計一八万円あまりを放棄していたのだった。寺久保は、この一見して自暴自棄的な行為の背後に、サラ金業者との関係を推測している(寺久保、一九八八、六六ページ)。他方で久田・中川は、彼女が「給付の簡単な手続きを放棄していた」ことをただ「不可解」と述べる(久田・中川、一九九二、三七四ページ)。

だが、この間にこれらの手当の給付条件が変わったことにも留意すべきだろう。とくに児童扶養手当については、前述のように、一九八五年の法改正前後に総務庁の行政監察(一九八四年)、会計検査院検査(一九八六―八八年)が実施され、母親の事実上の婚姻関係や同居者の所得の把握、再婚後の不正受給などに、当局者の厳しい目が注がれるようになっていた。会計検査で毎回のように北海道があげられているのも、生活保護の場合と同様である。

* *

こうして見てくると、「家庭基盤充実策」と連動し、社会保障制度改革の一環であった生活保護の「適正化」や児童扶養手当の「重点化」が、すくなくとも母子世帯の家庭基盤の充実にはつながらなかったことは否定しようもない。妻の役割からはずれた女性の生活は、彼女が母役割をひき受けたがゆえに「家庭基盤」が脆弱になるとしても、それを補強するに値しないということだろうか。とすれば、このような政策体系が期待する女性の役割は、やはり、第一に妻として「会社人間A氏」に基礎的な生活保障を提供することにあったと理解するほかはない。

「家族だのみ」の公然たる強化は、またあからさまな男性本位の再編強化だった。「母親餓死事件」が、特殊個人的な事情と「日本型福祉社会」政策との臨界面において生起していたということ、すくなくともこの点に異論の余地はないと思われる。論争よりも事実の展開そのものが、その「ウソと真実」に決着をつけつつあるようだ。

社会保険改革と雇用の女性化――制度間格差の縮小と一元化

さて、医療と年金という社会保険の二大分野の改革は、分立していた制度間の格差調整、さらに「一元化」という方向をもっていたといえる（田多、一九九一、一二三―一五ページ）。

医療改革としては、一九八三年の老人保健法導入により「福祉元年」以来の老人医療費支給制度が廃止され、さらに同法改正により「老人保健施設」が創設された（一九八六年）。また一九八四年の健康保険法等の改正によって健保被保険者に一割自己負担が導入され、「退職者医療制度」も創設された。「退職者医療制度」は、退職にともない健保から国保に移った六〇歳以上七〇歳未満の者について「退職者医療制度」という別会計をもうけ、健保各制度からの拠出金をくわえて八割給付をおこなう（配偶者は外来七割）。七〇歳からは全員が老人保健法による医療を受けることになる（「寝たきり」の場合は六五歳から）。

老人保健法による医療費は、低額の自己負担のほか、残りの医療費の三〇パーセントを公費（国二〇パーセント、地方一〇パーセント）、七〇パーセントを各保険制度からの拠出金によってまかなう。当初、拠出金の五〇パーセントは各保険者が給付した老人医療費の額に応じて各制度に割りふり（「医療費按分《あんぶん》」）、あとの五〇パーセントは制度ごとに老人加入率に逆比例して分担することになっていた（「加入者按分」）。なお加入者按分率は年々ひきあげられて一九九〇年から一〇〇パーセントとなった。診療報酬についても、「老人病院・病棟」では、従来の出来高払い方式ではなく、一件あたり定額方式の新しい診療報酬が導入された。老人にあれこれと医療行為をくわえても診療報酬は増えない、通称「まるめ方式」である。なお、退職者医療制度への健保からの拠出は、健保での被保険者本人に一割自己負担を導入したことでまかなわれた。

以上の改革のなかでも、退職者医療制度と老人保健法医療費の加入者按分負担、健保扶養家族への給付率ひきあげ（入院時を八割に。一九八一年）によって、制度間・制度内の格差は縮小したと見られる。

一九八五年の年金改革の柱は、基礎年金の導入、給付ひきさげ・拠出ひきあげという負担と受益の「適正化」、および「主婦の年金権」の確立だった。全国民が個人単位で加入する基礎年金とは、年金定額部分の「一元化」にほかならない。それまでの雇用者年金で、妻が「扶養家族」の場合には夫婦単位の年金額が夫にのみ帰属していたのを、基礎年金額については、妻名義とした。これにともなって雇用者年金は報酬比例年金のみを支給する制度に再編成された。厚生年金では、保険料率は既定の段階的ひきあげの水準に据えおき、給付額は、三二年間加入の「標準者」の受給水準(ボーナスをのぞく男子平均賃金の六八パーセント程度)が四〇年間加入者の水準となるよう「適正化」、つまり実質的にひきさげられた。

山崎広明が明らかにしたように、それは、後世代の負担は据えおきとし、将来の年金にたいする国庫負担を大幅に削減することで、公的年金を相対的に縮小した改革であった。後世代の過重負担を是正することは年金改革の大義名分として強調されてきたが、それは多分に看板にすぎなかったのではないかという疑念をぬぐえないわけである(山崎、一九八八。山崎、一九九二、二三ページ)。

大企業本位の維持強化

以上のような「一元化」にもかかわらず、大企業の正社員が最も厚い生活保障を享受するという高度成長期以来の社会保険のしくみに、抜本的な変化がおこったわけではない。

むしろ大企業本位は強まったとさえいえる。たとえば健康保険において、組合健保の特典である付加給付の比重は、一九八二年前後に一時低下したものの、またすぐに法定給付費の五パーセント程度に上昇する。一九八四年からは、組合の付加給付として、被保険者の一割自己負担(「退職者医療制度」と抱きあわせで導入)に還元金を支払うことと、世帯合算の高額療養付加金の支給とが実施できるようになったためでもある。また被保険者本人や家族の健康増進・管理を中心とする保健施設事業にも、一貫して付加給付費の倍以上の支出がなされている(厚生統計協会b、各年版)。宮島洋が指摘するように、企業の福利厚生費の側から見ても、保健関連(健保組合外の支出)は住宅以上に企業規模別格差の大きい分野である。しかも、本書が焦点をあわせている一九七〇年代なかば以降の時期、その格差は開いてきた(宮島、一九九二、一五〇―一五一ページ)。

老齢保障については、端的に企業年金をはじめとする私的年金の比重の増大が指摘できる。実際、三菱商事や味の素の月額「三〇万円」企業年金が厚生省に認可されて話題をよんだのは、一九八一年四月上旬のことだった。現在になってふりかえると、むしろ企業年金を振興するためにこそ公的年金の相対的縮小がはかられたという筋書きさえ見てとれる。

二一世紀初頭の年金財政が、一九七〇年代に立てられた見通しよりもずっと厳しくなるであろうことは、一九八〇年の年金財政再計算によって明らかにされた(厚生省、一九八一―a)。この新しい財政見通しが一九八五年年金改革の前提条件となったが、じつは財政再計算と並行して、一九八〇年七月から約一年間、企業年金の研究会が厚生省の委託研究としておこなわれていた。一九八一年七月のその報告書は、日本では従来、公的年金が欧米諸国における企業年金の守備範囲までもカバーするために、企業年金の役割が相対的に小さかったという事実認識に立つ。

この認識そのものの当否も問われなければならないが、いまはおく。「改革の方向」はつぎのように示された。

今後は現在の公的年金の水準を、その費用を負担する勤労世代の実収入とのバランスを考慮しながら維持するよう努力を行うとともに、その補完としてわが国にふさわしい形での企業年金の充実が図られねばならない。（厚生省、一九八一b、六ページ）

この論法のなかの年金水準の「維持」には、八五年改革のように、三二年間加入者の給付水準を四〇年間加入者の水準となるようひきさげることが含意されていたと考えられる。ようするに公的年金の水準をひきさげて、企業年金の役割を拡大せよという提言だった。

そうした方向に沿う厚生年金基金制度の「弾力化」は、プラスアルファ部分の給付設計でも(一九八五年)、念願の資産運用についても(一九八九年)、実現されてきた。厚生年金基金のプラスアルファ部分は、企業の福利厚生費のうち「退職金等」の費目に反映される。土田武史や宮島が注意を促すように、「退職金等」は企業規模別格差が大きい分野であって、しかもその格差が問題の一九七〇年代のなかば以降いちじるしく拡大してきた(土田、一九八九。宮島、一九九二、一四三、一四八ページ)。

男性本位の維持強化と雇用の女性化

では社会保険制度の男性本位はどうなったのか。一九八〇年代のさまざまな改革のなかで、性別役割分担の維持強化と異なるベクトルをわずかでも含むのは、雇用者年金の夫婦単位制が基礎年金の導入によって一部個人単位になったという側面のみである。

しかし、この個人単位制はきわめて不徹底である。雇用者の扶養家族である妻は、保険料を直接徴収されない「第三号被保険者」となる。扶養家族と認定されるための年収の限度額は、いまのところ一二〇万円で(および原則として、その金額が被保険者＝夫の年収の二分の一を超えないこと)、医療保険の場合と同様の取り扱いになっている。彼女自身が就職したり自営業を始めたりして夫の扶養家族でなくなると、第二号(雇用者)または第一号(自営業者、無職者)の被保険者として、保険料を直接徴収されるのはむろんである。のみならず、夫が退職したり脱サラなどで雇用者でなくなった場合にも、彼女は第三号被保険者の資格を失い、保険料を支払わなければならない。夫の身分の転変に左右される、いわば陪臣《またもの》の境遇なのである。

また、満期四〇年間加入で月額五万円(一九八四年価格)の「主婦の年金」が、性別役割分担を流動化させると展望できないことも明らかである。むしろそれは、扶養家族である女性からは保険料を徴収しないというしかたで、女性が就業するにしても、所得を夫の扶養家族の限度内にとどめるよう促すものである。ようするにパートタイム就労の助長である。

そして、社会保険の男性本位という側面で、制度の改変以上に大きな意味をもったと思われるのが、雇用の女性化の日本的な展開である。前章で述べたように雇用の女性化は最も単純には雇用者の女性比率の上昇をさし、日本でも一九七五年以降進んできた。**図4-2**と**図4-3**は、その社会保険制度へのインパクトを端的に表すと思われる。

図4-2は、雇用者の女性比率にたいして、社会保険の諸制度の女性比率が相対的にどう変化したかを示す。すなわち、各年の諸制度の被保険者の女性比率を、同年の雇用者女性比率で割ることによって、それぞれの女性出現度を求め、グラフにしたものである。

雇用者全体に女性が進出している比率にくらべて、女性進出のより低い社会保険制度では出現度が1未満となり、女性が集中している制度では出現度が1を超える。中小企

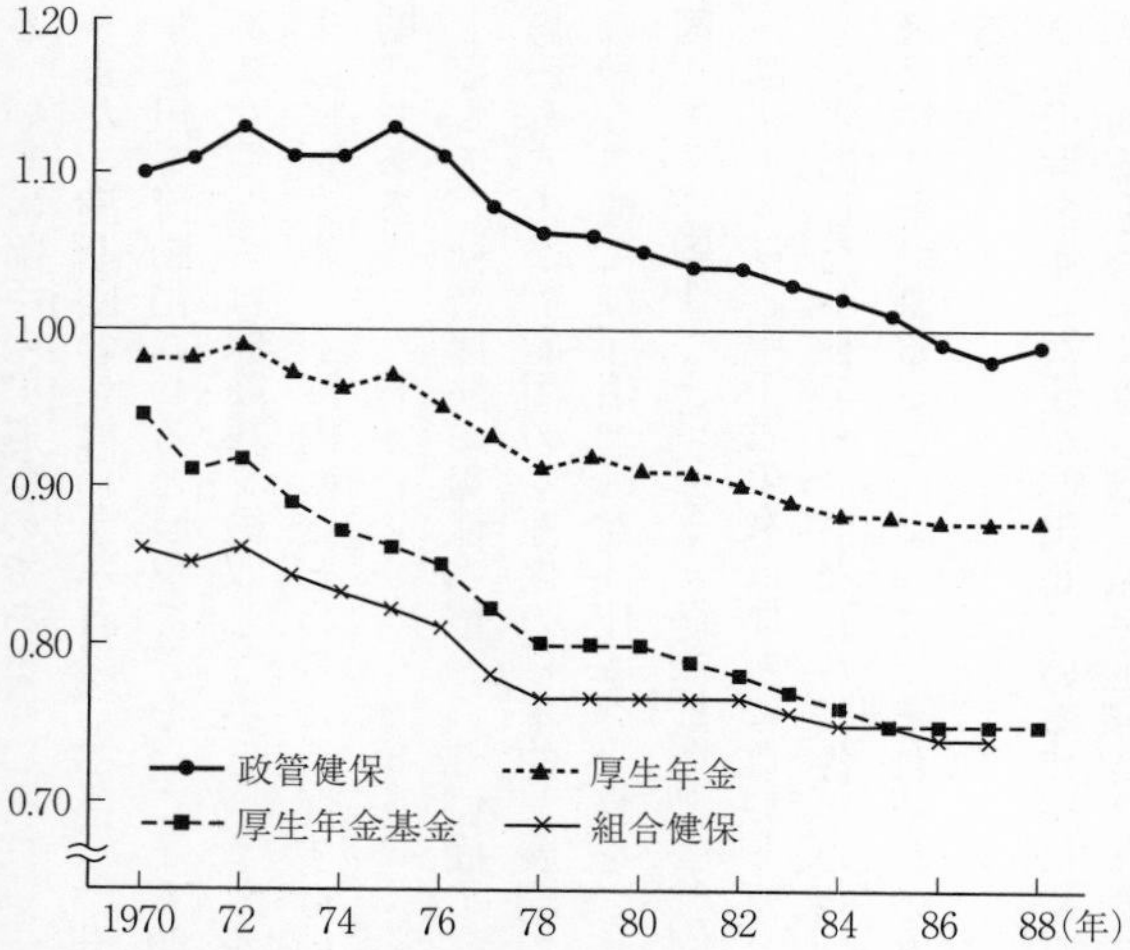

「女性出現度」は雇用者社会保険各制度の被保険者の女性比率を雇用者女性比率で割ったもの．保険料率・給付面で相対的に不利な制度に女性が集中していること，また上の4つの制度にカバーされない女性雇用者の割合が拡大していることがわかる．資料：総理府社会保障制度審議会事務局(各年版)，労働省婦人(少年)局(各年版)．

図 4-2　雇用者社会保険各制度の女性出現度の推移

業雇用者をカバーし、保険料率・給付の両面で不利な政管健保には女性が集中し、逆に組合健保や厚生年金基金のように大企業中心の有利な制度のもとでは女性の進出度が低いことが、鮮明に表現されている。さらに注目すべきは、私たちが問題にしてきた一九七五年以降、いずれの制度の女性出現度も低下したことである。

　各制度の被保険者の女性比率自体はこの間に横ばいないし微増したもの

の、雇用者女性比率が着実に上昇したために、女性出現度は低下してきた。つまり、ここに図示された制度にカバーされない女性雇用者が大幅に増えたのである。健康保険、厚生年金の両制度にカバーされない女性雇用者とは、①「特殊職域」の雇用者、つまり公務員、私立学校教職員、船員など、②「一般職域」でも五人未満事業所の雇用者、③「一般職域」でも非適用の事業(サービス業など)の雇用者、④適用事業の五人以上事業所の雇用者で制度非適用の者、などである。

結論からいうと、社会保険諸制度の被保険者女性出現度の低下の原因は、④のグループにしぼられる。なぜなら、まず厚生年金も健康保険も一九八六年から一九八九年のあいだに、すべての事業の、五人未満の法人事業所にも強制適用となったにもかかわらず、それによって出現度は上昇していない。つまり、②、③のグループの女性雇用者が平均以上に増加していたために、両制度の被保険者女性出現度の低下がおこったという可能性は、乏しいといわなければならない。また、①の大部分である公務員は、労働力調査によれば女性出現度が〇・五を下回る圧倒的な男性分野であって、女性雇用者に占める公務員の比率も二パーセント程度にすぎないだけでなく、一九七五年以降その比率を低下させてきた。残るは④であり、それが何者であるかは、上に示した雇用形態別に福利厚生制度の適用状況を表す**図4-3**が示唆している(常用労働者規模三〇人以上の事業所の非正規労働者の個人調査結果)。ようするに、この間の雇用の女性化がすぐれてパートタイ

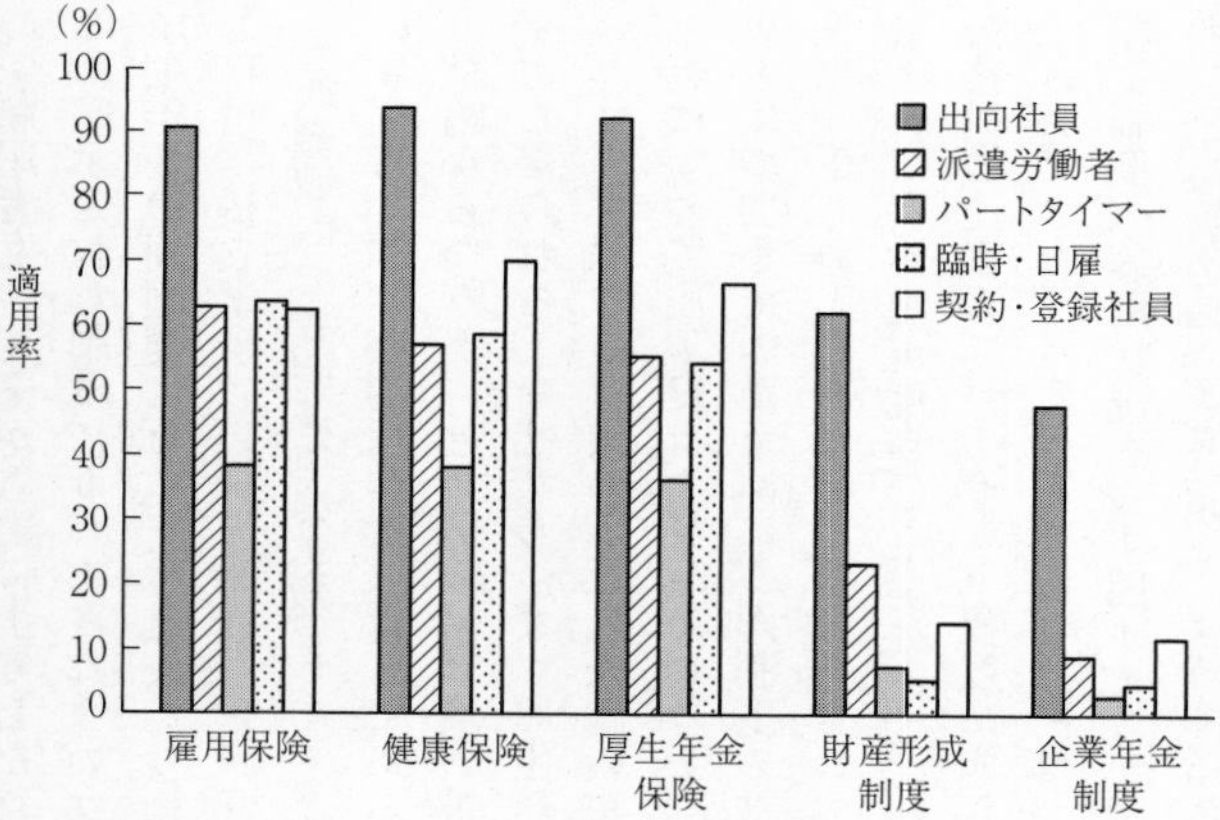

各就業形態の非正社員で，それぞれの制度が適用されると答えた者の比率．資料：労働省(1989)，第10図．

図 4-3　就業形態別の非正社員への福利厚生制度の適用率

マー化として進行してきたことが、**図4-2**の女性出現度低下の主因と考えられる。

このような社会保険の女性被保険者の伸び悩みを、厚生省がさほど懸念してきたように見えないのは不思議である。たとえば同省年金局による年金財政の再計算結果は、一九七三年以来厚生年金の女性被保険者数が停滞しているという事実に言及しながらも、「女子の被保険者数は経済成長期には大きく伸び、不況期には減少する傾向が見られ、経済情勢を敏感に反映しているといえる」などという、まことに他人事めいたおおざっぱな解説以上には分析を与えていない(厚生省、一九九〇、四八ページ)。最近になって、出生率の低下が次世代の被保険者＝保険料拠出者の減少につながり、年金財政を弱体化させるという点が、いささか大仰な論議をよんだことにくらべて、現世代の女性雇用者を社会保険制度がカバーする程度の低下、逆にいえばパートタイマー化としての雇用の女性化が社会保険制度の財政基盤を浸食していることについて、厚生省当局の問題意識はあまりにも薄弱だったように思われる。

しかも、厚生省はパートタイマー化にかんしてたんに受け身の立場にあるのではない。既述のような基礎年金の第三号被保険者の扱いは、有配偶女性にパートタイム身分での就労を奨励し、彼女たちがフルタイム就労ないしより高い賃金率をえてみずから厚生年金制度の被保険者となることに、一種のペナルティーを科すことになっている。基礎年金制度のしくみそのものが厚生年金の財政を不健全化する方向に作用するのだ。絵に描いたような不合理といえるだろう。

なお、これについての厚生省筋の立場としては、一九九二年一二月一一日提出の「パート労働者に対する医療年金保険に関する検討会報告書」でようやく、パート労働者も雇用者保険の被保険者とするという「基本的な考え方」が出されたようである(保原、一九九三)。

雇用の女性化と雇用機会均等法

ところで雇用の女性化と女性のパートタイマー化がともに進行したことは、先進工業国のなかで日本だけの現象とはいえない。**表4-2**は、主要国におけるパートタイマー化の状況を示す。

ただし、パートの定義は国によって異なっている。第二章でも述べたが、一週間あたりの労働時間が三五時間未満というここでの日本の定義は、国内で用いられるいくつかの定義のなかで最も狭いものである。国際的に見た狭さはいうまでもあるまい。日本では「Bパート」、つまり正社員とほぼ同じ所定労働時間でありながら、賃金率など労働条件面で「パート」扱いされる労働者が、一二〇万人以上も存在し、うち七〇万人は女性である。この点をふまえれば、**表4-2**が示す事実はいっそう重大である。

ともあれ**表4-2**によれば、一九七〇年代末から八〇年代前半に女性雇用者を大幅に増加させた国は、カナダ、アメリカ、日本、そしてイタリアなどだが、そのうち日本以外の国々では、増加の大部分がフルタイム雇用者による。これにたいして日本では、女性雇用者を一〇パーセント増加させながら、その大部分がパートタイマーだった。この傾向は、一九八〇年代後半にはいっそう強まる。これを雇用の女性化の最もいちじるしい日本的特徴といってさしつかえないだろう。自民党『日本型福祉社会』の展望はこの面で図にあたったのである。

表 4-2　パートタイマー化の国別比較

（単位：％）

	年次	パート比率		パートにしめる女性比率	女性雇用者への貢献(1979–1986年)		
		男女計	女性		計	パート	フルタイム
アメリカ	1979 1983 1986	16.8 18.4 17.4	26.7 28.1 26.4	67.8 66.8 66.5	18.3	4.5	13.8
イギリス	1979 1983 1986	16.4 19.1 21.2	39.0 42.4 44.9	92.8 89.6 88.5	1.1	6.4	−5.3
イタリア	1979 1983 1986	5.3 4.6 5.3	10.6 9.4 10.1	61.4 64.8 61.6	7.5	0.3	7.2
カナダ	1979 1983 1986	12.5 15.4 15.6	23.3 26.2 25.9	72.1 71.3 71.2	23.7	8.7	15.0
西ドイツ	1979 1983 1986	11.4 12.6 12.3	27.6 30.0 28.4	91.6 91.9 89.8	1.1	8.4	−7.4
日本	1979 1983 1986	9.6 10.5 11.7	18.4 21.1 22.8	64.5 70.7 70.0	10.0	6.7	3.3
フランス	1979 1983 1986	8.2 9.7 11.7	17.0 20.1 23.1	82.0 84.6 83.0	4.5	7.1	−2.6

資料：労働省婦人局(1987)，(1988)．

ところで男女雇用機会均等法は、こうした日本的な雇用の女性化にたいしてどのような効果をもったのだろうか。数字だけをあげれば、一九八六年四月の均等法実施後、非農林業の女性雇用者は二四五万人増加したが、うち一五〇万人までは短時間雇用者であった。ここから、現行の男女雇用機会均等法が女性労働者を縁辺化する方向に作用してきたと評価するのは、あまりにも短絡的だろうか。だが、中央労働基準審議会会長である花見忠の見地もそこにあることは、第三章の終わり近くで見たとおりである(前出、一七六ページ)。

本書の用語を使っていえば、均等法は家父長制的な企業中心社会にぴったり適合するということなのだ。

4 結論——会社人間にさようならするために

こうして私たちはようやく、『生活大国五か年計画——地球社会との共存をめざして』の提言をくもりなく評価するために必要な知見をえた。残念ながらそこには、家族だのみ・大企業本位・男性本位の日本的社会政策の総体、そこに組みこまれ再編・強化された家父長制的ジェンダー関係を問いなおす視角は、乏しいといわざるをえない。

再度引用すると、同計画は「女性が十分に社会で活躍できるよう、これまでの男女の固定的な役割分担意識を始め社会の制度、慣行、慣習等を見直し、男女共同参画型の社会を実現することが必要である」と述べる。しかし、「女性が能力を発揮しやすい環境の整備」として同計画があげるのは、①雇用機会均等法の「趣旨を更に徹底」する、②労働基準法の母性保護以外の「女子保護規定」を廃止する、③育児休業の普及、介護休業制度の促進、保育サービスの充実をはかる、④「育児終了後の女子」の労働市場再参入を促進し、「パートタイム労働対策の充実」をはかる、などである。女性をおもに「膨大な使捨てのための縁辺労働力」として利用するという従来の構図には、変更がないと思われる。

また、社会保障にかんして掲げられたのは以下の施策である。①デイサービスセンター、老人ホームの整備など老人保健福祉施策を推進するとともに、「各施設で在宅との間の均衡に配慮して、費用負担の適正化を図る」、②公的年金については、「世代間の負担の公平」のための保険料のひきあげと、雇用者年金の老齢年金支給開始年齢の段階的ひきあげをおこなう、③企業年金の育成普及、個人年金などによる「自助努力を支援」する、④医療では、「生涯を通じた健康づくり」と「医療費の適正化対策を推進」する。

すでに読者には明らかなように、圏点をつけた語句は、自民党「日本型福祉社会」論から『厚生白書』昭和六一年版へとつながる文脈の延長線上で解釈できるものである。つまりこれらは基本的に一九八〇年代の「日本型福祉社会」政策の延長線上にとどまっているといっていい。

さらに、これらの施策には家父長制的なジェンダー関係が深く暗黙のうちに埋めこまれていると第一章で述べた意味を、ここで明言しておきたい。たとえば②と③は、ようするに公的年金の拠出・給付条件を低下させてその守備範囲を相対的に縮小し、企業年金等の役割を拡大することを意味するが、それが企業社会での女性の基幹労働力化を確保する政策と連動しないかぎり、その帰結は年金受給での性別格差がいっそう拡大するということにならざるをえない。そして、生活大国五か年計画がおよそ女性の基幹労働力化という方針をもたないことは、まさにいま見た通りである。

また、①と④には若干の新味も感じられるとはいえ、基本的に、前述の「施設から在宅へ、無料から有料へ、公的責任から民間活力へ」という流れの延長線上にあることは否定できない。従来も、良質の住宅をもつかもたないか、貨幣経済力の多寡、親身な介護の人手を確保できるかどうか、などの条件の差によって、たとえば人生の終幕において享受できる福祉に大きな格差が存在したが、右のような一九八〇年代の流れは、その格差を拡大する方向に作用するのである。

そして、これらの福祉条件の有無のどれもが性別と深くかかわることがあらためて注意されなければなるまい。生活大国五か年計画の方針は、女性の経済的自立を保証する施策とともに、家庭の内外の介護労働の性別分担の偏りなどを抜本的に是正する施策とタイアップしないかぎり、福祉の享受における性別格差をいっそう拡大しかねない。しかるに第一章で見たように、生活大国五か年計画は「家庭」について、変化よりも現状の延長を期待するのであった。

ともかく本書をつうじて私たちが見てきたのは、一九八〇年代の社会保障制度改革が企業中心社会の確立を支え、かつ促進したということである。この時期「恵まれた人はより有利に、そうでない人は落ちこぼしもやむなし」というしくみがいやがうえにも強められた。性別役割分担をおこなう両性のカップルとしての会社人間、その「寄らば大会社の蔭」志向は、ほかならぬ「日本型福祉社会」政策をつうじて総仕上げされたのである。とすれば、会社人間にさようならするためには、政府みずからが、社会経済政策を根本的に転換することを通じて、日本社会の家父長制的ジェンダー関係の廃棄にとりくむことが不可欠となる。生活大国五か年計画は、抜本的に再考されなければなるまい。

いま・ここで私たちの社会のあり方を変革することなしに、生活大国五か年計画が「めざす」という「地球社会との共存」はおぼつかないと、私は考える。遠い異国の特別に不幸な人々のなかに出かけていって汗を流すことばかりが国際貢献なのではない。この日本国がなんとも息苦しい家父長制的な企業中心社会であることが、極限まで緊密になった国際経済連関をつうじて、地球のすみずみの人々の、静かでゆったりとしたライフスタイルを現に侵しているのだ。

企業中心社会を脱し、真に両性・老若の諸個人が尊重される社会を築くことこそは、二一世紀にむかう地球社会のなかで日本国民のだれもが、いま・ここでなしうる大きな国際貢献となるだろう。その方向に本書がわずかでも役立つことができるならば、著者としてこれにすぎる喜びはない。

ベルリンで出会う――大沢式魚哲学と発想法

山田ボヒネック　頼子
（在ベルリン）

大沢真理さんがまだベルリンに滞在中のことである。話は、「一つの論文を書き上げるとき、著者としてどういう過程を踏むか」に、及んでいた。大沢さんは言った。「私は、全体構想をまず視覚化する。それは、三次元的な像である。その全体像を目の前に描きながら、「ここは、もう少し膨らまそう。こっちは、もうちょっと丸くして……」などと言いながら直していく。そんな像がまた夢に出てきて、夢の中で形が整うこともある」。

これは、私にはおもしろかった。二重の意味でおもしろかったのである。一つには、私がベルリン自由大学一九九二―九三年冬学期の大沢ゼミで習った大沢式論法がここにも顔を出していることで。もう一つには、大沢さんの発想法の特徴が語られていることで。

「大沢式論法」と私が名付けるのは、大沢さんによる通念のうち破り方である。彼女は、まず「通念」を提示する。この「通念」はいわゆる「常識」とよばれるものから、客観的と見なされる社会学的統計などまでを含む。「大沢式論法」は、まず、「これこれは、ふつう、これこれのように思われています」と始める。しかし、この「ふつう」は、やがてその論法の切っ先を受けて次第次第に「ふつう」でなくなっていく。かくて当初「当たり前」と思われた「事実」ないし「客観的(と思われた)統計」は、その鋭い論理的攻撃に耐え切れず「うち破られる」。

私にとって学術論文の全体構想とは、論理的組み立てではあるにせよ、三次元的形態を持ったものであったことはない。ところが大沢さんは、それをあたかも粘土細工でもあるかのように、「視覚化」するというのである。私の「通念」は破られ、「なるほどね」と思いながら、私はその視覚的な頭の体操をおもしろがったのである。

思考過程の視覚化に関する大沢さんの話はまた、その発想法においても私をおもしろがらせた。なぜなら私は、氏が左脳的世界と右脳的世界との同時活性化を苦もなく行っている、と見たからである。

ここで私が「左脳的世界と右脳的世界との同時活性化」とよぶ精神活動のあり方は、西洋文化がここ二〇年来、「ニューエイジ運動」の名の下に躍起になって(と私は判断している)到達しようとがんばっている目標である。以下、誤解を恐れずあえて単純化して描いてしまうと、西洋文明はことにここ二〇〇年間、その言語中心主義、あるいは左脳的文化一辺倒を極限まで押し進めてきた、その結果、現在、地球レベルでその「ツケ」を突きつけられている。ニューエイジ運動は、これらの破壊的軌跡への反動として、七〇年代に入ってから、各科学分野で次々と余儀なく起こってきた。

そのパラダイム変換としての発想法の転換は、そのモットーの一つに、いわゆる「右脳的発想」を含める。右脳的発想とは、総体的・有機的な発想、直感・身体・感情面の見直し、全体と部分との融合およびその両立、絵画的・芸術的創造性などを意味する。つまり、それまでは西洋文明がとかく「非科学的・非文明的」と断じ、窒息させようとしてきた能力を「全脳的」に再活性化する努力である。しかるに、右脳的発想の一つに挙げられる視覚化作用 Visualization の持つパワーは、昨今、心理学や記憶法などの書物にあり余るほど書かれている。大沢さんが自身の左脳的思考過程を、右脳的な視覚化作用を使いながらいろいろに修正するというのは、言ってみれば両脳の同時活性化であり、かくて私に「ん、おもしろい」の感想をもたらしたのであった。

そうして「おもしろがった」私のところに届いた本書の校正刷。大沢さんが三月末にベルリンを発ってから三カ月後、ベルリン自由大学東アジア研究所の建物の南壁をいっぱいに覆う野生葡萄《ぶどう》の葉が新緑に萌える六月初め、本書の校正刷は届いた。ここで大沢さんは、現代日本を、病膏肓《こうこう》に入った企業社会として、まず議論の中心にすえる。これは「病んでいる生き物」である。しかもその病の度合が、並大抵のことでは治癒できそうもないところまで進んでいる。彼女は、この全体像の病み具合を、具体的にどの部分が、どのように病んでいるかを、例の大沢式論法を駆使しながら診断・分析してみせる。

この診断・分析における大沢さんの手際は、鋭い。読みながら私は、彼女の特技の一つである料理における包丁裁きを思い出していた。大沢さんはベルリン滞在中、ベルリンの日本の女たちに、例えばスズキ(ドイツ語で"Zander"という)を一本魚市場から買ってきては、包丁裁きを指導したりしてくれたのである。その包丁裁きの鋭さと、大沢式論法の鋭さとは「共通するものがあったことよ」と懐かしい。

ところで大沢さんの料理教室は、また別の意味でも大沢式論法の舞台であった。なぜならそこで、彼女は魚料理の最大の長所を「捨てるところがほとんどなく、全体を無駄なく食べられること」とし、それまでの「通念」では捨ててしまうのが相場だったものまで非常に大切にして、余すところなく調理してしまったからである。

この「大沢式魚哲学」は、実は本書の基盤をなしている。それは、一方では個体性重視であり、もう一方では総体性・有機性への限りない愛情である。かくて「大病の生き物」である現代日本は、大沢さんの鋭くかつ愛情に満ちた包丁裁きによって、その活路を見いだした。

（ベルリン自由大学東アジア研究所助教授、記号学・英米文学・日本学専攻）

付論　社会政策の比較ジェンダー分析とアジア

はじめに

私は、社会政策論、とくにその比較ジェンダー分析を専門とする。私の場合に社会政策とは、社会保障・福祉などを中心とし、労働政策、労使関係、家族政策から、住宅、教育、税制などを含む政策分野をさす。いいかえると、広い意味で「福祉」とよばれる領域に、労働政策、労使関係をくわえたものである。

大学院に進学するころから取り組み、博士論文となった研究は、絶対王政期以来のイギリス救貧法制度と福祉国家との連続と断絶に焦点をあてていた(大沢、一九八六)。「救貧法(Poor Law)」とは、現代日本でいえば生活保護法にあたるものである。一九八〇年代末からは、第二次世界大戦後の日本を中心として、「ジェンダー」を組み込みつつ国際および時系列の比較分析を行うことを課題としてきた。国際比較の対象は、主として欧米諸国であるが、一九九〇年代後半から不十分ながら韓国、タイなどもとりあげるようになった。

社会政策は社会保障・福祉などを中心とすると上に述べたが、「先進国」のような社会保険制度が確立していない国・地域でも、社会として持続可能であろうとすれば、大量失業や極度の貧困にたいしてなんらかの施策がおこなわれなければならない。また、「途上国」政府の大多数は、工業化や都市化の開始や促進にかんする開発政策を推進している。それらは雇用機会の増加や生活水準の引き上げを目標ないし効果としており、広義の「福祉」にかかわる政策として、社会政策であると考えられる。このように、「開発」も含めて、社会政策研究にジェンダーおよびアジアを組み込むことは、平坦な途ではなく、社会政策論の構制そのものを変えずにはすまなかった。以下ではその経過を述べよう。

1　「現代日本社会と女性」

「女性」あるいはジェンダーにかんする私の最初の論文は、一九九二年一月に刊行された東京大学社会科学研究所編『現代日本社会6　問題の諸相』の第一章「現代日本社会と女性――労働・家族・地域」である(大沢、一九九二a)。じつは同論文は、「現代日本社会」というプロジェクト研究にたいして、異議申し立てするという性格をもっていた。

一九八〇年代末から一九九〇年代前半にかけて、会社(本位)主義や企業(中心)社会、企業主義などの概念を用いた日本社会論が盛んだった。一九九一―九二年に刊行された『現代日本社会』は、そうした議論を学術的なレベルで集約した一例といえる。この『現代日本社会』全七巻の構成は、それまでの日本の社会科学に「女性」が不在であり、「ジェンダー」が無視されてきたことを、象徴的に示している。もう一つ興味深いのは、「福祉」の微妙な位置づけである。

まず「女性」について見ると、六〇編近くにのぼる寄稿のうち、女性をテーマとするのは、私の論文「現代日本社会と女性」だけである。論文作成は難渋したが、その一因は、この共同研究をリードした仮説である「会社主義」が、女性を、というよりむしろ、職場といわず家庭といわず社会の構造をつらぬくジェンダーを、無視することによってなりたっていたことにあった。その「会社主義」仮説は、シリーズ第1巻『課題と視角』の巻頭をしめる運営委員会の「序論　現代日本社会の構造と特殊性――問題の提起」で提示された(以下たんに「序論」と呼ぶ)。

「序論」によれば、現代資本主義の特質は「成長」と「福祉」にある。高度成長期はもちろん石油危機後にも「とびぬけた」経済成長をとげてきた日本は、「成長」の面では現代資本主義の「典型」といえる。他方、日本の福祉国家は明らかに小さく、「福祉」

の面では日本は現代資本主義の「例外」である。このような日本の「典型性と例外性の統一的解明」こそが、現代日本社会論の課題である、という。

「統一的解明」といいながら、「序論」は「成長」に焦点をあわせる。成長経済の柱は、国際的枠組を別とすれば、日本社会の「会社主義」にしぼられるという。「会社主義」とは、狭い意味では「企業の強い従業員凝集力」をさし、広義には「戦後日本の成長体制」の総体をさす。労働者が勤務先企業にたいして非常に強い帰属意識をもつこと、企業の側が異様なまでに強い労働者支配をおこなっていることが、会社主義の核心である。そうした会社主義は、一つには、企業の内部で賃金や労働の格差・断絶が少ないことによって成立しているという。日本の企業では権威主義や上下の差、ホワイトカラーとブルーカラーの区別などが露骨でなく、賃金体系や経営にたいする従業員の発言権も連続しており、昇進可能な幅が各層でそれぞれに大きい。それゆえ日本企業は、たんに労働者を強制し支配しているわけではなく、彼らの自発的な服従をとりつけることができている、という。

しかし会社主義の企業とは、過剰な競争が支配する世界であり、異端的な社員にたいする疎外や、パート、派遣など非正社員への差別がある。忠実な社員は、あまりにも長時間高密度で働きすぎて「過労死」する。あるいは彼らの視野が非常に狭まって、会社のこと以外、生活も社会も国家も世界も見えない。そのため、会社主義は地域社会を空洞化してしまうという。

以上のような会社主義の仮説によって、日本社会が、なぜ、またどのような仕組みで、競争と効率に支配された息苦しい社会であるのか、ある程度つかむことができた。しかし、パートや派遣に言及してさえ、そこには女性の姿がほとんど見あたらない。企業内で賃金や労働の格差・断絶が小さく上下の差が露骨でないとか、ともかく忠誠をつくせば昇進できるといった会社主義の特徴なるものは、「労働者」や「従業員」の前に「男性」という限定をつけてはじめてなりたつ。それは、竹中恵美子らに代表される「女子労働論」にてらして明らかだ(竹中、一九八九)。

しかし、「女子労働論」は会社主義の論者たちからほとんど無視されていた。私自身、プロジェクト研究で「現代日本社会と女性」の執筆をわりあてられなければ、女子労働論をひもとくことはなかっただろう。それは特殊な周辺領域であるばかりでなく、学問的水準が低いという「烙印」をおされていた。能力と意欲ある若手研究者なら社会の「基軸」、「一般」の研究をめざすものだという指導、誘導が暗黙のうちにもおこなわれていた。基軸や一般として研究される対象がじつは男性だけであるにもかかわらず、である。

私の論文は、雇用労働と家事労働をつらぬく性別分業こそが、会社主義――のちの用語では「企業中心社会」――の基盤であることを主張した。この論文への批判的な反応として、現代日本社会を分析するうえで、「女性の不在」は当然だという主張があった。それは私が十分に予想した反応だった。つまり、現代日本社会の「基軸」、たとえば重化学工業の大経営にはほとんど男性労働者しかいないのだから、「女性の不在」は当然である、他方では、理由はともかく女性を明示的に論じる必要はない、などの反論もあった。『現代日本社会6』の合評会でも、そうした議論が聞かれた(東京大学社会科学研究所、一九九三を参照)。私は、アカデミック・セクシズムが現に作用していることを実感した。それは、たんに女性研究者にたいするセクシュアル・ハラスメントや就職差別などとしてではなく(それらはもちろん深刻で大きな問題だが)、大きな共同研究のデザインやそれに伴う人的・資金的な研究資源の配分のジェンダー・バイアスとしてこそ存在していたのだ。

あとで考えれば、私の論文は、「女性の不在」を問うよりは、男が社会の「基軸」で女がその「下半身」であるような男女の関係そのもの、つまりジェンダーを前面にだし、会社主義の仮説が、ジェンダーを前提しながら暗黙の与件とし、分析の視野からはずしていたこと、それ自体を問うべきだった。この反省から、私は自分の研究を女性学と称するのは避けることになった。

また、私の論文は会社主義と「福祉」の「統一的解明」に論を進めることはできなかった。「序論」では会社主義は成長のキー概念であり、他方で福祉は、成長によって支えられることはあっても、あくまで資本蓄積を制約する条件、つまり成長阻害要因とされていた。福祉と会社主義との構造的なかかわりを問いにくい問題設定だったといえる。そこにジェンダーという座標軸を導入することはなおさらむずかしかっただろう。そもそも「現代日本社会と女性」を執筆した九一年夏当時には、私自身がジェンダーという概念を十分に自分のものにしていなかったのである。

2　社会政策のジェンダー・バイアス

そこで、主として欧米でのジェンダー論の成果を消化吸収しながら、ジェンダーと日本の社会政策、および企業中心社会とのかかわりを問うことが、一九九一年秋以降の私の課題になった。

とはいえこの研究テーマも、順当に設定されたわけではなく、あてがわれたという面がある。お茶の水女子大学の女性文化研究センター(一九九六年五月より「ジェンダー研究センター」)が、九二年三月に東京ドイツ文化センターと共催した日独シンポジウム『女性と労働』に、報告者として起用され、コーディネーターの原ひろ子(お茶の水女子大学教授。以下肩書きはすべて当時)から、社会保障を中心とする社会政策のジェンダー・バイアスというテーマを強く要請されたのである(シンポジウムの成果は、原・大沢、一九九三)。

このテーマで報告するためには、まず、社会政策の概念を再構成する必要があった。専門外にはいかにも奇妙に映るだろうが、大河内一男の理論に代表される戦前以来の日本の社会政策論は、労働保護立法や労使関係政策を中心としており、「福祉」を社会政策の領域から締めだしてきた(大沢、一九九六bを参照)。

他方で高度成長期に成立してきた社会保障・福祉の研究は、通常、労働政策や労使関係の研究にたいして距離があり、両者の境界にある企業福祉のような分野の研究はたち遅れたと考えられる。そして、伝統的な社会政策論はもちろん、社会保障・福祉の研究も、ジェンダーを視野の外に置いてきた。ようするに、福祉を締めだす社会政策論と、ジェンダーを視野の外におく社会保障・福祉研究、そうした研究の系譜のもとで、社会保障・福祉を中心とする社会政策を、ジェンダーとのかかわりで問うような問題設定は、二重三重に抑えられてきたのである。そこで私は、本稿の「はじめに」で述べたような労働と福祉を包括する社会政策概念を使うことにした。

ジェンダー研究の方法については、一九九二年五月の社会政策学会大会で、共通論題報告者として学会の女性労働研究の実績を総括するという機会を与えられた際に考えさせられた。一八九七年に創立された日本の社会政策学会は、当時の雇用状況にてらして当然とはいえ、当初から紡績女工、製糸女工などの女性労働者に関心を寄せ、戦後も女子労働論は確立した一分野をなしてきた。しかし、戦後の社会政策学会の毎年の大会、そしてそれらの成果を反映する学会年報や研究叢書の内容を追跡するかぎり、学会の女性労働研究の実績は「貧しい」と判断せざるをえないものだった。「男性労働」という限定がないにもかかわらず、女性労働者を当然のように考察の外におく研究が主流の座をしめてきた。労働者の差別や選別が問題にされる場合にすら、それとジェンダーとの関連は不明だった。女子労働論は特殊な狭い分野と見なされており、その研究成果が「分野外」から一目置かれる場合は、少ないようだった。いわゆるゲットー化である。こうした労働研究の構図そのものがアカデミック・セクシズムであり、会社主義の問題構制の原型でもあったのだ。

そこで、女子労働論を特殊な周辺領域として隔離する問題構制に終止符を打ち、社会政策・労働問題のあらゆる研究課題に「性別にこだわる」アプローチをとりいれよう、というのが、学会大会での私の提言だった（大沢、一九九三a、七ページ）。そのうち、社会政策論の「性別にこだわる」アプローチについては、ともかくも政策のジェンダー・バイアスと思われる特徴を、上記の日独シンポで指摘することになった。体系的に整理する作業には、一九九二年の初夏から夏にかけてとり組んだ。難渋し右往左往した作業の結果、戦後日本の社会政策史をつぎの論点にまとめるにいたった。

①戦後日本の社会保障・福祉システムには、「家族だのみ」・「大企業本位」・「男性本位」というバイアスがある。②そのような社会政策システムが、戦後二〇年ほどのあい

だに構築されたことは、ジェンダーを基軸とする企業中心社会の形成の一環だった。③一九八〇年代に社会政策の全分野にわたっておこなわれた改革は、「家族だのみ」・「大企業本位」・「男性本位」を維持強化することによって、企業中心社会の確立を助長した。

これらの論点を体系的に述べたのは、著書『企業中心社会を超えて――現代日本を〈ジェンダー〉で読む』である(大沢、一九九三b)。「家族だのみ」、「男性本位」とは、従来の社会保障・福祉が、「夫は仕事、妻は家庭」という性別分業を前提として、男性労働者中心に、世帯単位で設計されていたことをさす。「大企業本位」とは、社会保険の費用負担が大企業の労使にとって有利であり、企業福祉も含めた給付の面でも、大企業雇用者は恵まれていること、それを税制も後押ししている、という仕組みをさす。大企業正社員の大多数は男性であり、大企業本位もジェンダーと関連している。ジェンダー・バイアスに満ちた「福祉」が会社主義の基軸の一つだったのだ。

3　社会政策の比較ジェンダー分析

日本の社会政策を以上のように特徴づけられるとして、諸外国はどうか、比較の基準はなにかという疑問が、当然に起こってきた。ほどなく私は、比較社会政策論ないし福祉国家の比較研究、およびそのジェンダー化という動向にふれた。一九九一年に出版されたデボラ・ミッチェルの著書『福祉国家一〇カ国における所得移転』が、埋橋孝文らによって一九九三年に日本語に訳され（ミッチェル、一九九三）、またD・セインズベリの編集による論文集『福祉国家のジェンダー化』が一九九四年に出版されたことによる(Sainsbury, 1994)。一九九〇年代前半の比較社会政策の分野では、エスピン＝アンデルセンの三類型論が参照基準になっていた。すなわち、一九九〇年の著書『福祉資本主義の三つの世界』で提起された「自由主義的」（アングロサクソン）、「保守主義的」（大陸ヨーロッパ）、「社会民主主義的」（スカンジナビア）という福祉国家の三類型である（三類型は一九八〇年時点での位置づけ。Esping-Andersen, 1990）。同書によってエスピン＝アンデルセンは、最近にいたる比較福祉国家研究のブームの旗手となった。

ところが、日本は彼の類型論にとって試金石でもあるような分類困難なケースだった。この点は、二〇〇一年に出版された同書の日本語訳にエスピン＝アンデルセンが寄せた「日本語版への序文」で自認されることになった（エスピン－アンデルセン、二〇〇一、v、xiiiページ）。たとえば日本とスイスは、ある指標ではフランス、ドイツなどの保守的福祉国家にごく近いとされ、別の指標による分類では自由主義的福祉国家群に位置づけられている(Esping-Andersen, 1990, p. 52, 74)。日本とスイスの位置づけに一貫性がないばかりでなく、日本の評点そのものに不整合も見られた（大沢、一九九六a、八八ページ）。こうした弱点と関連するのが、エスピン＝アンデルセンの類型論では労働市場規制が独立的に論じられ、福祉レジームとの関連が明確でないことだった(三浦、二〇〇三、一一一ページ)。

福祉国家のジェンダー化とは、フェミニストによる類型論の組み替えである。エスピン＝アンデルセンら主流の類型論は、ジェンダー中立的なタームで記述や分析をおこないながら、分析の概念や分析単位が男性を起点にすることが少なくないと批判された(Lewis, 1992; Orloff, 1993; Sainsbury, 1994)。老齢退職や失業・傷病のためではなく、育児や高齢者の介護といった家族的責任のために、労働力を商品化しにくいという状況は、主流の概念には織り込まれていない。また、「個人」が暗黙のうちに男性世帯主であるために、それが「家族」と等値されがちである。

もちろん批判ばかりでなく、新しいジェンダー・センシティブな福祉国家類型論も提出されていた。エスピン＝アンデルセン自身は、フェミニストからの批判に応えて、一九九〇年代後半以降、国家と市場にたいする家族の関係を分類指標に組み込み、福祉国家類型論を福祉レジーム類型論へと進化させた(宮本、二〇〇三。居神、二〇〇三)。しかし、それでも日本はすわりが悪い。宮本太郎は、家族福祉と企業福祉が強固に補強しあう日本のレジームの形態が、欧米福祉国家には見られないことに注意を促している(宮本、二〇〇三、一七ページ)。

私自身は、エスピン＝アンデルセンの三類型と重なる三つのモデルを提出することになった。すなわち「男性稼ぎ主(male breadwinner)」型、「両立支援(work/life balance)」型、「市場志向(market oriented)」型である(大沢、二〇〇二)。エスピン＝アンデルセンの「保守主義(家族主義)」などの命名を踏襲しないのは、家族福祉と企業福祉との相互補強が「男性稼ぎ主」を中心とするものであるととらえ、日本を典型とするべく類型を設定し直したためである。

さて、欧米での比較社会政策論を学ぶ作業と前後して、主として韓国人による日本研究にふれたことがきっかけとなり、私は一九九〇年代の前半に、不十分とはいえ「アジア」とかかわるようになった。一九九三年から、今度も原ひろ子に勧誘されて、科学研究費補助金による国際学術研究「アジア及び太平洋地域における女性政策と女性の社会参画に関する調査研究」(研究代表者：一九九三年度は原ひろ子、一九九四年度は前田瑞枝)に、研究分担者として参加したのである。私は、日本だけでなく日韓の社会政策を担当することになったが、それはかねて交流があった韓国の鄭鎮星(徳成女子大学助教授)にカウンターパートを依頼したことによる。

比較の枠組が必要となり、デボラ・ミッチェルが使った「福祉の生産モデル」にジェンダーを組み込んだ「社会政策の総過程モデルのジェンダー化」(**図付-1**)を試論的に提出した(大沢、一九九六a)。ミッチェルの著書は、税と社会保障という所得移転システムをその成果まで視野に入れて比較分析した先駆的な研究であるが、この研究が縦横に駆

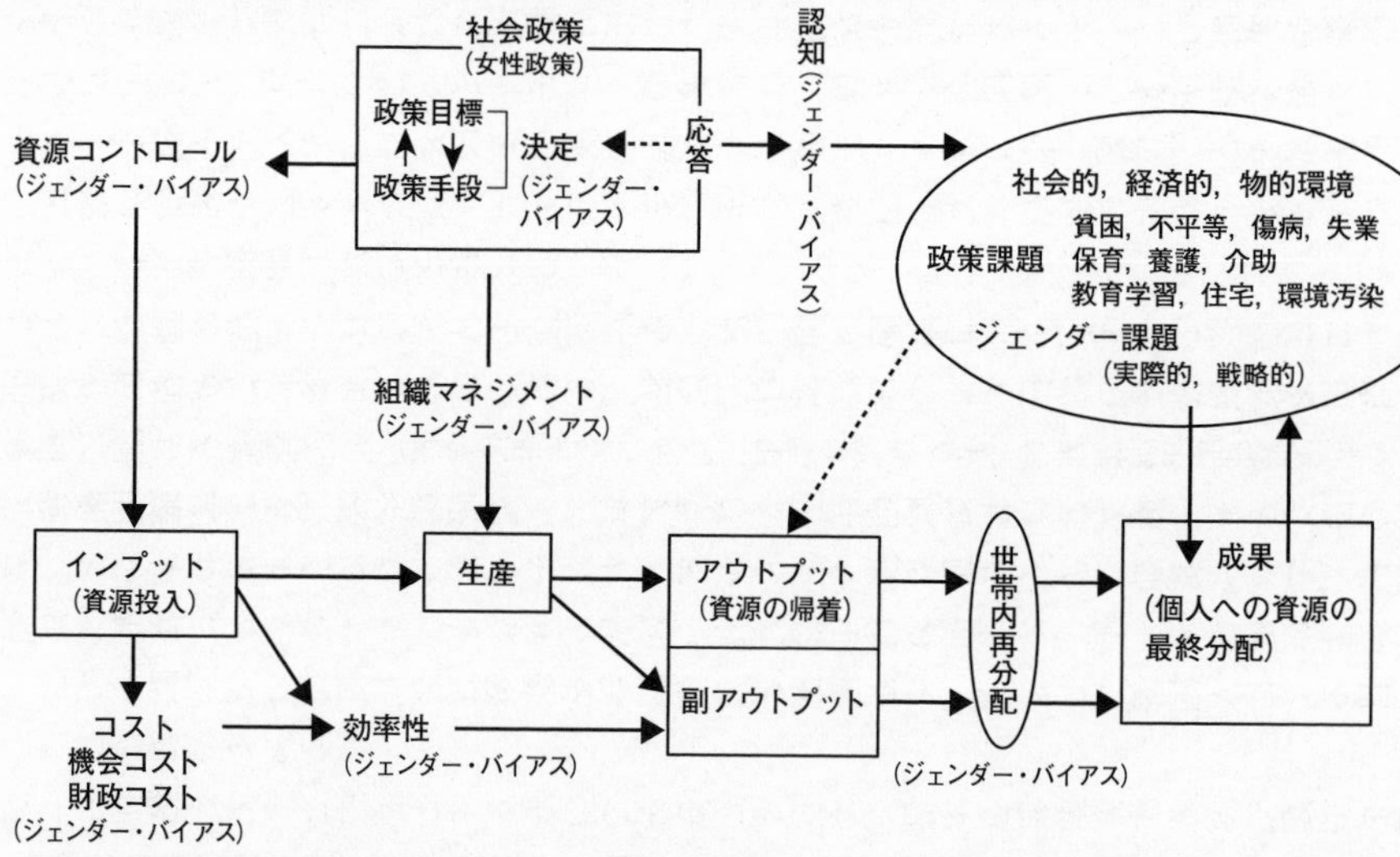

出所：大沢（1996a）.

図付-1　社会政策の総過程モデルのジェンダー化

使した「福祉の生産モデル」にたいして、図のモデルはいくつかの改訂をくわえている。図では表現し切れていないが、まず、男女平等や女性の地位の向上といった表向きのジェンダー課題だけでなく、貧困や所得格差などの種々の政策課題にジェンダー課題が伏在しているととらえ、また政策過程の各所にジェンダー・バイアスが介在しうると考える。

ちなみに「福祉の生産モデル」では、アウトプット＝「中間物」、アウトカム＝「福祉の最終的なアウトプット」とされ、アウトプットと成果(アウトカム)の区別は明快ではない(ミッチェル、一九九三、一一ページ、図1-1)。しかし、ミッチェルは実際の分析ではより明確な区別を採用していると考えられ、それを踏まえて、図のモデルでは次のように整理した。すなわち、①まず、政策決定には最低限、政策目標の定立と政策手段の選択という要素があることを識別し、そのうえで、②アウトプット(産出／結果)を政策手段の作動の程度、アウトカム(成果)を政策目標が達成された程度、と整理している。また、③当初の目標(政策意図)になかったアウトプットを「副アウトプット」として明示した。さらに、④ミッチェルらの分析がデータの性質上世帯単位となっているが、重要なのは個人レベルでの成果であるため、アウトプットと成果のあいだに「世帯内(資源)再分配」という過程がある点を明示した。

政策過程の各所に介在しうるジェンダー・バイアスの強弱が、「男性稼ぎ主」型と

「両立支援」型を分かつ。他方で「市場志向」型では、貧困や所得格差など種々の現象が市場作用の結果として受容されるべきであるとされ、公共政策の課題としては認知されない。市場がジェンダーやエスニシティなどにたいして中立ではないという歪みに目をつぶるのである。

4 開発とジェンダー

「アジア」とかかわるようになってからも、「開発」を自分の研究課題とすることは予想しなかった。それは、社会政策は一定の工業化と都市化の所産であり、比較社会政策研究は「先進国」を対象とすると、暗黙のうちにも考えていたからである。実際的にも、高い信頼性をもつ比較分析を行うためのデータが、「LIS(ルクセンブルク所得研究)」(三〇四ページ注3参照)プロジェクト参加国あるいはOECD加盟国以外では収集しにくいために、比較研究の対象は限定されてきた。

だが、そうした自己限定にもかかわらず一九九六年に、タイとの研究上の縁が始まった。一九九四年度から国立婦人教育会館(現在は独立行政法人・国立女性教育会館)のプロジェクト「開発と女性に関する文化横断的調査研究」(座長:目黒依子上智大学教授)に参加し、一九九六—九七年度科学研究費補助金による国際学術研究「アジアにおける〈開発と女性〉に関する文化横断的調査研究」(研究代表者：大野曜)の一環として、一九九六年一〇月と一九九七年一〇月に、東北タイのコンケン県をフィールドとする調査をおこなったのである(成果は、国立婦人教育会館、一九九九)。とはいえ、自分がフィールド・ワーカーではないという自覚と、まして「途上国」の研究者ではないという偏見のため、調査団の主体というより客員のような気分があった。

だが、このプロジェクトで協働したことが一つのきっかけになって、一九九七年一一月から三カ月間、バンコクのアジア工科大学院大学(Asian Institute of Technology: AIT)の「ジェンダーと開発」専攻で客員教員を務めることになった。ＡＩＴは、タイ、カナダ、日本、ノルウェー、オランダなどの諸国の援助でなりたつ国際機関としての大学院大学であり、先端技術、土木工学、環境・資源・開発、経営学の四研究科に諸国の学生を受け入れている。「ジェンダーと開発」は、環境・資源・開発研究科に属し、一九九一年一月に同研究科の協力研究センターという位置づけで、ゴビンド・ケルカー准教授を主任として発足した。ケルカーは、上記「アジアにおける〈開発と女性〉に関する文化横断的調査研究」プロジェクトのタイ側カウンターパートの一人だった。

工科系の大学院大学がジェンダー研究センターをもつのは世界的にもユニークなことである。日本政府は一九九五年から、短期客員教員派遣などのためにＡＩＴの「ジェンダーと開発」専攻を支援してきた。この支援が始まるに際して、村松安子(東京女子大学教授)、田中由美子(JICA国際協力専門員)らの協力があったと聞く。私の着任後、一九九七年一一月末に、センターは専攻へと念願の昇格を果たした。

AITに着任しても、自分は「途上国」の研究者ではないという偏見は続いていたが、意識を変える必要は、理論的には一九九六年頃から感じていた。なるほど「福祉国家」は、工業化と都市化、政治的民主主義の成長などを背景として、社会保険制度が導入され定着した国の体制、ととらえられる(たとえばピアソン、一九九六、二五、二〇五―二〇六ページ)。しかし、これは明らかに西ヨーロッパ諸国の近現代の社会経済史、すなわち自生的で漸進的な、いいかえると長い工業化と民主化の過程をたどり、農民層の分解の程度が深く人口の大部分が賃労働者となった(プロレタリア化)ような社会形成をモデルとして、福祉国家を定義したものである。アジアにはこれらのいずれもあてはまらない。日本については在来的発展の要素に留意すべきだとしても(谷本、一九九八。東京大学社会科学研究所、一九九八、八―九章)、東アジアの大方の国・地域では、第二次世界大戦前は植民地化をつうじて、戦後は米ソ冷戦構造のなかで共産主義に対抗するための権威主義体制によって、「上からの」「圧縮された」――自生的でも漸進的でもない――工業化である「開発」が推進されたからである。開発政策そのものは社会政策ではないというなら、社会政策論をみずから静学的で矮小なものにとどめてしまう。タテとヨコの比較、つまり国際比較と歴史的比較をめざし、ダイナミックで視野の広い社会政策論をめざすならば、開発を守備範囲に入れなければならないのだ。

周知のようにタイでは一九九七年七月に通貨金融危機が勃発し、その後も通貨投機に翻弄された。この時期にタイに滞在して、私は、自分の社会政策概念だけでなく、資本主義の理解自体も西欧近代中心だったことを実感した。日本の戦後社会科学には、自由主義的または競争的な産業資本主義は、金融資本や独占資本とは異なって、むき出しの暴力や詐欺を用いずに展開していたというイメージが根強くあった。戦前の日本資本主義は半封建的で前近代的と特徴づけられ、戦前・戦中に厳しく抑圧された社会科学者は、カール・マルクスやマックス・ウェーバーの学説の影響下で、いわばまっとうな資本主義とともに市民社会を成立させたと見える西欧近代を理想化しがちだった。

ところで西欧の経済史学では一九七〇年代から、産業資本主義の確立期にはるかに先立つ冒険商人の投機活動を原型とするような資本主義概念が、フェルナン・ブローデルやジョン・ヒックスによって提出されていた。二〇世紀末のグローバル経済を、通貨金融危機の渦中にあるタイから眺めると、こうした資本主義概念に説得力を感じた。

商業資本主義を資本主義のプロトタイプと見るブローデルらの概念によれば、産業革命をへた資本が、労働者を直接雇い入れて生産過程を支配下に置いたこと（労働力の商品化と包摂）、工場システムをとってモノの大量生産に乗り出したことは、生産力を飛躍的に発展させたかもしれないが、資本主義にとっては本来「他人の領分」、苦手の領域だったのだ。資本にとってはグローバルな金融業や投機こそが「自分の領分」であるのにたいして、モノやサービスを生産する場は「他人の領分」(ブローデル)、労働力や土地などの生産要素の市場化とは「植民地化」にほかならない(ヒックス)、というのである(ブローデル、一九八五—九九。Hicks, 1969)。

一九七一年にニクソン大統領によってドルの金兌換が一方的に停止されて以来、通貨は、それがモノやサービスと交換してもらえるはずだという共通の期待によってのみなりたつ擬制となった。世界の金融市場がオンラインでむすばれ、貨幣が紙ですらなく、ただコンピュータに記録される数字になり、価格や利子率のわずかな差異ないしその予測によって、何十億ドルもの資金が瞬時に世界を駆けめぐるようになったこんにちは、資本主義のプロトタイプが全面開花した時代といえるだろう。急激な危機にみまわれ厳しい緊縮を課せられたアジア経済は、国際為替相場システムが資本の移動性を最優先するがゆえに欠陥に満ちていることの犠牲者であると、ノーベル経済学賞受賞者のジェイムズ・トービンはタイの英字紙に寄稿していた(Tobin, 1997)。

そのいきつく先は、いままで「植民地化」してきた「他人の領分」をついにスクラップにすることではないだろうか。民衆中心の発展フォーラムというアメリカのNGOの代表であるデビッド・コーテンは指摘する。「現代の大会社は、地球を征服して人間を奴隷にした上、可能なかぎり多くの人間を追放しようとたくらむ宇宙人のようなものだ」、と。コーテンの前職は、いわばアメリカの多国籍企業と国際機関中心の開発を推進する側のエリートだった（コーテン、一九九七）。

〝奴隷化〟され〝追放〟される人間は、抽象的な人間一般ではなく、ジェンダーをはじめとする多様な属性をもち、〝奴隷化〟にせよ〝追放〟にせよ、その属性によって状況が異なるはずだ。私は、アジア経済（通貨金融）危機のジェンダー分析を緊急にたちあげる必要を痛感し、国際労働機関（ＩＬＯ）バンコク事務所の堀内光子代表の了解を得て、ＡＩＴとＩＬＯの共同調査研究プロジェクトを、ケルカーとともにコーディネートすることになった（成果の一端は大沢、二〇〇〇）。

自生的な工業化よりも「外」または「上」からの「開発」という経路をたどってきた地球上の大多数の国・地域について、開発政策を射程に収めた社会政策および福祉国家化の比較研究が、ジェンダーに目配りしつつ進展し、国や地域レベルの政策形成にも寄与することが要請される。

通貨金融危機後のアジア経済の動態をふまえて末廣昭が指摘するように、多国籍企業のグローバル・アウトソーシングや大競争（メガ・コンペティション）は、各国で労働強化や労働者の分断を進め、欧米の労働福祉国家を根元から蚕食するとともに、新興国・途上国の労働者を雇用の不安定化に直面させている（末廣、二〇〇三、一五一―一五二ページ）。一九九九年に初版が出された『グローバル化と社会的排除』という書物の日本語版（バラ、ラペール、二〇〇五）への序文は、「貧困ならびに失業という現象は、おそらく一九三〇年代以来初めて先進国と発展途上国とに共通する現象となった」、と述べている（バラ、ラペール、二〇〇五、ivページ）。国境を越えて安全衛生を含む労働条件を標準化し、生活保障を図ることは、貧困や失業に苦しむ人々のためばかりではない。むきだしの資本主義のもとでバブルとバブル破綻の経済危機の波動は増幅しており、深まる経済格差は、民族紛争や宗教紛争、テロやドメスティック・バイオレンス（DV）といった種々の暴力が蔓延する温床になっているからである。

おわりに

さて、学術のジェンダー化を「ジェンダーを組み込む」と表現するのは、じつは不正確である。ジェンダーはすでにこの世界のあり方のなかに深く埋めこまれている。学問の体系、制度・政策の設計や運用、企業や労働組合などの組織、家族のあり方、個人個人の意識や行為……どこのなにをとってもジェンダーにかかわらないものを見つけるほうがむずかしい。たとえていえば、地球上にいるかぎり重力の影響から逃れられないように。

ジェンダーは組み込まれたうえで不可視になっている。重力があまりにもあまねく作用しているためになかなか「発見」できなかったように、ジェンダーも、ジェンダー・バイアスそのものに立脚する従来の学問、知の体系では、問題化できなかった。ジェンダー化の正確な意味は、すでに深く埋めこまれているジェンダーを問題化すること、というべきだろう。人間が無重力の宇宙に飛びたつ道程を開いたのは、リンゴが落ちることにこだわった一人の天才ニュートンだったとすれば、ジェンダーに縛られない社会をこの地上に創造するという壮大な事業は、女性の貧困や女性への暴力、職場の男女格差などを、あたりまえともささいなこととも受けいれない草の根の女たちが、同時多発的に踏みだした。学問を職業とする者は、それぞれの専門分野でアカデミズムをジェンダー化することをつうじてこそ、この隊列に遅れないことができる。

（初出『アジア女性研究』第一五号、二〇〇六年三月）

なにを明らかにし、どう歩んだか

——岩波現代文庫あとがきにかえて

1　本稿の意図と内容

書物のあとがきは、本文より先に読まれることが多い。それを意識しつつ、あとがきにかえるこの文章では、二七年前に刊行された拙著『企業中心社会を超えて——現代日本を〈ジェンダー〉で読む』(以下、本書)が、なにを明らかにし、どのような時代状況を反映していたかをまず踏まえる。刊行後の経済社会情勢の変化により、本書が問題とした企業中心社会が緩和されたのか(第2節)、企業中心社会の一環をなしていた社会政策が再構築されたのか(第3節)、一九九〇年代末以降に日本社会と経済を見舞った急激なショックおよび顕在化した社会問題に、どう対面してきたのか(第4節)、を述べよう。

政策の再構築を見とおすため、そしてショックや社会問題との連関を捉えるためにも、私は本書を土台としながら、参照点と新しい接近方法を模索してきた。その過程を第3

節以降でやや執拗にふりかえる。また、本書を久しぶりに読み返し、その論点の含意にいまさらのように気づく機会にもなった。本書の刊行以来、手がけることがなかった性別職務分離や雇用の女性化の日本的特徴が、知識基盤経済への移行に日本が立ち遅れる背景だったのではないか、という含意である。

本書の成り立ち

本書は、「初版はしがき」でも触れているように、一九八〇年代後半の社会経済情勢を背景として執筆された。その情勢とは、たとえばバブル景気であり、年に四―六%と、欧米諸国よりも高めの経済成長率にてらして、日本の国内総生産(GDP)がやがてアメリカを抜いて世界第一になるという予測も聞かれた。日本の自動車産業や電機産業の国際競争力が注目されると同時に、「過労死」が社会問題となった。

本書の岩波現代文庫版に収録した付論「社会政策の比較ジェンダー分析とアジア」で述べているように、勤務先の東京大学社会科学研究所は一九八七年から九二年まで、所をあげてプロジェクト研究「現代日本社会」に取り組んだ。このプロジェクト全体の仮説である「会社主義」は、「企業の強い従業員凝集力」をさしており、それが日本経済の成長力の基軸であるとともに、過労死の土壌でもあると捉えられた。しかし、そこでの会社主義の概念は、主として製造業大企業の経営側と男性正社員のあり方から形成されており、女性の労働を視野の外に置いていた。プロジェクトにたいする私の寄稿は、そうした会社主義の仮説に異議を申し立て、雇用や家事育児介護などの社会を担う労働において、女性の負担が重く見返りが乏しいようなジェンダー関係（「家父長制」）こそが、会社主義の基盤であると主張した[1]（Ⅱ-⒄）。

一九九三年八月に刊行した本書は、その論文の問題意識を発展させ、大企業の利害が個人や社会の利益よりも優先されるような社会全体のあり方を、「企業中心社会」と呼んだ。一九九二年六月に策定された宮沢喜一内閣の「生活大国五か年計画」を手がかりに、企業中心社会を検討したのである。政府の計画は、たとえば労働時間を短縮するために企業意識や消費者意識の転換を呼びかけるなど、個人の意識の問題を前面に出していた。これにたいして本書では、政府の税・社会保障制度や労働政策が、どのようなジェンダー関係を従来から前提し、あるいは補強してきたのかに焦点を当てた。

2　企業中心社会は緩和されたのか
——曲がり角としての一九九〇年代前半

こんにちから振り返ると、本書を刊行した一九九〇年代前半は日本の経済社会情勢の曲がり角でもあった。プロジェクト研究「現代日本社会」が重視した経済成長率から見ていくと、バブル景気がはじけた後、一九九〇年代半ば以来は、直近まで高くても二%程度でマイナスも珍しくない。アメリカはもちろん、イギリス・ドイツ・フランス・イタリアなどのヨーロッパ諸国の平均を下回る低成長である。当初「失われた一〇年」といわれた経済の低迷は、二〇一二年末に再登場した安倍晋三内閣が「景気回復」を吹聴するにもかかわらず、こんにちに続いている。国際通貨基金(IMF)のデータによれば、日本の一人当たりのGDPは一九九三年には世界第三位だったが、直近の二〇一八年では第二六位となった(「失われた三〇年」)。

一九九〇年代後半以降に問題視されるようになった少子高齢化および人口減少にかんしては、六五歳以上の人口が総人口に占める比率(高齢化率)において、高齢化社会から高齢社会への移行の目安となる一四%を超えたのが、一九九四年である(高齢社会白書)。とはいえ、一九九〇年代前半には合計特殊出生率が一・五をクリアしており、毎年一二〇万人の子どもが生まれ、人口の自然増(出生数と死亡数の差)は三〇万人ずつだった。人口の自然減が始まるのは二〇〇五年である(人口動態統計)。

日本型の企業体制は、一九七〇年代後半から一九八〇年代にかけては「世界の優等生」と評価されたが、一転して「世界の落第生」とみなされ、一九九〇年代半ばには「日本的経営」の刷新が経営者団体から提唱されることになった(日本経営者団体連盟『新時代の「日本的経営」』)。元来は組織の再構築をさす「リストラ」ということばが、とくに雇用について削減の意味で多用された。

会社主義は緩んだのか

では低成長は、会社主義が崩れ、企業中心社会が緩和されたことを示唆するのだろうか。「新時代の日本的経営」とは、女性社員や非正規従業員にたいする差別を排し、過労死問題を払拭するようなものなのか。社会全体として、労働における負担と見返りの性別格差も解消されてきたのだろうか。そして、政府の税・社会保障制度や労働政策は再構築されたのか。

残念ながら二〇二〇年初めのこんにちにかけて、過労死は過労自殺を包含して、一部のブラック企業に限られない問題である(野村、二〇一八)。安倍内閣が二〇一八年の働き方改革関連法で導入した時間外労働(残業と休日労働)の合計「上限」は、繁忙期には単月で一〇〇時間未満、二―六カ月の平均では月八〇時間までと、厚生労働省の過労死認定基準を超えるような水準である。

これらは、日本企業が従業員にたいして長時間労働を(事実上)強いる力が大きいこと、政府がその規制に及び腰であることを物語る。つまり会社主義は依然として強固であると考えざるをえない。竹信三恵子は、安倍内閣の「働き方改革」が、労働者の権利や労働環境の保障、公共サービスなどを有名無実化する「企業ファースト化」であると、鋭く警鐘を鳴らす(竹信、二〇一九)。やや巨視的にも、低成長のもとで、個人・家族、政府、企業の力関係は、いっそう企業優位に傾いたと考えるべきデータがある。

企業優位への傾斜――消費不況と賃金低下

経済成長率への需要項目別の「寄与度」を見よう。すると、一九九〇年代前半に成長率が低下した内訳は、家計最終消費支出の寄与度が、それまでの三％台から一％台に低下し、民間企業設備支出の寄与度もマイナスとなったことであると分かる(国民経済計算(GDP統計))。家計消費の寄与度は、一九九八年以降は〇％台に落ち、マイナスも珍しくない状況で、一九九〇年代末から「消費不況」が語られるようになった。消費が振るわないため、消費者物価上昇率もゼロかマイナスとなり、デフレといわれた(ディスインフレが実態に近いが)。GDP統計のうち国民所得の欄で賃金・俸給の総額を見ると、一九九七年まで増加し、以後は増減しながらも一九九七年の額を超えていない。いっぽう日本銀行のデータによれば、一九九〇年代には家計の金融資産が四〇〇兆円増えている。個人と家計が自己防衛することが、経済総体を湿らせるという悪循環なのである。

賃金収入の低下につき、まず賃金率を見よう。労働時間当たり雇用者報酬の指数をとると、**図1**のとおりである。韓国(二〇一三年まで)、アメリカ、デンマークの急角度の伸びにたいして、ドイツでの上昇が緩いことが分かる。そしてなにより、日本のグラフは一〇〇と一〇五のあいだで停滞している。

安倍内閣が再登場した二〇一二年末以来、日本のグラフはやや上昇を示しているものの、物価上昇率もプラスとなったことを忘れてはならない（看板のデフレ脱却は実現していないが）。そこで毎月勤労統計調査により、リーマン・ショックの頃から実質賃金指数をとると、**図2**のとおりである。なお毎月勤労統計調査の数値は、「不適切な取扱い」のため、二〇一一年一二月までと二〇一二年一月以降とで連続していない。二〇一一年一二月までの数値は、実態にたいして低めに出ている⑵。そのうえで民主党政権のあいだは一〇六程度を維持していた。ところが、景気回復を謳う安倍内閣のもとでは、二〇一三年四月から一四年九月までに七ポイント急降下し、以後回復せずに二〇一九年中にさらに低下した。**図1**の二〇〇八年以来のグラフが与えるイメージとは逆なのである。

こうした伸び悩みの結果、二〇一七年の製造業の賃金率（購買力平価換算）は、日本を一〇〇として、イギリスで一一四、アメリカで一三三、フランスで一四五、ドイツでは一七八である（労働政策研究・研修機構の『データブック国際労働比較二〇一九』https://www.jil.go.jp/kokunai/statistics/databook/2019/05/d2019_G5-1.pdf）。つまり日本はＧ５きっての低賃金国である。山田久が著書『賃上げ立国論』の巻頭で強調するように、いまや日本の賃金はアジア諸国と比べても高いとはいえなくなっている（山田、二〇二〇）。

賃金率が下がっただけでなく、上述のように賃金・俸給総額は、名目でも実質でも一

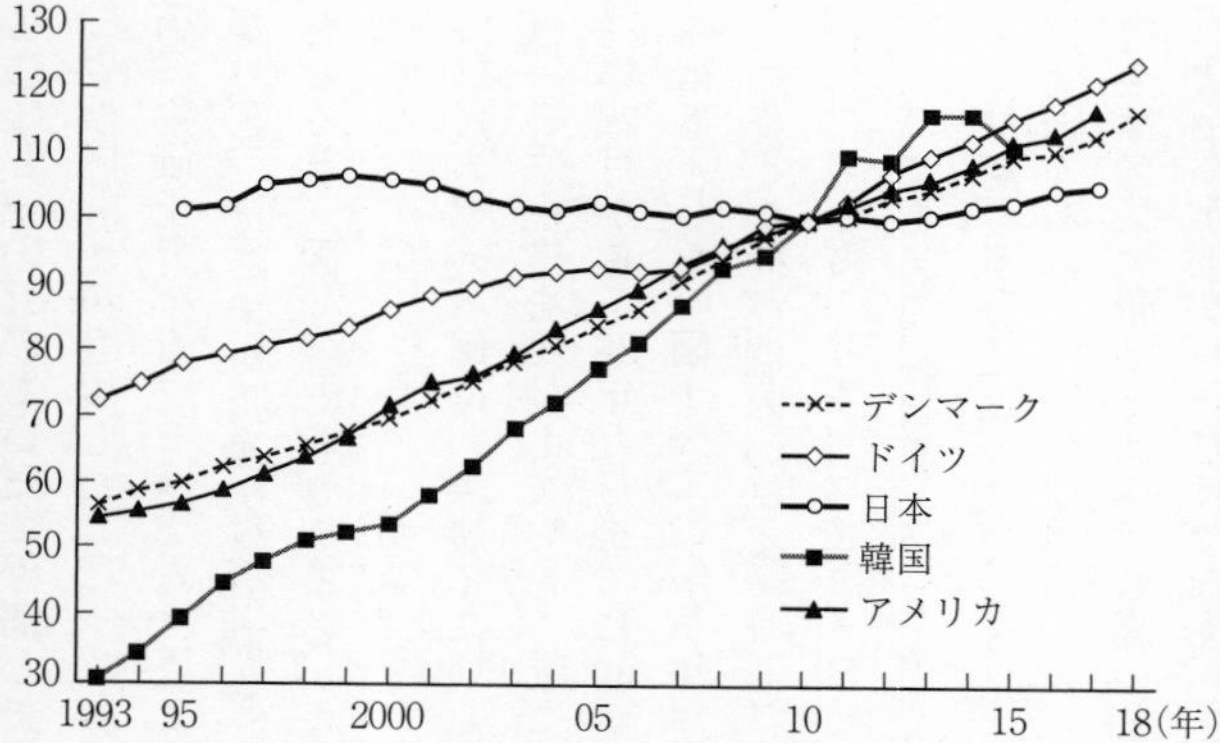

出所：OECD. Stat, Productivity and ULC より作成.

図 1　労働時間当たり雇用者報酬の推移(2010 年を 100 とする指数)

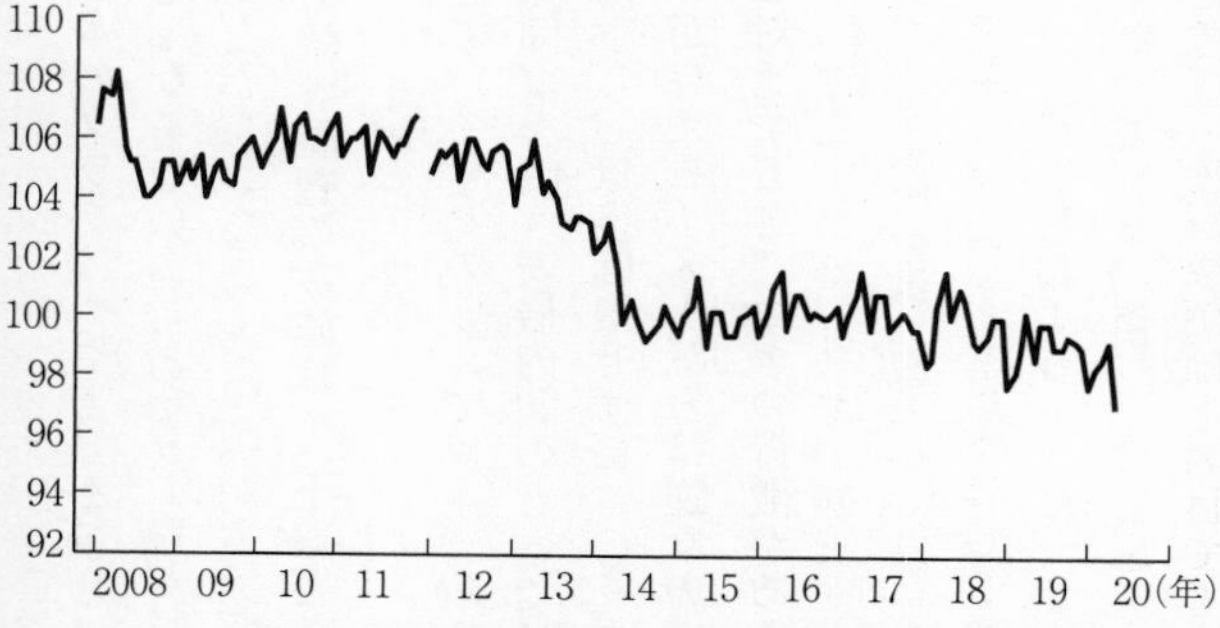

注：5 人以上事業所・全産業の平均，決まって支給する給与(超勤手当を含みボーナスを含まない)，1 カ月以上雇用の非正規従業員を含む.
出所：毎月勤労統計調査より作成.

図 2　実質賃金指数(2015 年の平均値を 100 とする)

九九七年のピークを超えていない。そして国民所得に占める賃金・俸給総額の比率を見ると、一九九〇年代の半ばから後半にかけての時期に六三％程度で最高を記していた。その増減は法人企業所得とかなりきれいに逆行している。低成長の三〇年間のうち、うしろの二〇年間には、賃金率が下がり、雇用者数の増加にもかかわらず、国民所得のうち雇用者全体の取り分が低下した。そして、この動向は安倍内閣の下で強まったと見なければならない。

持続する性別格差

では、労働における負担と見返りの性別格差は、どうなっただろうか。家事育児介護等の無償労働時間を含めて、一五―六四歳人口の最近の労働時間を、G5諸国およびデンマーク、スウェーデン、韓国について性別に対比すると、つぎの特徴がある（出所は**図3**と同じ）。第一に、デンマークをのぞくいずれの国でも、女性のほうが長時間働いており、日本女性の労働時間が最長である、第二に、すべての国で無償労働時間は女性のほうが長い、第三に、日本と韓国の男性の無償労働時間の短さは驚異的といって過言ではない。

そして性別賃金格差は**図3**のように推移した。数値はフルタイム労働者のものであり、この間に日本および韓国ではとくに女性のパートタイム労働者比率が上昇し、男性フル

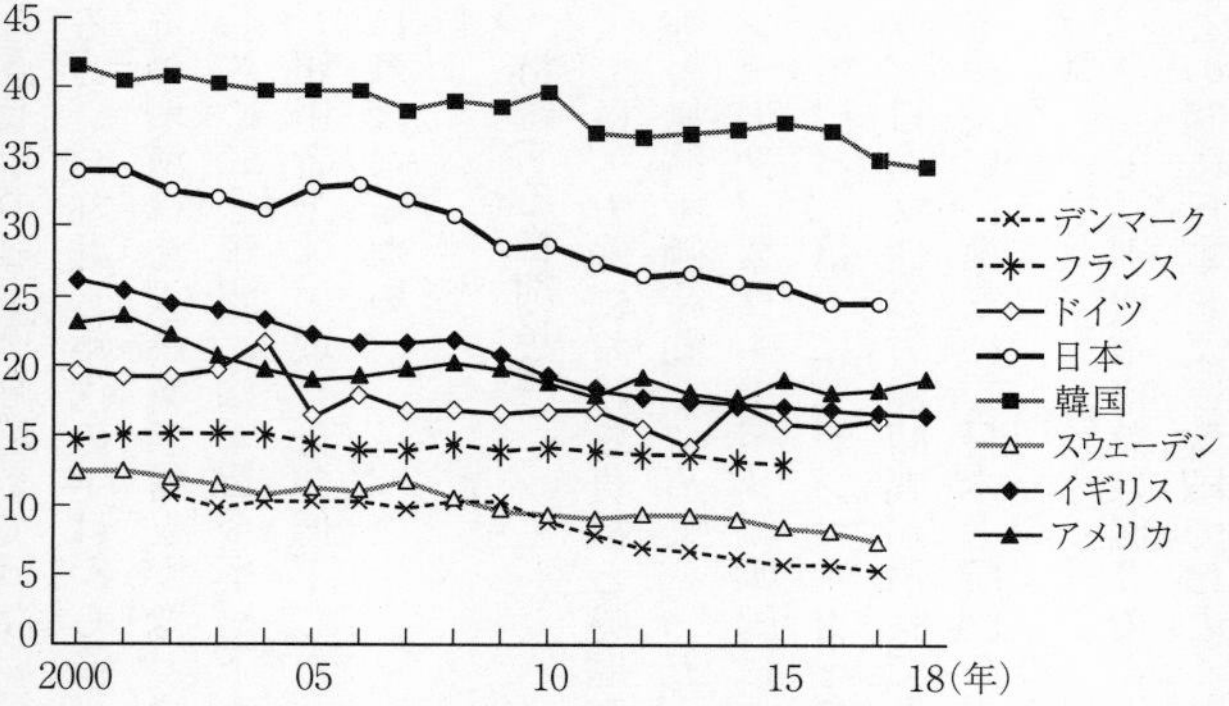

注：フルタイム労働者の中位賃金収入の男女の差額を男性の中位賃金で割った値.
出所：OECD. Stat, Social Protection and Well-being, Gender, Employment より作成.

図 3　性別賃金格差の推移

タイム労働者と比較される集団が縮小している。ドイツの女性でもパート化が若干進み、その他の諸国ではパート比率の水準は異なっても比率の変化は小さかった。**図 3** が示すのは、日本そして韓国で、労働の見返りの性別格差は依然として大きいということである。

3　政策は再構築されたのか

では、本書の刊行から四半世紀のあいだに、政府の税・社会保障制度や労働政策は再構築されたのか。

本書に収録した付論「社会政策の比較ジェンダー分析とアジア」でも要約しているように、本書の第四章は、第二次世界大戦後の日本の社会保障・福祉政策に、「家族だのみ」、「大企業本位」、「男性本位」というバイアスを見出している。そうした政策システムは戦後二〇年ほどのあいだに構築され、ジェンダーを基軸とする企業中心社会の形成の一環となった。そして、一九八〇年代の「日本型福祉社会」政策は上記の三つのバイアスを維持強化することによって、企業中心社会の確立を助長したと主張した。

参照点と接近方法が必要だった

しかし、こんにちから見れば当時の私は、政策の再構築を見とおそうとしても、その参照点をもっていなかった。本書は、性別分離指数や雇用の女性化についておおまかな国際比較をおこなっているが、社会政策の国際比較をしていないからである。社会保障・福祉政策を、税制や労働政策とともにシステムとして捉える必要性も、明確に意識していたとはいえない。

付論「社会政策の比較ジェンダー分析とアジア」の叙述とやや重複するが、参照点と接近方法の模索について書いておこう。本書の刊行後に私は、政府の所得移転の比較研究や、デンマーク出身の社会学者エスピン゠アンデルセンに代表される福祉国家ないし福祉レジームの類型論、およびそのジェンダー化という研究動向に触れた。まず読んだのはデボラ・ミッチェルの一九九一年の著書『福祉国家一〇カ国における所得移転（*In-*

come Transfers in Ten Welfare States)』の日本語訳(ミッチェル、一九九三)である。ミッチェルはルクセンブルク所得研究(LIS)[3]プロジェクトのデータを分析するにあたり、「福祉の生産モデル」を駆使している。福祉の生産モデルは、福祉を生産する政策が、資源をインプットし、現金給付のような福祉を生産し、そのアウトプットが個人や家計に帰着し、貧困削減や不平等の緩和といった成果をもたらす、という過程を捉えている(図1-1)。同じモデルを用いて先行研究が整理され位置づけられて(図10-1)、本人の研究の意義が主張されており、その明快さに文字どおり目を見張らされた。

すなわち、初期の福祉国家の研究は、社会保障支出の規模(総額の対GDP比や人口一人当たりの額など)を福祉国家の発展の指標としており、ミッチェルのモデル上のインプットの段階に焦点を合わせていた。福祉国家類型論は、支出の大小だけでなく内訳や質が問題であるとして、自由主義、保守主義、社会民主主義の三類型を提唱したが、それはモデル上の生産の段階の特徴であり、成果の分析に至っていないと指摘された(ミッチェル、一九九三、二三七ページ)。ただし、ミッチェルの分析単位は家族であって、高齢者か否か、夫婦か単身か、子どもの有無などで種類分けされており、性別への言及はない(表2-2)。ジェンダー視角はないということである。

本書の第四章で社会保障・福祉政策の三つのバイアスを析出した作業も、札幌「母親餓死事件」という痛ましい「成果」に導かれたとはいえ、モデルにてらせば福祉の生産手段を特徴づけるに留まっている。なお福祉の生産モデルにおいて、過程の進行を表す矢印は成果段階で止まり、成果のボックスから出ていく矢印はない。成果を踏まえたニーズからつぎの政策過程が始まることにはなっていないのである。

本書の付論「社会政策の比較ジェンダー分析とアジア」で図示しているように、私は福祉の生産モデルの各所にジェンダー・バイアスが介在しうることなどを組み入れた。その際に、政策やプロジェクトのＰＤＣＡ(Plan, Do, Check, Action)サイクルという手法にも学び、成果の段階から環境の諸条件へと出ていく矢印を加えて、サイクルとしている(4)(図付-1)。さらに加えた点は、政策の目標外の「副アウトプット」が生じうること、ある政策Ａと連動しないかに見える別の政策Ｂと、Ｂの副アウトプットがあいまって、政策Ａの成果がマイナスになる場合もありうること、である。社会政策研究ではかねてから、政策の「意図せざる効果」に注意が払われてきたことを加味し、政策の達成度がマイナスになるケースを織り込んだのである。そのうえで、福祉レジームの類型論のジェンダー化に努めた。

ＧＬＯＷの共同研究

一九九九年に私は、「グローバル化、ジェンダー、労働の変容」を比較研究するイギリス・アメリカ・ドイツの女性研究者グループ(ＧＬＯＷ)に、日本側からも参加するように誘いを受け、社会政策を担当するべく二〇〇〇年からメンバーとなった。多彩なメンバーがそろう場では、資本主義の多様性、ジェンダー・レジームの多様性、福祉レジームのジェンダー化などのアプローチの意義が活発に議論され、多くの示唆をえることができた。グループを理論面でリードしたのは、イギリスのシルヴィア・ウォルビィである。ウォルビィは家父長制論の旗手というべき論客だったが、一九九〇年代半ば以降、家父長制にかえてジェンダー・レジーム概念を精緻化してきた。私自身も、本書では重用した家父長制概念にかえて、九〇年代半ばからジェンダー関係を使用してきた。当初GLOWは、グローバル化する経済の特徴を「ニュー・エコノミー」として捉えていたが、会合や中間成果の学会報告を重ねるうちに、テーマを「知識(基盤)経済」とするようになった。なお、私が政策のマイナスの成果を「逆機能」と呼ぶようになるのは、二〇〇四年からである(Ⅱ-(75))。「逆機能」は、金子勝・児玉龍彦の共著『逆システム学』(金子・児玉、二〇〇四)からヒントをえた概念である。

日本は強固な「男性稼ぎ主」型

二〇〇二年の著書『男女共同参画社会をつくる』(Ⅰ-(13))では、社会政策をシステムとして捉え、「男性稼ぎ主」型、「両立支援」型、「市場志向」型という三類型を設定することになり、日本のシステムが諸外国にもまして強固な「男性稼ぎ主」型であると指摘した。またエスピン＝アンデルセンの「三つのルート」論も紹介している。「三つのルート」論とは、一九八〇年代半ばから一九九〇年代半ばにかけての福祉レジームは、「ポスト工業化」に適応しようとするなかで、「スカンジナビア・ルート」、「ネオリベラル・ルート」、保守主義レジームの「労働削減ルート」に分岐しつつある、という見解である。しかし私は、そうしたルートの変化がポスト工業化に適用しようとしたものであるという立論に、そこでは言及しなかった。紹介して日本の情勢と突き合わせたのは、後述するように二〇〇五年の論文において、生活保障システムという枠組を採用し、逆機能を前面に出した際のことである(Ⅱ-(77))。

スカンジナビア・ルートは家族支援政策や職業教育によって男女の就労と家庭生活の両立を支援する「投資としての福祉戦略」であり、アングロサクソン諸国のネオリベラル・ルートは労働市場の規制を排し福祉給付において所得制限を強化する。保守主義諸国のルートは、労働市場の二重構造の深化と全体としての労働力率の低下が起こっていることから、「労働削減」と呼ばれる。

一九九〇年代のひとすじのスカンジナビア・ルート

こうした参照点をえたことで私は、一九九〇年代の日本では、種々の改革が呼号されても、結局は「男性稼ぎ主」型が温存され、「両立支援」型への転換は起こらなかったと捉えることになった。ただし一九九〇年代には、一九九七年に男女雇用機会均等法が改正強化され(一九九九年四月より施行)、介護保険法が制定された(二〇〇〇年四月より施行)。介護保険法により、従来は家族の女性が無償で担ってきた介護から〝社会全体で支える〟方向へと一歩が踏み出された。そして一九九九年六月に男女共同参画社会基本法が成立した(公布日に施行)。これらはひとすじのスカンジナビア・ルートと見ることができよう。

この間に私は、一九九五年五月から当時の総理府男女共同参画審議会に専門委員として参加し、その九六年答申『男女共同参画ビジョン』の起草にも加わった。男女共同参画社会基本法の制定についても、審議会の基本法検討小委員会のメンバーとして関与した。

『男女共同参画ビジョン』は、「社会的・文化的に形成された性別(ジェンダー)に敏感な視点」を掲げ、政策提言のトップに、「性別による偏りのない社会システムの構築」という新しい施策群を置いた。政策目的として、社会制度・慣行に残る「世帯単位の考え方を個人単位にあらため」、個人の生き方にたいして「中立的に働くような」社会の枠組を確立していくことが提示された。つまり、「男性稼ぎ主」型から脱却する必要性を明言したわけである。見直しが必要とされた社会制度・慣行には、配偶者控除などの税制、国民年金第三号被保険者、遺族年金制度、健康保険の被扶養配偶者、企業の配偶者手当等が含まれる。こうしたビジョンは男女共同参画社会基本法に反映された。二〇〇二年の著書『男女共同参画社会をつくる』は、締めくくりの第六章では、社会政策システムを「男性稼ぎ主」型から再構築する具体策を体系的に提唱した。

二〇〇〇年代の政策の動き

中央省庁の再編の結果、二〇〇一年一月六日に内閣府が発足し、新たに男女共同参画局が設置された。内閣府の重要会議として男女共同参画会議も新設された。同会議に四月から付置された影響調査専門調査会で、私は会長として、社会制度・慣行の「中立」でない影響、つまりジェンダー・バイアスの調査に携わることになった(四月二六日から小泉純一郎内閣)。最初の調査対象は、税制・社会保障制度・雇用システムである(二〇〇二年四月に中間報告、一二月に報告)。

小泉内閣初期の経済財政運営と構造改革の基本方針(「骨太の方針」)は、「働く女性に優しい社会」の構築や「「男女共同参画社会」の理念と合致した」年金改革を掲げていた。しかし二〇〇四年の年金改革では「男性稼ぎ主」型からの脱却は先送りされ、社会保障制度全体の改革は、負担を引き上げ給付を抑制する内容の「構造改革」のオンパレードになった。小泉首相の「改革なくして成長なし」というスローガンを裏づけるように、二〇〇二年二月から日本経済は成長をはじめ二〇〇八年二月まで緩やかに拡大した。しかし、雇用者の所得は伸びず消費が低迷し、自動車やＩＴ関連の少数の品目の輸出に成長を依存していた。小泉内閣最後の二〇〇六年の骨太の方針は、日本が「筋肉質の経済構造に変貌した」と誇ったのであるが。

4　一九九〇年代末からのショックと社会問題

――社会科学者になにができるか

さて一九九〇年代末以降の日本では、種々の社会問題が露わになり、急激なショックも見舞った。急激なショックを先に列挙すると、①一九九七年七月以降のアジア通貨金融危機を契機として、日本でも山一証券や北海道拓殖銀行など金融機関の破綻が続き、マイナス成長となった、②二〇〇八年九月のリーマン・ブラザーズの破綻後に貿易が崩落し(「一〇〇年に一度のツナミ」)、世界同時不況となるなかでは、日本のＧＤＰの落ち込みが主要国で最大だった、③二〇一一年三月一一日の東日本大震災・津波および東京電力福島第一原子力発電所の事故、④現在進行形の新型コロナウイルス感染症の蔓延、などである(以上につきるわけではない)。

これらのうち私の研究のスタンスに最大のインパクトを与えたのは、ショック③である。報道される避難所の様子に、女性・高齢者・障害者のより深刻な苦境を感じとり、社会科学者として貢献できることがなにもないという圧倒的な無力感を味わいつつ、前千葉県知事の堂本暁子たちが提案した「災害・復興と男女共同参画6・11シンポジウム」の企画に参加した。被災地はじめ全国から参加した女性たちの心意気に励まされ、危機や災害のジェンダー研究を構想し始めることになった（I－(38)）。

つぎに、一九九〇年代以降に顕在化し、あるいは新たに生じてきた**社会問題**のうち、本書以降の著作で私が注目したものを列挙しよう。(1)若年の男女雇用者で非正規労働者の比率が高まり、女性全体では正社員が少数派になってきた（労働力調査）、(2)一九九〇年代半ばから合計特殊出生率が一・五を割り込んで世界最低水準となり、近年はやや持ち直しているものの、急速な少子高齢化を回避しがたくなった（少子化社会対策白書）、(3)橘木俊詔の著書『日本の経済格差』（一九九八年）を発端として経済格差が論議を呼び、ついで貧困問題が顕在化した、(4)財政状況を一般政府の債務残高の対GDP比で見ると、一九九〇年前後の数年間の小康のあと一九九二年から増加に転じて一九九三年に七四・二%となり、以後はほぼ毎年増えて二〇二〇年には世界最悪水準の二六八%になると推計される。コロナ禍での財政出動で推計値が激しく悪化している（IMF世界経済アウトルック、二〇二〇年六月更新）。

ショック①にかんして、私は国際労働機関（ILO）バンコク事務所とアジア工科大学院大学（AIT）の一九九八－九九年共同調査研究「アジア経済危機の比較ジェンダー分析」の共同コーディネーターを務めた。ＡＩＴでは災害とジェンダーという研究テーマに触れる機会もあり、**ショック③**への私の反応は唐突ではなかった。この調査研究にかかわったことで、私は開発政策を視野に収めた社会政策および福祉国家化の比較ジェンダー研究の必要性を痛感した。そこで、政府の社会政策システムと企業・家族・非営利協同組織などの民間の営みの接合を重視する「生活保障システム」という捉え方に転換し、「社会的排除／包摂」をシステムの成果と位置づけることになった（Ⅱ－(77)。Ⅰ－(21)）。社会的排除は、貧困概念を多次元化するとともに、問題が継続する期間も重視する概念であり、欧州連合（ＥＵ）レベルでは二〇〇〇年代の初めから、二一世紀の最重要課題と位置づけられていた。

ショック②について、たとえば二〇〇八年九月下旬の自民党総裁選挙に出馬した与謝野馨は、日本の金融機関がアメリカのサブプライム・ローン関連の商品を大量保有していないため、影響は軽微であると見立てていた（「ハチの一刺し」）。だがＧＤＰ統計はその見立てを真っ向から否定した。小泉内閣が誇った「筋肉質の経済構造」の成長は、自動車やＩＴ関連の集中的な輸出に依存しており、世界貿易の崩落の前に脆弱性を露呈したのである。そして二〇〇八年末の「年越し派遣村」などが日本社会に滞積する貧困を可視化した。これらは二〇〇九年九月に政権が自民党から民主党に交代するという動きへの序曲となったと見ることができる。

社会問題(1)・(2)は、上記の福祉レジームの「三つのルート」のうち、保守主義諸国の「労働削減ルート」のもとで生じた現象と符合している。エスピン＝アンデルセンによれば、労働市場と家族の「柔軟性」を拡大することが、ポスト工業段階の経済と社会のニーズである。しかし保守主義諸国では、壮年男性の雇用を保護するために、若年層と女性の就業機会を狭め、中高年層を労働市場から早期に退出させようとした(労働削減)。税・社会保険料の負担ベースが狭まり、現役労働者一人当たりの税・社会保険料の負担が高まる。税・社会保険料負担がかさむフルタイム労働者の追加的な雇い入れを、雇用主は渋ることになる(ますます労働削減)。このモデルではまた、極度の出生率低下が見られる、という。柔軟化に抗うこのモデルは、ポスト工業化に最も行き詰まっているとされた(Esping-Andersen, 1996, pp. 68, 78-80, 83)。

上記のGLOWグループの共同研究の成果も二〇〇六年中にまとまり、二〇〇七年に出版された(I-⑳)。グローバル化にともなって進展する知識経済では、労働者にも「勝者」と「敗者」が出てくる。有期雇用・新しい自営業・パートタイム雇用のような非標準的な雇用形態が広がり、各国政府は種々の経済規制の緩和を迫られるが、同時にEUのような超国家的な統治体は、雇用をあらためて規制するとともにジェンダー平等化に向けた規制も導入し、域外にも影響を及ぼす。アメリカ、イギリス、ドイツ、日本の四カ国を対比すると、日本(およびドイツ)では経済活動の規制は英米より強く、雇用の非標準化は著しい。そしてジェンダー平等化に向けた規制では日本が四カ国で最も低い、という結論を得た。同書の訳書に寄せた「日本語版への序文」で、私は、四カ国のなかでも日本女性において知識経済の敗者である度合が強い、と括っている(I-(47)、p. *vii*)。

ふりかえると本書の第二章と第三章は、アメリカ・西ドイツとの対比で日本では、モノ作りブルーカラー職種の底辺が、中高年女性労働者によって支えられていることを、浮き彫りにしている。女性を不当なまで安価に使えることが、日本の製造業の競争力を強めたとすれば、逆に経済のサービス化、知識基盤経済への転換の局面では、それが対応の遅れにつながり、「失われた三〇年」を用意したと見ることもできよう。

社会問題(3)に関連してじつは、日本で所得格差や貧困が拡大し、OECD諸国でも不平等と貧困が大きい国である点は、すでにOECDの二〇〇五年の報告書『一九九〇年代後半のOECD諸国における所得分配と貧困』で指摘され、国会でもとりあげられた。OECDの二〇〇六年の『対日経済審査報告』はそれ以上の反響を呼んだ。日本では、政府による所得再分配の機能が弱いことを明らかにしたからである。とくに、日本の子ども(一八歳未満)の相対的貧困率について、所得再分配後のほうが高いことを示していた(相対的貧困は、社会の所得分布の中央値の半額に満たない低所得をさす)。これはまさに「逆機能」と呼ぶべき事態である。しかし国会やメディアでの閣僚の発言を見れば、O

ＥＣＤのこうした報告にたいする日本政府の反応は、無視というよりも蔑視に近いものだった。格差は人口高齢化により「見かけ上」拡大していると主張し、安倍首相の二〇〇七年二月の国会答弁などは、ＯＥＣＤが貧困率の計測に使った統計は不適切といわんばかりだった（Ⅰ－(45)、pp. 25–29）。

だが、子どもの貧困について日本政府の所得再分配が逆機能していることは、阿部彩がすでに二〇〇六年の論文で明らかにしていた（「逆機能」とは称していない）。子どもが貧困であるとは、子どもと生活をともにする成人が貧困であることを意味する。日本政府の所得再分配が逆機能していることは、上記の**ショック②**を受けてＯＥＣＤが作成した『雇用アウトルック――仕事の危機に立ち向かう』二〇〇九年版でも、指摘された。すなわち二〇〇五年前後のデータにより、世帯主が労働年齢（一八歳以上六五歳未満）である世帯の人口の貧困について、世帯を「成人の全員が就業する世帯」と「カップルの一人が就業する世帯」に分けて、所得再分配による貧困率の削減状況を示した。市場所得レベルの数値と可処分所得レベルの数値の差を、市場所得レベルの数値で除して比率（貧困削減率）をとったのである。結果は、ＯＥＣＤ諸国のなかで日本でのみ、「成人が全員就業する世帯」にとっての貧困削減率がマイナス（七・九％）となった（OECD, 2009, Fig. 3.9）。

成人が全員就業する世帯とは、夫婦共稼ぎ、働くひとり親、働く単身者などである。

日本では子どもを産み育てる世帯、世帯としてめいっぱい働く世帯の人々にとって、政府の所得再分配がかえって貧困を深めるのだ。人口減少を憂う社会として、まことに不合理な事態である。さらに研究者によって明らかにされた貧困削減率マイナスのケースは、上記のOECDによる分析のほか、一九八五年から二〇〇九年までの一八歳未満の子ども(阿部、二〇〇六。阿部、二〇一四)、二〇一五年の〇―二歳児と三―五歳児(阿部、二〇一九)、二〇〇九年の就業者(駒村ほか、二〇一〇)、である。

政権交代へ

第一次安倍内閣のスタンスとは異なり、二〇〇七年九月からの福田康夫内閣は「社会保障のあるべき姿」を提示する社会保障国民会議を設置した。同会議の二〇〇八年の報告では、日本の社会保障では機能強化が必要という見地が示された。**ショック**②を受けて、この見地は麻生太郎内閣にも引き継がれ、二〇〇九年八月末の政権交代後、鳩山由紀夫民主党内閣の厚生労働大臣である長妻昭が、厚労省として初めて相対的貧困率を計測した結果を公表した。菅直人首相のもとで二〇一一年六月三〇日に、「社会保障の機能強化」と「財政健全化」の「同時達成」を掲げる「社会保障・税一体改革成案」がまとめられた。この政策形成は、**ショック**③に全力の対応を迫られたなかでおこなわれたのである。

一体改革成案では、社会保障制度改革の基本的方向性の筆頭に「全世代対応型・未来への投資」が掲げられ、優先事項のなかでも「貧困・格差対策(重層的セーフティネット)」および「低所得者対策」が、「制度横断的課題」と明示されている。一体改革成案ではまた、二〇一〇年代半ばまでに段階的に消費税率(国・地方)を一〇%まで引きあげること、個人所得税で所得再分配機能を「回復」すること、資産課税で資産再分配機能を「回復」すること、法人課税で課税ベースを拡大すること(そのうえでの税率引き下げ)が課題とされていた。二〇一一年九月二日に成立した野田佳彦内閣が、二〇一二年八月に社会保障・税一体改革関連法の成立に漕ぎつけた。「両立支援」型の政策が体系化されたといってもいい。しかし、二〇一二年末からの第二次安倍内閣では、社会保障の機能強化は一顧だにされなくなった(II－(138))。

社会問題(4)の財政赤字を「問題」として痛感した契機は、民主党政権で二〇一〇年二月から政府税制調査会のもとに置かれた専門家委員会(委員長：神野直彦)で、はからずも委員長代理を務めたことである。同委員会が委員長名で取りまとめた報告は、日本の現状で消費税率をアップすることは、その逆進性への対策があれば順当な財源調達策であるが、車の両輪として所得課税や資産課税における改革をおこない、累進度を少しでも回復しなければならない、と述べている(5)。この報告は、社会保障・税一体改革の税制改正の部分に伏線を張ったことになる。

この委員会での経験、および貧困削減率マイナスという研究結果から、私は税・社会保険料の徴収面、つまり政府にとっての財源調達が生活保障に与える影響に、注目するようになった。直近では、「課税努力(tax effort)」の分析に学んでいる。

ある国がある時点で合理的に調達できる税収の上限を、(潜在的)課税能力と呼ぶ。課税努力とは課税能力にたいする実際の税収の比率であり、個人・法人の収入のどのような部分を課税対象として(課税ベースの設定)、どのような高さの所得にいかなる税率を設定するか(負担構造)を反映する(納税者の側の納税回避を含む徴税非効率も反映)。IMFや国際成長センターのワーキングペーパーによれば、二〇一〇年の日本の課税努力は、社会保険料収入を含めて〇・六ないし〇・七程度であり、税収のみでは〇・五二と八五カ国中一五番目に低かった。税収のみの課税努力は、上位中所得国および高所得国の平均で〇・六八であり、とくに高いのはヨーロッパ諸国である(Fenochietto & Pessino, 2013; Langford & Ohlenburg, 2015)。

種類別に税収の規模(対GDP比)の推移を国際比較すると、日本の税収の規模がとくに低いのは個人所得課税である。高所得者・法人にたいして一九九〇年代から減税が繰り返され、所得課税の規模が低下してきた。いっぽう社会保障拠出(社会保険料負担)の規模は着々と上昇した結果、フランス・ドイツという社会保険大国のうちドイツに追いつきつつある。逆進的と指摘される消費課税の税収は、二〇一四年から個人所得課税を超えている(大沢、二〇二〇)。

しかし、より大きな問題は社会保険料負担の逆進性である。社会保険料には、ある限度以上の収入には保険料を課さないという「標準報酬最高限」があり、高収入者にとって総収入にたいする負担率が低くなる。他方で基礎年金第一号被保険者の定額保険料や国民健康保険料の定額部分は、低収入者にとって重い負担となる。

日本の歳入で社会保障負担と消費課税への依存が高まったことは、とりもなおさず歳入全体としての累進度を低下させた。国債依存も高まってきたが、利払いも償還も必要ない税収に比して、国債による財源調達が低所得者フレンドリーとは考えられない(Ⅱ−⑬④)。日本の歳入構造は低所得者を冷遇する度合を強めてきたのであり、日本政府の課税努力の低さは、怠慢という以上に、意図的な課税不正義(tax injustice)といわざるをえない。安倍内閣の税制改正がこの不正義を強めていることを見逃してはならない(Ⅱ−⑭①)。そうした不正義は、新型ウイルス感染症のような災厄にたいする社会の脆弱性をも、あらかじめ深めていたのである。

注

(1) 大沢の著作については、東京大学社会科学研究所研究シリーズ№68(大沢真理・金井郁・中村尚史編『大沢真理教授最終報告会から　グローバル・インクルージョンへの日本と社会科学の課題――ジェンダー研究のインパクト』二〇二〇年(https://jww.iss.u-tokyo.ac.jp/publishments/issrs/issrs/pdf/issrs_68.pdf)に収録された略歴・主要業績目録の番号で示す。Ⅱ-⒄とは、業績のうちⅡ(論説)の一七番目である。

(2) 「不適切な取扱い」が公的に明らかになったのは二〇一八年一二月一三日である。ようするに同調査では二〇〇四年から二〇一七年まで、東京都の三〇〇人以上事業所について、全数調査と称しつつ抽出調査をおこない、復元処理もしていなかったため、数値が実態よりも低めに出ており、二〇一八年一月から明示しないままに訂正していた。問題の発覚と指摘を受けて遡及訂正がおこなわれたが、二〇〇四年から二〇一一年一二月までの原データの廃棄・紛失で再集計ができないため、統計が不連続となっている。

(3) LIS(Luxembourg Income Study)は一九八六年以来、各国の家計所得・支出調査などから収集したミクロデータを提供している。一九九〇年時点ではOECDメンバーの一六カ国が参加しており(日本は含まれていない)、共通基準で整備された賃金所得、社会保障の拠出・受給、人口の変数などが利用可能だった。LISは現在、CROSS-NATIONAL DATA CENTER in Luxembourg(LIS)となり、四九カ国が参加している。日本は二〇〇九年にLISと協定を結び、慶應義塾大学の日本家計パネル調査(JHPS)にもとづく二〇〇九年、二〇一一年、二〇一四年のデータを提出している(https://www.nstac.go.jp/services/lis.html)。

(4) モデルをサイクルに修正したことは、本稿の執筆中に自覚した。

(5) 税制調査会専門家委員会委員長「議論の中間的な整理」(平成二二年六月二二日)

(https://www.cao.go.jp/zei-cho/history/2009-2012/etc/2010/_icsFiles/afieldfile/2010/11/18/220622houkoku.pdf)。「両輪」の語は同文書の一四―一五ページ、消費税の逆進性については二一ページ。

主要参考・引用文献、本書に関連する著者の既発表論文

主要参考・引用文献

Delphy, Christine [1984] *Close to Home: A Materialist Analysis of Women's Oppression*, London: Hutchinson.

Delphy, Christine & Leonard, Diana [1992] *Familiar Exploitation: A New Analysis of Marriage in Contemporary Western Societies*, Cambridge: Polity Press.

Erler, G. [1988] "The German Paradox, Non Feminization of the Labor Force and Post-industrial Social Policies," Jane Jenson, Elisabeth Hagen, and Ceallaigh Reddy eds., *Feminization of the Labour Force: Paradoxes and Promises*, Cambridge, U.K: Polity, pp. 231-244.

Esping-Andersen, Gøsta [1990] *The Three Worlds of Welfare Capitalism*, Cambridge: Polity Press（エスピン－アンデルセン、二〇〇一）.

Esping-Andersen, Gøsta (ed.) [1996] *Welfare States in Transition, National Adaptations in Global Economies*, London: SAGE（埋橋孝文監訳『転換期の福祉国家――グローバル経済下の適応戦略』早稲田大学出版部、二〇〇三年）.

Fenochietto, Ricardo & Pessino, Carola [2013], "Understanding Countries' Tax Effort," IMF Working Paper WP/13/244.

Hicks, John R. [1969] *A Theory of Economic History*, Oxford University Press.

ILO [1986] *Year Book of Labour Statistics*, Geneva: ILO.

ILO [1987] *Year Book of Labour Statistics*, Geneva: ILO.

ILO [1992a] *The Cost of Social Security: Thirteenth International Inquiry, 1984–1986*, Geneva: ILO.

ILO [1992b] *World Labour Report*, Geneva: ILO.

Jenson, J., Hagen, E. & Reddy, C. [1988] eds., *Feminization of the Labour Force: Paradoxes and Promises*, Cambridge: Polity Press.

Langford, Ben & Ohlenburg, Tim [2015] "Tax revenue potential and effort: an empirical investigation," International Growth Centre Working Paper.

Lewis, Jane [1992] "Gender and the Development of Welfare Regimes," *Journal of European Social Policy*, 2, 3, pp. 159–173.

OECD [1976] *The 1974–1975 Recession and the Employment of Women*, Paris: OECD.

OECD [1985] *The Integration of Women into the Economy*, Paris: OECD.

OECD [2009] *Employment Outlook: Tackling the Jobs Crisis*, OECD.

Orloff, A. S. [1993]"Gender and the Social Rights of Citizenship: State Policies and Gender Relations in Comparative research," *American Sociological Reviews*, 58, 3, pp. 303–328.

Sainsbury, Diane ed., [1994] *Gendering Welfare States*, London: SAGE Publications.

Tobin, James [1997]"Sand in the market's gears," *The Nation*, December 24, 1997.

Walby, Sylvia [1990] *Theorizing Patriarchy*, Oxford: Basil Blackwell.

旭化成・共働き家族研究所[一九八九]『共働き家族・専業主婦家族比較調査　調査報告書』
旭化成・共働き家族研究所[一九九〇]『東京・ニューヨーク・ロンドン　共働き家族の生活比較調査　調査報告書』
阿部彩[二〇〇六]「貧困の現状とその要因――一九八〇年代〜二〇〇〇年代の貧困率上昇の要因分析」、小塩隆士・田近栄治・府川哲夫編『日本の所得分配――格差拡大と政策の役割』東京大学出版会
阿部彩[二〇一四]『子どもの貧困Ⅱ――解決策を考える』岩波新書
阿部彩[二〇一九]「子どもの貧困率の動向――2012から2015と長期的変動」貧困統計HP(https://www.hinkonstat.net/)
居神浩[二〇〇三]「福祉国家動態論への展開――ジェンダーの視点から」、埋橋孝文編著『比較のなかの福祉国家』(講座・福祉国家のゆくえ2)、ミネルヴァ書房
石田雄[一九八四]「日本における福祉観念の特質――比較政治文化の視点から」、東京大学社会科学研究所編『福祉国家4　日本の法と福祉』東京大学出版会
伊藤セツ、天野寛子[一九八九]編著『生活時間と生活様式』光生館
C・v・ヴェールホーフ[一九八六]「経済学批判の盲点――女性と第三世界」、B・ドゥーデン、C・v・ヴェールホーフ著、丸山真人編訳『家事労働と資本主義』岩波現代選書
上野千鶴子[一九九〇]『家父長制と資本制――マルクス主義フェミニズムの地平』岩波書店
氏原正治郎[一九六六]『日本労働問題研究』東京大学出版会
エスピン-アンデルセン、G.[二〇〇一]岡沢憲芙・宮本太郎監訳『福祉資本主義の三つの世界

――比較福祉国家の理論と動態』ミネルヴァ書房
遠藤公嗣［一九九三］「査定制度による性と信条の差別」、『日本労働研究雑誌』三九七号
大沢真理［一九八六］『イギリス社会政策史――救貧法と福祉国家』東京大学出版会
大沢真理［一九九二a］「現代日本社会と女性――労働・家族・地域」、東京大学社会科学研究所編『現代日本社会6　問題の諸相』東京大学出版会
大沢真理［一九九二b］「産業構造の再編と「雇用の女性化」――1973〜1985年」、栗田健編著『現代日本の労使関係――効率性のバランスシート』労働科学研究所出版部
大沢真理［一九九三a］「日本における「労働問題」研究と女性――社会政策学会の軌跡を手がかりとして」、社会政策学会年報第37集『現代の女性労働と社会政策』御茶の水書房
大沢真理［一九九三b］『企業中心社会を超えて――現代日本を〈ジェンダー〉で読む』時事通信社
大沢真理［一九九六a］「社会政策のジェンダー・バイアス――日韓比較のこころみ」、原ひろ子・前田瑞技・大沢真理編『アジア・太平洋地域の女性政策と女性学』新曜社
大沢真理［一九九六b］「社会政策総論へのジェンダーアプローチ――企業中心社会は効率的か」、西村豁通・竹中恵美子・中西洋編著『個人と共同体の社会科学――近代における社会と人間』ミネルヴァ書房
大沢真理［二〇〇〇］「アジア経済危機のジェンダー分析――雇用、失業、生活と政策」、加瀬和俊・田端博邦編著『失業問題の政治と経済』日本経済評論社
大沢真理［二〇〇二］『男女共同参画社会をつくる』NHKブックス
大沢真理［二〇二〇］「蟻地獄のような税・社会保障を、どう建て替えるか」、金子勝・大沢真

理・山口二郎・遠藤誠治・本田由紀・猿田佐世『日本のオルタナティブ――壊れた社会を再生させる18の提言』岩波書店
大羽綾子、氏原正治郎［一九六九］編『現代婦人問題講座2　婦人労働』亜紀書房
大平総理の政策研究会［一九八〇］報告書3『家庭基盤の充実』大蔵省印刷局
大脇雅子［一九九二］『「平等」のセカンドステージへ――働く女たちがめざすもの』学陽書房
大脇雅子ほか［一九九三］「〈座談会〉パートタイム労働をめぐる現状と課題」、『ジュリスト』一〇二一号
小野旭［一九八九］『日本的雇用慣行と労働市場』東洋経済新報社
会計検査院［一九八六］『昭和六〇年度決算検査報告』大蔵省印刷局
会計検査院［一九八七］『昭和六一年度決算検査報告』大蔵省印刷局
会計検査院［一九八八］『昭和六二年度決算検査報告』大蔵省印刷局
金子勝・児玉龍彦［二〇〇四］『逆システム学――市場と生命のしくみを解き明かす』岩波新書
川人博［一九九二］「過労死と長時間労働」、社会政策学会年報第36集『現代日本の労務管理』御茶の水書房
経済企画庁［一九七五］国民生活局国民生活調査課編『生活時間の構造分析――時間の使われ方と生活の質』大蔵省印刷局
経済企画庁［一九九一］国民生活局編『個人生活優先社会をめざして』(第13次国民生活審議会総合政策部会基本政策委員会中間報告)大蔵省印刷局
経済企画庁［一九九二］編『生活大国5か年計画――地球社会との共存をめざして』大蔵省印刷局

経済企画庁[一九九三]総合計画局編『最新 生活大国キーワード――地球社会との共存をめざして 生活大国5か年計画』経済調査会
小池和男[一九七七]『職場の労働組合と参加――労資関係の日米比較』東洋経済新報社
小池和男[一九九一]『仕事の経済学』東洋経済新報社
厚生省[一九八一a]年金局数理課監修『年金と財政――年金財政の将来を考える』社会保険法規研究会
厚生省[一九八一b]年金局企画課編『企業年金の現状と展望――企業年金研究会報告』中央法規出版
厚生省[一九八七]編『厚生白書 昭和61年版 未知への挑戦――明るい長寿社会をめざして』厚生統計協会
厚生省[一九九〇]年金局数理課監修『年金と財政――年金財政の将来を考える』社会保険法規研究会
厚生統計協会a『国民の福祉の動向』厚生統計協会、各年版
厚生統計協会b『保険と年金の動向』厚生統計協会、各年版
国立婦人教育会館[一九九九]『平成6年度―平成10年度開発と女性に関する文化横断的調査研究報告書 女性のエンパワーメントと開発――タイ・ネパール調査から』
コーテン、デビッド[一九九七]西川潤監訳・桜井文訳『グローバル経済という怪物――人間不在の世界から市民社会の復権へ』シュプリンガー東京
駒村康平・山田篤裕・四方理人・田中聡一郎[二〇一〇]「社会移転が相対的貧困率に与える影

響」、樋口美雄・宮内環・C. R. McKenzie、慶應義塾大学パネルデータ設計・解析センター編『貧困のダイナミズム——日本の税社会保障・雇用政策と家計行動』慶応義塾大学出版会
雇用職業総合研究所［一九八六］『女性の職場進出と家族機能の変化に関する調査研究報告書［続］——四、五歳児を持つ父母を対象とした調査から』
雇用職業総合研究所［一九八七］編『女子労働の新時代——キャッチアップを超えて』東京大学出版会
札幌市民生局［一九八七］社会部保護指導課『生活保護面接員の手引』
自由民主党［一九七九］政策研修叢書8『日本型福祉社会』自由民主党広報委員会出版局
末廣昭［二〇〇三］『進化する多国籍企業——いま、アジアでなにが起きているのか？』岩波書店
瀬地山角［一九九〇］「家父長制をめぐって」、江原由美子編『フェミニズム論争——70年代から90年代へ』勁草書房
総務庁［一九八六］行政監察局編『生活保護行政の現状と問題点——総務庁の行政監察結果からみて』大蔵省印刷局
総務庁［一九八八］統計局編『国民の生活行動——昭和六一年社会生活基本調査の解説』日本統計協会
総務庁［一九九一］行政監察局編『婦人就業対策等の現状と課題——総務庁の行政監察結果からみて』大蔵省印刷局
総理府［一九八四］婦人問題担当室監修『婦人の生活と意識——国際比較調査結果報告書』ぎょうせい

総理府社会保障制度審議会事務局『社会保障統計年報』社会保険法規研究会、各年版
副田義也［一九八八］「生活保護制度の展開」、東京大学社会科学研究所編『転換期の福祉国家［下］』東京大学出版会
曽根田郁夫［一九八五］『日本の企業年金　昭和60年度版』東洋経済新報社
竹中恵美子［一九八九］『戦後女子労働史論』有斐閣
竹信三重子［二〇一九］『企業ファースト化する日本――虚妄の「働き方改革」を問う』岩波書店
田多英範［一九九一］「１９８０年代日本の社会保障制度改革とその意味」、『流通経済大学論集』二五巻三号
橘木俊詔［一九九二］編『査定・昇進・賃金決定』有斐閣
橘木俊詔［一九九八］『日本の経済格差――所得と資産から考える』岩波新書
谷本雅之［一九九八］『日本における在来的経済発展と織物業――市場形成と家族経済』名古屋大学出版会
田端博邦［一九八八］「福祉国家論の現在」、東京大学社会科学研究所編『転換期の福祉国家［上］』東京大学出版会
田端博邦［一九九一］「現代日本社会と労使関係――労働運動における「企業主義」と「労働組合主義」」、東京大学社会科学研究所編『現代日本社会５　構造』東京大学出版会
中央大学経済研究所［一九八五］編『ＭＥ技術革新下の下請工業と農村変貌』中央大学出版部
津田眞澂［一九八七］「新二重構造時代は到来するか」、『日本労働協会雑誌』三三一号
土田武史［一九八九］「企業年金の新展開と問題点――企業年金は公的年金の補完たりうるのか」、

『総合社会保障』二七巻八号
寺久保光良［一九八八］『「福祉」が人を殺すとき――ルポルタージュ・飽食時代の餓死　餓死・自殺相次ぐ生活保護行政の実態と背景』あけび書房
東京大学社会科学研究所［一九九三］「合評会：東京大学社会科学研究所編『現代日本社会6　問題の諸相』」、『社会科学研究』四四巻四号
東京大学社会科学研究所［一九九八］編『20世紀システム4　開発主義』東京大学出版会
東京都労働審議会［一九九一］『今後の東京都のパートタイム労働対策について　答申』
徳永重良、杉本典之［一九九〇］編『FAからCIMへ――日立の事例研究』同文館出版
徳永重良、野村正實、平本厚［一九九一］『日本企業・世界戦略と実践――電子産業のグローバル化と「日本的経営」』同文館出版
中村政則［一九八五］編『技術革新と女子労働』国際連合大学発行・東京大学出版会発売
仁田道夫［一九九三］「「パートタイム労働」の実態」、『ジュリスト』一〇二一号
日本労働研究機構［一九九二］『生産分業構造と労働市場の階層性――自動車産業編』調査研究報告書
野村正實［一九九二a］「日本の生産システムとテイラー主義」、社会政策学会年報第36集『現代日本の労務管理』御茶の水書房
野村正實［一九九二b］「1980年代における日本の労働研究――小池和男氏の所説の批判的研究」、『日本労働研究雑誌』三九六号
野村正實［二〇一八］『「優良企業」でなぜ過労死・過労自殺が？――「ブラック・アンド・ホワイ

ト企業」としての日本企業』ミネルヴァ書房
花見忠［一九九一］「日本的差別の構造──均等法5年で問われる婦人行政」、『ジュリスト』九八八号
原ひろ子・大沢真理［一九九三］編『変容する男性社会──労働、ジェンダーの日独比較』新曜社
バラ、アジット・S、ラペール、フレデリック［二〇〇五］福原宏幸・中村健吾監訳『グローバル化と社会的排除──貧困と社会問題への新しいアプローチ』昭和堂
原田純孝［一九八八］「「日本型福祉社会」論の家族像──家族をめぐる政策と法の展開方向との関連で」、東京大学社会科学研究所編『転換期の福祉国家［下］』東京大学出版会
原田純孝［一九九二a］「高齢化社会と家族──家族の変容と社会保障政策の展開方向との関連で」、東京大学社会科学研究所編『現代日本社会6　問題の諸相』東京大学出版会
原田純孝［一九九二b］「日本型福祉と家族政策」、上野千鶴子・鶴見俊輔ほか編『シリーズ変貌する家族6　家族に侵入する社会』岩波書店
ピアソン、クリストファー［一九九六］田中浩・神谷直樹訳『曲がり角にきた福祉国家──福祉の新政治経済学』未来社
樋口恵子、中島通子、暉峻淑子、増田れい子［一九八五］「シンポジウム・女たちのいま、そして未来は？」、『世界』八月号
久田恵、酒井和子［一九八五］『正しい母子家庭のやり方』JICC出版局
久田恵、中川一徳［一九九二］「「母さんが死んだ」の嘘」、『文藝春秋』八月号
ブローデル、フェルナン［一九八五─九九］村上光彦訳『物質文明・経済・資本主義　15─18世紀

1巻　日常性の構造』、山本淳一訳『同　2巻　交換のはたらき』、村上光彦訳『同　3巻　世界時間』みすず書房
保原喜志夫［一九九三］「パート労働者への社会保険等の適用」、『ジュリスト』一〇二一号
本多信一［一九九一］『会社をやめてこう生きた――独立人生「夢」ノート』ビジネス社
三浦まり［二〇〇三］「労働市場規制と福祉国家――国際比較と日本の位置づけ」、埋橋孝文編著『比較のなかの福祉国家』(講座・福祉国家のゆくえ2)、ミネルヴァ書房
水島宏明［一九九〇］『母さんが死んだ――しあわせ幻想の時代に「繁栄」ニッポンの福祉を問うルポルタージュ』ひとなる書房
ミッチエル、デボラ［一九九三］埋橋孝文・三宅洋一・伊藤忠通・北明美・伊田広行共訳『福祉国家の国際比較研究――LIS10カ国の税・社会保障移転システム』啓文社(原書はMitchell, D. [1991], *Income Transfers in Ten Welfare States*, Aldershot: Avebury)
宮島洋［一九九二］『高齢化時代の社会経済学――家族・企業・政府』岩波書店
宮本太郎［二〇〇三］「福祉レジーム論の展開と課題――エスピン・アンデルセンを越えて？」、埋橋孝文編著『比較のなかの福祉国家』(講座・福祉国家のゆくえ2)、ミネルヴァ書房
盛田昭夫［一九九二］「「日本型経営」が危い」、『文藝春秋』二月号
山崎広明［一九八五］「日本における老齢年金制度の展開過程――厚生年金制度を中心として」、東京大学社会科学研究所編『福祉国家5　日本の経済と福祉』東京大学出版会
山崎広明［一九八八］「厚生年金制度の「抜本改正」過程」、東京大学社会科学研究所編『転換期の福祉国家［下］』東京大学出版会

山崎広明[一九九二]「日本における被用者老齢年金制度の展開――厚生年金制度史概説」、『証券研究』一〇一巻
山田久[二〇二〇]『賃上げ立国論』日本経済新聞出版社
柚木理子[一九九三]「休み方・働き方の日独比較の試み」、原ひろ子・大沢真理編『変容する男性社会――労働、ジェンダーの日独比較』新曜社
横山和彦、田多英範[一九九一]編著『日本社会保障の歴史』学文社
連合総合生活開発研究所[一九九一]『5ケ国生活時間調査報告書』日本労働研究機構
労働省[一九八五]労働大臣官房政策調査部編『賃金センサス・昭和59年 賃金構造基本統計調査報告』
労働省[一九八九]労働大臣官房政策調査部『昭和六二年就業形態の多様化に関する実態調査結果報告』
労働省[一九九〇]労働大臣官房政策調査部編『賃金センサス 平成2年版 賃金構造基本統計調査報告』
労働省[一九九一a]労働統計調査部編『平成3年版労働白書 女子労働者、若年労働者の現状と課題』日本労働研究機構
労働省[一九九一b]政策調査部監修『平成3年度図説労働白書――女子労働者、若年労働者の現状と課題』至誠堂
労働省[一九九一c]労働大臣官房国際労働課編著『平成3年版海外労働白書――ソ連・東欧の労働問題/進む世界の時短』日本労働研究機構

労働省[一九九二]労働大臣官房政策調査部編『平成2年パートタイマーの実態　パートタイム労働者総合実態調査報告』大蔵省印刷局
労働省婦人(少年)局編『婦人労働の実情』大蔵省印刷局、各年版
渡辺治[一九九〇]『「豊かな社会」日本の構造』労働旬報社
渡辺治[一九九二]「報告　企業社会と社会民主主義」、『社会科学研究』四四巻一号

本書に関連する著者の既発表論文

「現代日本社会と女性――労働・家族・地域」、東京大学社会科学研究所編『現代日本社会6　問題の諸相』東京大学出版会、一九九二年
「女性化する雇用――日本の特徴」、昭和女子大学『女性文化研究所紀要』一〇号、一九九二年
「産業構造の再編と「雇用の女性化」――1973〜1985年」、栗田健編著『現代日本の労使関係――効率性のバランスシート』労働科学研究所出版部、一九九二年
「現代日本の社会保障と女性の自立」、社会保障研究所編『女性と社会保障』東京大学出版会、一九九三年
「日本における「労働問題」研究と女性――社会政策学会の軌跡を手がかりとして」、社会政策学会年報第37集『現代の女性労働と社会政策』御茶の水書房、一九九三年
「会社人間さようなら――企業中心社会の形成と社会政策のジェンダー・バイアス」、原ひろ子・大沢真理編『変容する男性社会――労働、ジェンダーの日独比較』新曜社、一九九三年

本書について

1　本書は、『企業中心社会を超えて――現代日本を〈ジェンダー〉で読む』(時事通信社、一九九三年)を底本としている。
2　岩波現代文庫への収録にあたり、誤字脱字を訂正したが、本文の内容は変更していない。
3　底本の成り立ちとその後の研究の進展を二〇〇六年時点で解説した「付論」を収録した。付論の初出は『アジア女性研究』第一五号(二〇〇六年三月)である。
4　「なにを明らかにし、どう歩んだか――岩波現代文庫あとがきにかえて」は二〇二〇年三月時点で書き下ろしたものである。
5　「主要参考・引用文献、本書に関連する著者の既発表論文」は、原書および「付論」と「あとがきにかえて」の文献リストを統合したものである。

企業中心社会を超えて――現代日本を〈ジェンダー〉で読む

2020年8月18日　第1刷発行

著　者　大沢真理《おおさわまり》

発行者　岡本　厚

発行所　株式会社　岩波書店
〒101-8002 東京都千代田区一ツ橋 2-5-5

案内 03-5210-4000　営業部 03-5210-4111
https://www.iwanami.co.jp/

印刷・精興社　製本・中永製本

ISBN 978-4-00-600422-4　　Printed in Japan

岩波現代文庫創刊二〇年に際して

二一世紀が始まってからすでに二〇年が経とうとしています。この間のグローバル化の急激な進行は世界のあり方を大きく変えました。世界規模で経済や情報の結びつきが強まるとともに、国境を越えた人の移動は日常の光景となり、今やどこに住んでいても、私たちの暮らしは世界中の様々な出来事と無関係ではいられません。しかし、グローバル化の中で否応なくもたらされる「他者」との出会いや交流は、新たな文化や価値観だけではなく、摩擦や衝突、そしてしばしば憎悪までをも生み出しています。グローバル化にともなう副作用は、その恩恵を遥かにこえていると言わざるを得ません。

今私たちに求められているのは、国内、国外にかかわらず、異なる歴史や経験、文化を持つ「他者」と向き合い、よりよい関係を結び直してゆくための想像力、構想力ではないでしょうか。

新世紀の到来を目前にした二〇〇〇年一月に創刊された岩波現代文庫は、この二〇年を通して、哲学や歴史、経済、自然科学から、小説やエッセイ、ルポルタージュにいたるまで幅広いジャンルの書目を刊行してきました。一〇〇〇点を超える書目には、人類が直面してきた様々な課題と、試行錯誤の営みが刻まれています。読書を通した過去の「他者」との出会いから得られる知識や経験は、私たちがよりよい社会を作り上げてゆくために大きな示唆を与えてくれるはずです。

一冊の本が世界を変える大きな力を持つことを信じ、岩波現代文庫はこれからもさらなるラインナップの充実をめざしてゆきます。

（二〇二〇年一月）

岩波現代文庫[学術]

G372
ラテンアメリカ五〇〇年
―歴史のトルソー―
清水透

ヨーロッパによる「発見」から現代まで、約五〇〇年にわたるラテンアメリカの歴史を、独自の視点から鮮やかに描き出す講義録。

G373
〈仏典をよむ〉1 ブッダの生涯
中村元
前田專學監修

誕生から悪魔との闘い、最後の説法まで、ブッダの生涯に即して語り伝えられている原始仏典を、仏教学の泰斗がわかりやすくよみ解く。〈解説〉前田專學

G374
〈仏典をよむ〉2 真理のことば
中村元
前田專學監修

原始仏典で最も有名な「法句経」、仏弟子たちの「告白」、在家信者の心得など、人の生きる指針を説いた数々の経典をわかりやすく解説。〈解説〉前田專學

G375
〈仏典をよむ〉3 大乗の教え(上)
―般若心経・法華経ほか―
中村元
前田專學監修

『般若心経』『金剛般若経』『維摩経』『法華経』『観音経』など、日本仏教の骨格を形成した初期の重要な大乗仏典をわかりやすく解説。〈解説〉前田專學

G376
〈仏典をよむ〉4 大乗の教え(下)
―浄土三部経・華厳経ほか―
中村元
前田專學監修

浄土教の根本経典である浄土三部経、菩薩行を強調する『華厳経』、護国経典として名高い『金光明経』など日本仏教に重要な影響を与えた経典を解説。〈解説〉前田專學

2020.8

G377
済州島四・三事件
―「島《タムナ》のくに」の死と再生の物語―
文京洙

一九四八年、米軍政下の朝鮮半島南端・済州島で多くの島民が犠牲となった凄惨な事件。長年封印されてきたその実相に迫り、歴史と真実の恢復への道程を描く。

G378
平面論
―一八八〇年代西欧―
松浦寿輝

イメージの近代は一八八〇年代に始まる。さまざまな芸術を横断しつつ、二〇世紀の思考の風景を決定した表象空間をめぐる、チャレンジングな論考。〈解説〉島田雅彦

G379
新版 哲学の密かな闘い
永井均

人生において考えることは闘うこと――哲学者・永井均の、「常識」を突き崩し、真に考える力を養う思考過程がたどれる論文集。

G380
ラディカル・オーラル・ヒストリー
―オーストラリア先住民アボリジニの歴史実践―
保苅実

他者の〈歴史実践〉との共奏可能性を信じ抜く――それは、差異と断絶を前に立ち竦む世界に、歴史学がもたらすひとつの希望。〈解説〉本橋哲也

G381
臨床家 河合隼雄
谷川俊太郎
河合俊雄 編

多方面で活躍した河合隼雄の臨床家としての姿を、事例発表の記録、教育分析の体験談、インタビューなどを通して多角的に捉える。

2020.8

岩波現代文庫[学術]

G382
思想家　河合隼雄
中沢新一
河合俊雄　編

心理学の枠をこえ、神話・昔話研究から日本文化論まで広がりを見せた河合隼雄の著作。多彩な分野の識者たちがその思想を分析する。

G383
河合隼雄語録
カウンセリングの現場から
河合隼雄
河合俊雄編

京大の臨床心理学教室での河合隼雄のコメント集。臨床家はもちろん、教育者、保護者などにも役立つヒント満載の「こころの処方箋」。〈解説〉岩宮恵子

G384
新版 占領の記憶　記憶の占領
―戦後沖縄・日本とアメリカ―
マイク・モラスキー
鈴木直子訳

日本にとって、敗戦後のアメリカ占領は何だったのだろうか。日本本土と沖縄、男性と女性の視点の差異を手掛かりに、占領文学の時空間を読み解く。

G385
沖縄の戦後思想を考える
鹿野政直

苦難の歩みの中で培われてきた曲折に満ちた沖縄の思想像を、深い共感をもって描き出し、沖縄の「いま」と向き合う視座を提示する。

G386
沖縄の淵
―伊波普猷とその時代―
鹿野政直

「沖縄学」の父・伊波普猷。民族文化の自立と従属のはざまで苦闘し続けたその生涯と思索を軸に描き出す、沖縄近代の精神史。

2020. 8

岩波現代文庫[学術]

G387
『碧巌録』を読む
末木文美士

「宗門第一の書」と称され、日本の禅に多大な影響をあたえた禅教本の最高峰を平易に読み解く。「文字禅」の魅力を伝える入門書。

G388
永遠のファシズム
ウンベルト・エーコ
和田忠彦訳

ネオナチの台頭、難民問題など現代のアクチュアルな問題を取り上げつつファジーなファシズムの危険性を説く、思想的問題提起の書。

G389
自由という牢獄
―責任・公共性・資本主義―
大澤真幸

大澤自由論が最もクリアに提示される主著が文庫に。自由の困難の源泉を探り当て、その新しい概念を提起。河合隼雄学芸賞受賞作。

G390
確率論と私
伊藤清

日本の確率論研究の基礎を築き、多くの俊秀を育てた伊藤清。本書は数学者になった経緯や数学への深い思いを綴ったエッセイ集。

G391-392
幕末維新変革史(上・下)
宮地正人

世界史的一大変革期の複雑な歴史過程の全容を、維新期史料に通暁する著者が筋道立てて描き出す、幕末維新通史の決定版。下巻に略年表・人名索引を収録。

岩波現代文庫［学術］

G393
不平等の再検討
—潜在能力と自由—
アマルティア・セン
池本幸生
野上裕生 訳
佐藤仁

不平等はいかにして生じるか。所得格差の面からだけでは測れない不平等問題を、人間の多様性に着目した新たな視点から再考察。

G394-395
墓標なき草原(上・下)
—内モンゴルにおける文化大革命・虐殺の記録—
楊海英

文革時期の内モンゴルで何があったのか。体験者の証言、同時代資料、国内外の研究から、隠蔽された過去を解き明かす。司馬遼太郎賞受賞作。〈解説〉藤原作弥

G396
過労死・過労自殺の現代史
—働きすぎに斃れる人たち—
熊沢誠

ふつうの労働者が死にいたるまで働くことによって支えられてきた日本社会。そのいびつな構造を凝視した、変革のための鎮魂の物語。

G397
小林秀雄のこと
二宮正之

自己の知の限界を見極めつつも、つねに新たな知を希求し続けた批評家の全体像を伝える本格的評論。芸術選奨文部科学大臣賞受賞作。

G398
反転する福祉国家
—オランダモデルの光と影—
水島治郎

「寛容」な国オランダにおける雇用・福祉改革と移民排除。この対極的に見えるような現実の背後にある論理を探る。

2020.8

G399
テレビ的教養
—一億総博知化への系譜—
佐藤卓己

「一億総白痴化」が危惧された時代から約半世紀。放送教育運動の軌跡を通して、〈教養のメディア〉としてのテレビ史を活写する。〈解説〉藤竹　暁

G400
ベンヤミン
—破壊・収集・記憶—
三島憲一

二〇世紀前半の激動の時代に生き、現代思想に大きな足跡を残したベンヤミン。その思想と生涯に、破壊と追憶という視点から迫る。

G401
新版 天使の記号学
—小さな中世哲学入門—
山内志朗

世界は〈存在〉という最普遍者から成る生地の上に性的欲望という図柄を織り込む。〈存在〉のエロティシズムに迫る中世哲学入門。〈解説〉北野圭介

G402
落語の種あかし
中込重明

博覧強記の著者は膨大な資料を読み解き、落語成立の過程を探り当てる。落語を愛した著者面目躍如の種あかし。〈解説〉延広真治

G403
はじめての政治哲学
デイヴィッド・ミラー
山岡龍一
森　達也訳

哲人の言葉でなく、普通の人々の意見・情報を手掛かりに政治哲学を論じる。最新のものまでカバーした充実の文献リストを付す。〈解説〉山岡龍一

G409
普遍の再生
—リベラリズムの現代世界論—
井上達夫

平和・人権などの普遍的原理は、米国の自国中心主義や欧州の排他的ナショナリズムにより、いまや危機に瀕している。ラディカルなリベラリズムの立場から普遍再生の道を説く。

G410
人権としての教育
堀尾輝久

『人権としての教育』(一九九一年)に「『国民の教育権と教育の自由』論再考」と「憲法と新・旧教育基本法」を追補。その理論の新しさを提示する。〈解説〉世取山洋介

G411
増補版 民衆の教育経験
—戦前・戦中の子どもたち—
大門正克

子どもが教育を受容してゆく過程を、国民国家による統合と、民衆による捉え返しとの間の反復関係(教育経験)として捉え直す。〈解説〉安田常雄・沢山美果子

G412
「鎖国」を見直す
荒野泰典

江戸時代の日本は「鎖国」ではなく「四つの口」で世界につながり、開かれていた——「海禁・華夷秩序」論のエッセンスをまとめる。

G413
哲学の起源
柄谷行人

アテネの直接民主制は、古代イオニアのイソノミア(無支配)再建の企てであった。社会構成体の歴史を刷新する野心的試み。

G414
『キング』の時代
―国民大衆雑誌の公共性―
佐藤卓己

伝説的雑誌『キング』――この国民大衆誌を分析し、「雑誌王」と「講談社文化」が果たした役割を解き明かした雄編がついに文庫化。〈解説〉與那覇 潤

G415
近代家族の成立と終焉 新版
上野千鶴子

ファミリィ・アイデンティティの視点から家族の現実を浮き彫りにし、家族が家族であるための条件を追究した名著、待望の文庫化。「戦後批評の正嫡 江藤淳」他を新たに収録。

G416
兵士たちの戦後史
―戦後日本社会を支えた人びと―
吉田 裕

戦友会に集う者、黙して往時を語らない者……戦後日本の政治文化を支えた人びとの意識のありようを「兵士たちの戦後」の中にさぐる。〈解説〉大串潤児

G417
貨幣システムの世界史
黒田明伸

貨幣の価値は一定であるという我々の常識に反する、貨幣の価値が多元的であるという事例は、歴史上、事欠かない。謎に満ちた貨幣現象を根本から問い直す。

G418
公正としての正義 再説
ジョン・ロールズ
エリン・ケリー編
田中成明
亀本 洋訳
平井亮輔

『正義論』で有名な著者が自らの理論的到達点を、批判にも応えつつ簡潔に示した好著。文庫版には「訳者解説」を付す。